KiWi
1779

Das Buch

Seit dem kaltblütigen Mord am CDU-Politiker Walter Lübcke durch einen Neonazi im Sommer 2019 ist klar: Die sozialen Netzwerke sind brandgefährlich, ob wir sie nutzen oder nicht. Der Hass und die Hetze von dort schwappen längst über in unseren Alltag. Was können wir dagegen tun?

Ende 2019 erlebt der WDR einen riesigen Shitstorm – wegen eines umgedichteten Kinderlieds in einer Satiresendung im Radio (Omagate). Wer steckt hinter solchen Kampagnen? Wie werden sie inszeniert? Welche Ziele sollen damit erreicht werden? Und was muss getan werden, damit Einschüchterung und Gewalt keine Chance mehr haben? Nicole Diekmann zeigt in diesem Buch, wie Politik und Journalismus dazu beigetragen haben, dass Facebook, Twitter & Co. kaum etwas gegen den Mob unternehmen, der das Netz mit Hass flutet.

Sie schildert, wie sich ein enorm brutaler Shitstorm am eigenen Leib anfühlt, warum die Öffentlichkeit die Netzwerke noch immer unterschätzt, wie die Tech-Riesen ungehemmt Profit daraus schlagen – und welche Wege aus diesem riskanten Dilemma herausführen.

Die Autorin

Nicole Diekmann studierte Politik, Sozologie und Geschichte in Hamburg und Münster und besuchte im Anschluss die Deutsche Journalistenschule in München. Sie ist Hauptstadtkorrespondentin des ZDF.

Nicole Diekmann

Die Shitstorm-Republik

Wie Hass im
Netz entsteht
und was wir
dagegen tun
können

Kiepenheuer
& Witsch

Aus Verantwortung für die Umwelt hat sich
der *Verlag Kiepenheuer & Witsch* zu einer
nachhaltigen Buchproduktion verpflichtet.
Der bewusste Umgang mit unseren Ressourcen,
der Schutz unseres Klimas und der Natur gehören
zu unseren obersten Unternehmenszielen.

Gemeinsam mit unseren Partnern und Lieferanten
setzen wir uns für eine klimaneutrale Buchproduktion
ein, die den Erwerb von Klimazertifikaten zur
Kompensation des CO_2-Ausstoßes einschließt.

Weitere Informationen finden Sie unter:
www.klimaneutralerverlag.de

MIX
Papier aus verantwor-
tungsvollen Quellen
FSC® C083411

Verlag Kiepenheuer & Witsch, FSC® N001512

1. Auflage 2021

© 2021, Verlag Kiepenheuer & Witsch, Köln
Alle Rechte vorbehalten
Covergestaltung Barbara Thoben, Köln
Covermotiv © Anne Hufnagl
Gesetzt aus der Capitolina und der Nexus Sans
Satz Buch-Werkstatt GmbH, Bad Aibling
Druck und Bindung CPI books GmbH, Leck
ISBN 978-3-462-00080-1

Inhalt

Vorwort   7

1   Im Zentrum des Hasses –
    Wie sich der Sturm anfühlt   13

2   Social Media –
    Was hat dich bloß so ruiniert?   39

3   Facebook, Twitter und Co. –
    Dürfen die Tech-Riesen machen, was sie wollen?   79

4   Wo Horst Seehofer schon in den Achtzigern surfte –
    Was die Politik über die sozialen Medien weiß   127

5   Das Ende der Geschichten? –
    Journalismus in den Zeiten von Shitstorms   217

6   Und nun? –
    Wie es besser werden kann   259

    Literaturverzeichnis   279

    Anmerkungen   281

Vorwort

Mittwoch, 6. Januar 2021, 20.28 Uhr. Ich sitze am Schreibtisch, vertieft in die Arbeit an diesem Buch, da leuchtet mein Telefon auf – eine Eilmeldung: »USA: Demonstranten versuchen, Kapitol in Washington zu stürmen«. An diesem Tag soll dort der Kongress zusammenkommen, um die Wahl des neuen Präsidenten zu bestätigen. Sofort stelle ich die Arbeit ein und ziehe um aufs Sofa. Von dort aus werde ich an diesem Abend genauso wie viele andere Menschen auf der ganzen Welt fassungslos via CNN, BBC und Phoenix Zeugin bis dato unvorstellbarer Szenen: Menschen, unter ihnen Neonazis, dringen, zum Teil bewaffnet, in das Kapitol ein, drohen mit Gewalt, verhöhnen die Demokratie.

Auf CNN höre ich aus dem Off einen erschütterten Kommentator im Fernsehstudio sagen: »Wir alle wissen, wie es so weit kommen konnte. Wir alle wissen, dass Worte wichtig sind.«

Wenige Minuten später veröffentlicht der noch amtierende Präsident Donald Trump bei Twitter und Facebook eine Videobotschaft von rund einer Minute Länge. Darin ruft er seine Anhänger:innen vordergründig dazu auf, sich zurückzuziehen – doch richtet er auch folgende Worte an die Adresse des randalierenden Mobs: »Wir lieben euch, ihr seid etwas Besonderes.« Und er wiederholt die Lüge von der Wahl, die ihm angeblich »gestohlen« worden sei, und relativiert die Geschehnisse: »Solche Dinge und Ereignisse passieren, wenn ein heiliger Erdrutschsieg so unfeierlich und bösartig von großen Patriot:innen weggenommen wird, die so lange schlecht und unfair behandelt wurden«, schreibt er auf Twitter. Seinem Lieblingsmedium, wo ihm zu diesem Zeitpunkt knapp 90 Millionen Menschen folgen.

Wir alle wissen, dass Worte wichtig sind.

Auch Twitter und Facebook wissen das. Die Plattformen verhindern zunächst, dass Trumps Video weiterverbreitet werden kann. Dann löschen sie es. Im nächsten Schritt blockiert Twitter Trumps Account für zwölf Stunden. Facebook kündigt an, sein Nutzerkonto bis zum Ende seiner Amtszeit zu sperren. Drei Tage nach den schockierenden Ereignissen geht Twitter noch einen Schritt weiter und sperrt seinen Account ganz. Den offiziellen Account namens POTUS – ein Akronym für President Of The United States –, den nach Trumps Abgang sein Amtsnachfolger Joe Biden übernehmen wird, lässt Twitter bestehen, löscht aber rigoros alle Tweets, die Trump von dort aus noch abzusetzen versucht.

Fünf Tote sind die Bilanz der Ereignisse in und vor dem Kapitol, eine verstörte Welt und die Sorge um die Demokratie. All das ist auch das Resultat von Worten. Auch von Worten, die in den sozialen Netzwerken die Runde gemacht haben.

Nun steht das Kapitol in Washington – was hat das mit uns hier zu tun? Die Antwort lautet: sehr viel; mehr, als die allermeisten von uns sich wünschen.

Die augenscheinlichste Parallele: der versuchte Sturm auf den Reichstag am 30. August 2020 am Rande einer

Demonstration gegen die Corona-Maßnahmen. Hier in Berlin gaben die Störer:innen zwar schnell auf und ließen sich von gerade einmal drei Polizisten abhalten. Das Ziel, die Demokratie, ihre Stätten und ihre Symbole verächtlich zu machen, ist aber dasselbe – und auch die Kanäle sind identisch, über die man sich gegenseitig aufheizt, über die man sich organisiert und verabredet, über die Verschwörungsmythen und Gerüchte verbreitet werden. Wie etwa das, amerikanische und russische Soldaten seien auf dem Weg nach Berlin oder bereits in der Stadt, um einen politischen Übergang abzusichern – diese Lüge bestärkte manche der Menschen, die die Stufen zum Reichstag hochliefen, in dem Irrglauben, sie seien die Vorhut eines Umsturzes.

WhatsApp, Facebook, Twitter, Telegram, YouTube und andere Plattformen spielen in dieser gefährlichen Dynamik eine Schlüsselrolle. Das, was sie verbreiten, richtet nicht nur am 6. Januar 2021 in der US-amerikanischen oder am 30. August 2020 in der deutschen Hauptstadt Unheil an. Es richtet jeden Tag Unheil an: Irgendeinen Shitstorm gibt es immer. Ein Tweet, ein Post, ein Bild – der Hass ist nie weit, die Meute rottet sich schnell zusammen, die Eskalationsstufen sind schnell erklommen, egal wie nichtig der Anlass, egal wie groß die Diskrepanz zwischen Auslöser und Resultat.

In Deutschland folgten auf Worte bereits weitaus furchtbarere Taten als der versuchte und gescheiterte Reichstagssturm: In der Nacht vom 1. auf den 2. Juni 2019 wurde der Kasseler Regierungspräsident Walter Lübcke ermordet. Aus nächster Nähe erschossen, von einem Neonazi. Der CDU-Politiker hatte sich in den Jahren zuvor starkgemacht für die Aufnahme von Flüchtlingen und wurde dafür vor allem in den sozialen Netzwerken bedroht. Dort feierten einige nach der furchtbaren Tat auch seinen Tod.

Der Mord markiert eine entsetzliche Zäsur. Zum ersten Mal in der bundesdeutschen Geschichte starb ein Politiker durch die Hand eines Rechtsradikalen. Schon kurz nach der Tat stellte der Bundespräsident einen direkten Zusammenhang zwischen Hetze im Netz und tödlichen Gewalttaten her: »Wo die Sprache verroht, ist die Straftat nicht weit«, sagte Frank-Walter Steinmeier der *Süddeutschen Zeitung*.[1]

Wir alle wissen, dass Worte wichtig sind.

Steinmeier verlangte, Polizei und Staatsanwaltschaften so auszustatten, »dass sie Hass und Hetze im Netz der Anonymität entreißen und konsequent verfolgen können«. Der Fall Lübcke hätte der Punkt sein können, an dem diese Erkenntnis hierzulande nicht nur an den entscheidenden Stellen in Politik und Journalismus ankommt, sondern auch konsequentes Handeln, einen raschen Paradigmenwechsel nach sich zieht. Denn noch immer wird das gefährliche Potenzial der Plattformen unterschätzt, unsere Gesellschaft weiter zu polarisieren.

Weshalb ist es den Behörden weiterhin fast unmöglich, die Täter:innen hinter potenziell strafbaren Handlungen im Internet zu ermitteln? Sodass selbst Strafermittler:innen einräumen, dass das Netz in weiten Teilen ein rechtsfreier Raum ist. Wie konnten Facebook, Twitter & Co. derart unreguliert wachsen, dass die Politik die Macht dieser Unternehmen bisher nicht einzudämmen vermag? Warum passieren so viele Pannen in der Politik, aber auch im Journalismus im Umgang mit Social Media? Was hat dazu geführt, dass traditionelle Medien Shitstorms hilflos gegenüberstehen? Wann hat sich die Hetze in den sozialen Netzwerken derart breitgemacht? Was können wir alle dem Hass entgegensetzen, der längst auch den Ton in unserem analogen Alltag vergiftet, unsere Debattenkultur bedroht, unsere Maßstäbe für respektvollen Umgang, Differenzierung, unsere Akzeptanz für andere Meinungen – unsere Demokratie?

Ich beobachte diese Entwicklung Tag für Tag im Netz. Und mehr noch: Ich habe sie schon selbst zu spüren bekommen. Ich stand bereits im Zentrum von Shitstorms. Deshalb kann ich erklären, wie es sich anfühlt, selbst das Ziel von Hass und Hetze zu sein.

In diesem Buch will ich beschreiben, warum die traditionellen Medien das Internet lange nicht ernst genommen haben und bis heute noch immer nicht richtig verstehen. Als Onlineredakteurin fast der ersten Stunde kann ich aus eigener Perspektive schildern, warum Zeitungen, Radio- und Fernsehsender Debatten aus dem Netz erst seit Kurzem in der gebotenen Ernsthaftigkeit und mit der nötigen Kompetenz aufgreifen, analysieren und einordnen können. Ich möchte erklären, wieso soziale und traditionelle Medien bis heute zwei unterschiedliche Kulturen darstellen.

Auch in der Politik verstehen viele Social Media noch immer nicht richtig. In diesem Buch finden sich viele Beispiele dafür, wie überfordert Parteien oft sind, wenn es darum geht, den Einfluss von Facebook und anderen Plattformen einzuschätzen. Und zu verstehen, wie populistische Kräfte das ausnutzen und das Land zu einer Shitstorm-Republik zu werden droht. Wer mit Fachleuten spricht, hört immer wieder einen niederschmetternden Satz: Es sei nur eine Frage der Zeit, wann der nächste Anschlag auf eine:n Politiker:in verübt würde. Die Stimmung in den Netzwerken sei weiterhin derart aufgeheizt, dass daran kein Zweifel bestehe.

Aufklärung tut not. Deshalb dieses Buch.

Samstag, 5. Januar 2019. Berlin. Die analoge Welt befindet sich noch im gemütlichen »Das Jahr wird schon noch früh genug anstrengend, jetzt bloß nix überstürzen«-Modus. Ich habe noch frei, erst in ein paar Tagen beginnen wieder Arbeit und Alltag, und schlendere durch den Supermarkt um die Ecke. In der Manteltasche vibriert mein Telefon. Eine Freundin schreibt: »Nicole, der Strache hat sich auf Facebook eingeschaltet. Ich glaube, jetzt wird's richtig schlimm. Meld dich, wenn ich irgendwas für dich tun kann.« Ich bleibe stehen, zwischen Knäcke und Käse. Mir wird heiß. Der Wahnsinn, den ich losgetreten habe, zieht immer weitere Kreise. Denn zumindest meine digitale Welt steht kurz vor der Apokalypse. Nun heizt also auch noch Heinz-Christian Strache, der österreichische Vizekanzler, den Shitstorm gegen mich an.

Was ist passiert? Vier Tage zuvor, am ersten Januar, habe ich von der ostwestfälischen Couch meiner Eltern aus getwittert: »Nazis raus«.[1] Eingemummelt in eine Wolldecke und die Unschuld eines erst wenige Stunden alten Jahres. Ich habe zu der Zeit etwa 70.000 Follower:innen. Wie übrigens auch schon im September 2018. Auch da hatte ich »Nazis raus« getwittert, auch da hatten meine Worte sehr viele Leute erreicht. Damals aber war das folgenlos geblieben. Für mich wenig überraschend, hielt ich es doch für eine Binse, dass wir hier in Deutschland keine Nazis mehr wollen.

Eine Strategie namens »Sea Lioning«

Der Unterschied: Diesmal, an Neujahr, erhielt mein Tweet mehr Aufmerksamkeit. Satt vom Essen, übersättigt von der Familie, surften mehr Leute als sonst mit mehr Zeit als sonst durchs Netz. Feiertage und Wochenenden eignen sich hervorragend für Shitstorms. Eine:r meiner Follower:innen antwortete auf meinen Tweet mit der Frage, wer denn für mich ein Nazi sei. Ich kannte den Account. Die Person dahinter hatte mich bereits mehrfach öffentlich kritisiert. Ich hatte mir daraufhin ihre Tweets angeschaut. In diesen Kurznachrichten attackierte sie den öffentlich-rechtlichen Rundfunk und benutzte dabei den Begriff »Lügenpresse«, der vor allem von Anhänger:innen rechter Parteien verwendet wird. Außerdem übernahm sie Tweets anderer Menschen, die Flüchtlinge und Migrant:innen als Kriminelle darstellten.

Die Strategie hinter dem scheinbar interessierten Nachhaken, wen ich für einen Nazi hielte, war mir deshalb klar: Die Frage diente nicht der Information, sondern dem sogenannten Sea Lioning. Der Begriff geht auf einen Comic aus dem Jahr 2014 zurück, in dem zwei Menschen über Seelöwen sprechen. Einer der beiden mag die Tiere nicht. Prompt erscheint ein Seelöwe auf der Bildfläche und möchte wissen, woher die Abneigung rührt. Er lässt nicht locker, er fragt und fragt und fragt, er gibt sich mit keiner Antwort zufrieden. Der allmählich ziemlich genervte Mensch kann sich dem penetranten Seelöwen nicht entziehen. Auf meinen Fall übertragen: Egal, was ich auf die Frage antworten würde, was für mich ein Nazi sei – es würde eine neue Frage nach sich ziehen und dann wieder eine und wieder eine. Das Ziel: mich so lange zu nerven, bis ich meine gute Erziehung vergessen und für alle sichtbar aus der Rolle fallen würde. Und so freigegeben wäre zum Diskreditieren, zum Beispiel in diesem Stil: »Seht mal, die feine Journalistin, von uns finanziert und dann nicht mal in der Lage, sachlich zu antworten. Hat sie ja auch nicht nötig, ihr Geld kriegt sie ja so oder so.«

Ich hatte daran wenig Interesse und entschied mich deshalb für eine andere Option – Ironie. Und so antwortete ich: »Jede/r, der/die nicht die Grünen wählt.«[2] Ohne Zwinkersmiley, der die Ironie zweifelsfrei markiert hätte. Die Behaglichkeit des neuen Jahres ließ mich schludern beim eigentlich schon automatisierten Durchspielen möglicher Szenarien, welche Tretminen ich mit meinem Tweet auslösen könnte. Ein paar Stunden später, kurz vorm Zubettgehen, fragte ich mich, ob ich den Zwinkersmiley doch hätte setzen sollen. Aber der Blick in meinen Account erwies meine Sorge als unnötig. Klar, ein paar Leute kritisierten mich. Das gehört allerdings zum normalen Geschäft. Als in der Öffentlichkeit sichtbare Frau und Journalistin, die bei einem öffentlich-rechtlichen Fernsehsender arbeitet, habe ich genau das Profil, das Leute stört, die in den sozialen Medien schnell ausfallend werden. Viele darunter sind extreme Rechte.

Von den wenigen Meckerern abgesehen, blieb es ruhig. Die Annahme, ich könnte tatsächlich Menschen für Nazis halten, die SPD, CDU oder andere demokratische Parteien wählen, war offensichtlich so absurd, dass niemand drauf ansprang. Alles in Ordnung also. Dachte ich. Und das sollte sich als kolossale Fehleinschätzung erweisen.

... und dann brach er los, der Sturm aus Hass und Hetze

Zwei Tage später, am 3. Januar, sitze ich, zurück in Berlin, im Wartezimmer unserer Tierärztin. Mein sehr alter und diabeteskranker Kater Leo ist während meiner Abwesenheit zwar liebevoll von einer Nachbarin umsorgt worden. Allerdings hat er mich wohl doch mehr vermisst als erwartet und in seinem Kummer nicht gut genug gegessen, um seine Insulinspritzen ausreichend gut zu verstoffwechseln. Und so fand ich den armen Leo beim Betreten meiner Wohnung mehr tot als lebendig vor. Während wir nun auf seine Behandlung warten, kraule ich mit der einen Hand das erschöpfte, aber zufrieden schnurrende Tier. Mit der anderen Hand öffne ich die Twitter-App auf meinem Telefon.

In diesem Moment trifft mich fast der Schlag.

Reihenweise tauchen dort Antworten auf meinen Tweet auf, die mich stocken lassen. Ich sitze da wie paralysiert und höre auf, Leo zu streicheln. Mir bricht der Schweiß aus, in meinen Ohren schwillt ein Sausen heran, und ich fühle mich wie ausgeknockt. Mein Display zeigt Dutzende Beschimpfungen. Eine Auswahl: »Wer ist ein Nazi? Alle, die Diekmann nicht gefickt haben.« – »Ich hoffe, du wirst von mindestens 5–10 Syrern oder dergleichen richtig durchgebumst, dass du vielleicht wieder klar denken kannst.« – »Hallo Frau Diekmann, ist es zutreffend, dass jede/r, der/die nicht dieses verlauste Grünenpack wählt, ein Nazi ist? Falls dem so ist, sind Sie wohl eine grüne Bahnhofswinkerin und eine ordentliche Portion Gebärmutter- und Brustkrebs wäre für Sie angemessen. Und nein ... ich bin kein Nazi ... aber Patriot ... und wer diese Volksverräter wählt, sollte sich von einer Horde ›schutzsuchender Asylanten‹ vergewaltigen lassen. Mit freundlichen Grüßen.« – »Manche Menschen sind der lebende Beweis dafür, dass Gehirnversagen nicht unmittelbar zum Tod führt.« – »Sie würde doch keiner mehr ficken, nicht mal Nafris.« (Mit »Nafris« werden junge nordafrikanische Männer bezeichnet. Erstmals wurde diese Abkürzung einem breiteren Publikum bekannt am Neujahrstag 2017, nach den zahlreichen sexuellen Übergriffen vor allem in Köln. Die Polizei benutzte den Begriff in einem Tweet.[3] Seitdem ist er ein feststehender Begriff in rechten Kreisen.) Ein anderer nennt mich kurz und bündig: »Fotze.«

Ich scrolle und scrolle, und ich scrolle weiter. Die Liste der Tweets von Menschen, die mich für das Allerletzte halten, will gar nicht mehr aufhören. Was da völlig überraschend auf mich einprasselt, ist der aufgelaufene Hass der vergangenen 36 Stunden, in denen ich nicht die geringste Ahnung hatte, was sich da gerade über mir zusammenbraut. Der Kontrast könnte nicht größer sein: das stille Wartezimmer, in dem außer mir niemand sitzt, das beruhigende Schnurren meines Katers und gleichzeitig eine Flut blanken Hasses. Ich bekomme diese beiden Realitäten mit mir als Protagonistin nicht in Einklang.

Mein Fluchtreflex meldet sich: Raus hier. Nur raus hier. Raus aus diesem Wartezimmer. Raus auf die Straße, in die echte Welt, wo mir Menschen auf der Straße entgegenkommen werden, die mich weder kennen geschweige denn hassen. Die nicht wissen, dass mich gerade Dutzende, vielleicht sogar noch viele mehr, auf Twitter beschimpfen und dass die Zahl vermutlich minütlich wächst. Das wird die Verhältnisse wieder geraderücken und den Hass relativieren, der mir in diesem Moment so zu schaffen macht. Bei einem kurzen Marsch um den Block würde ich mit eigenen Augen sehen, dass die Welt noch in Ordnung ist.

Das geht aber nicht. Leo braucht Hilfe. Ich zwar auch, aber er geht vor. Mir bleibt nichts anderes übrig, als zu warten und mich zusammenzureißen: Die Tierärztin will ich damit nicht behelligen. Sie wird kaum verstehen, worum es geht, und hat darüber hinaus ja auch wirklich Wichtigeres zu tun, als eine aufgewühlte Katzenbesitzerin zu beruhigen. Also nehme ich mich zusammen, schalte das Telefon aus, als würde das helfen, und blättere in Zeitschriften. Nachdem Leo untersucht wurde und ich einige Hinweise bekommen habe, wie ich ihn wieder aufpäppeln kann, eile ich mit der schweren Katzenbox in der Hand zum Auto. Ich bin erschöpft wie nach einem Zehnkilometerlauf. Leo wird es schaffen, hat die Ärztin mich getröstet, wenigstens das, und nun schläft er gerade auf seiner Lieblingsdecke in der Box langsam ein, sediert von einem starken Schmerzmittel, das die Ärztin ihm gespritzt hat. Vorsichtig stelle ich ihn in der Box auf dem Beifahrersitz ab und schalte mein Telefon wieder ein – ich kann nicht anders, als wieder auf Twitter zu gehen. Der Wahnsinn dort ist weiter in vollem Gange. Innerhalb der vergangenen 30 Minuten habe ich bestimmt 50 neue Nachrichten bekommen. Die allermeisten in derselben aggressiven Tonart wie die zuvor. Noch ist mir völlig unklar, was diese plötzliche Lawine ausgelöst hat. Aber ich bin noch zu durcheinander, um analytisch damit umzugehen. Erst einmal brauche ich Trost. Noch im Auto, noch immer vor der Tierarztpraxis, rufe ich meine Freundin Miriam an. Zum Glück erreiche ich sie sofort. »Hast du mitgekriegt, was passiert ist?«, platze ich heraus. »Nein, was ist denn?«, fragt sie erstaunt. Das beruhigt mich. Ich erkläre ihr kurz meine Situation, und wir verabreden uns für den Abend. Ich möchte dann nicht allein sein, denn ich fühle mich sehr einsam und wähne die Welt gegen mich. Ich brauche Mitstreiter:innen. Wenn ich ganz ehrlich bin, brauche ich sogar das Gefühl, dass mich jemand beschützt.

Die Psychologin Sophie Leisenberg arbeitet seit Längerem mit Menschen, die solche und ähnliche Shitstorms hinter sich haben. Als ich ein Jahr später anfange, für dieses Buch zu recherchieren, rufe ich sie an. Sie erklärt mir, dass es fast all ihren Patient:innen ergeht wie mir. »Sie fühlen sich bedroht. Die Amygdala, also der Teil des Hirns, der für Emotionen zuständig ist, reagiert sehr stark. Deshalb sind Sie im ersten Moment auch nicht in der Lage, das Geschehen rational einzuordnen und Abstand dazu zu gewinnen. Sie denken nicht – Sie empfinden. Sie fühlen sich ausgeschlossen von einer Menschengruppe. Und das aktiviert neuronal denselben Bereich im Gehirn, der aktiviert wird, wenn einem jemand körperliche Schmerzen zufügt. Das tut richtig weh, im wahrsten Sinne des Wortes.«

Bis zum Abend schaue ich immer wieder in die App – und jedes Mal ist es furchtbar, was ich dort sehe. Trotzdem kann ich es nicht lassen. Logisch ist das nicht, aber es ist *psycho*-logisch, erklärt mir Sophie Leisenberg: »Wir Menschen sind soziale Wesen. Von einer Menschengruppe ausgeschlossen zu werden, war früher hoch bedrohlich. Und deshalb bewertet das Gehirn alle Informationen, die mit diesem drohenden Ausschluss zusammenhängen, als äußerst wichtig. Dabei reagiert es mit der Ausschüttung von Dopamin – einem Sucht-Neurotransmitter. Das bedeutet, dass sich die Wahrscheinlichkeit erhöht, dass man gar nicht mehr aufhören kann, die reinklickernden Hassnachrichten zu lesen.«

Abends also sitzt Miriam auf meinem Sofa, neben ihr unsere Freundin Hanne. Sie sind ebenfalls beide Journalistinnen bei den Öffentlich-Rechtlichen, zufällig beide Juristinnen und beide auch in den sozialen Medien unterwegs. Logische Konsequenz in diesen Zeiten: Beide haben auch schon Gewalt im Netz abbekommen. Mit einem guten Rotwein im Glas, einem Kissen auf dem Schoß und dem inzwischen wieder etwas fitteren Kater Leo neben uns unterhalten wir uns in meinem Wohnzimmer darüber, wie wir mit dem Hass umgehen. Miriam erzählt uns von einer Erfahrung, die sie einige Monate gemacht hat. Ihr Kopf war, nachdem sie ein sehr umstrittenes Urteil als ›juristisch nachvollziehbar‹ bezeichnet und das im Fernsehen erklärt hatte, von Leuten, denen weder das Urteil noch Miriams

Erläuterung gefielen, in eine Spielfilmszene montiert worden. Genauer gesagt: in eine Vergewaltigungsszene. Als Opfer. Dieses Machwerk ging viral, fand also viel Verbreitung im Netz. »Ich habe nichts dagegen getan«, sagt Miriam, eine kluge, sanfte Frau. »Das hätte nur noch mehr Aufsehen erregt. Ich wollte, dass das schnell vorbei ist und ich mich auf meine Arbeit konzentrieren kann.« Was Miriam da beschreibt, ist seit einigen Jahren bekannt als der »Streisand-Effekt«: Die US-Schauspielerin Barbra Streisand hatte 2003 gegen einen Fotografen geklagt, der eine Luftaufnahme ihres Anwesens auf seiner Website veröffentlicht hatte. Erst aufgrund der Klage wurde einem breiteren Publikum bekannt, dass es sich dabei um Streisands Besitz handelte. Überdies verlor Streisand den Prozess auch noch. Hätte sie nicht versucht, die Informationen zu unterdrücken, wären sie keinem größeren Publikum bekannt geworden.

Hanne, vom Naturell her eher energisch und zupackend, war mit einer ähnlichen Situation anders umgegangen. »Ich habe die ganzen Typen angezeigt. Hat natürlich nicht viel gebracht, aber ich brauchte das für mich.«

Einerseits war unser Gespräch hilfreich: geteiltes Leid. Auf der anderen Seite aber deprimierte es auch. Da sitzen im Jahr 2019 drei Frauen zusammen und tauschen sich routiniert über Straftaten aus, deren Opfer sie wurden. Die eine war gar nicht erst gegen diejenigen vorgegangen, die sich so benommen hatten, und die andere hatte dies, wie sie sagte, nur für sich selbst getan. Keine von beiden hatte eine reelle Chance gesehen, die Täter:innen zur Rechenschaft zu ziehen.

Wir drei brachten einiges mit, das sogenannte Hater provoziert. Da ist zum Ersten, wie schon erwähnt, unser Arbeitgeber: »Öffentlich-rechtliche Medien kriegen sehr häufig was ab«, fasst Luca Hammer zusammen, den ich ebenfalls für dieses Buch interviewt habe. Hammer arbeitet als freiberuflicher Social-Media-Analyst und hat sich in den vergangenen Jahren einen Namen damit gemacht, Shitstorms auszuwerten – also mithilfe von Analysetools auf Hasswellen im Netz zu schauen. Meinen Shitstorm – er spricht lieber von »Empörungswellen« – beschreibt er als einen prototypischen: »Solche Wellen werden von Leuten mit wenigen Follower:innen, also von kleineren Accounts, angestoßen, in der Regel von rechten Accounts. Dort sieht man, dass es jeden Tag gegen alles Mögliche geht. Diese Accounts versuchen, etwas aufzugreifen, und adressieren dann manchmal schon größere Accounts in ihren Tweets, weil die natürlich eine ganz andere Reichweite haben. Die sollen sehen: ›Da ist wieder was, das kann man jetzt wieder gut für unsere Agitation verwenden‹. Manchmal klappt es, manchmal nicht.«

In meinem Fall klappte es: Ein großer, also reichweitenstarker Account wurde durch die kleineren auf meinen Tweet aufmerksam und löste so den Shitstorm aus. Hinter diesem schon zuvor einschlägig bekannten Account, sagt Hammer, stecke ein Mann oder eine Frau aus dem politisch rechten Spektrum: Er nennt sich »hartes Geld«. Auch das ist sehr typisch. Die bei den Behörden auflaufenden und unter dem Sammelbegriff »Hassrede« verbuchten Delikte kommen stets aus einer politischen Richtung, erzählt mir der Sonderermittler Christoph Hebbecker am Telefon:

»Ganz klar rechts. Zu einer deutlich überwiegenden Anzahl, grob gesagt zwischen 80 und 90 Prozent, kommt das aus der rechten Ecke.«

Hebbecker ist ausgewiesener Fachmann für Hass im Netz – und ein Pionier. Er verfolgt seit Februar 2018 als Sonderermittler in der *Kölner Zentral- und Ansprechstelle Cybercrime*, kurz: ZAC, Hassrede im Netz. Die ZAC ist die zentrale Anlaufstelle für die nordrhein-westfälischen Staatsanwaltschaften und Polizeien, wenn es um Cyberkriminalität geht. Hebbecker ist selbst Staatsanwalt und zusammen mit einer Kollegin ausschließlich zuständig für die strafrechtliche Verfolgung von Hate Speech.

Die Psychologin Sophie Leisenberg erklärt den rechten bis rechtsextremen Hintergrund der meisten Shitstorms und die von Hammer bereits erwähnte Agenda so: »Es geht in vielen Fällen um die Diskreditierung freier Medien mit unterschiedlichen Zielen: Ressourcen zu verbrennen, sensible Themen so sensibel zu machen, dass man sie vielleicht mit größerer Vorsicht anspricht und dadurch dann auch eine gewisse Einschränkung der Meinungs- und Medienfreiheit erfolgt.« Tatsächlich berichten die Forscher:innen hinter der 2019 veröffentlichten repräsentativen Studie *Hass im Netz – Der schleichende Angriff auf unsere Demokratie*, dass 63 Prozent der Befragten der Aussage zustimmten: »Hass im Netz schränkt die Meinungsfreiheit ein, weil Nutzer*innen sich seltener zu ihrer politischen Meinung bekennen.«[4] Dieses Phänomen, entweder nichts mehr oder weniger in den sozialen Netzwerken beizutragen oder sich gar ganz aus ihnen zurückzuziehen, ist dermaßen gut bekannt und verbreitet, dass es dafür einen eigenen Begriff gibt: Es handelt sich um den »silencing effect«, der Menschen in den sozialen Netzwerken verstummen lässt.[5]

Nun gehört zu meinen Charaktereigenschaften – mit allen Vor- und Nachteilen – ein sehr ausgeprägter Trotz. Ich sehe es nicht ein, mich einschüchtern zu lassen. Also gehe ich am Morgen nach dem Treffen mit Miriam und Hanne in die Offensive. Der Abend und der Zuspruch haben mir gutgetan, ich bin ausgeschlafen, der Kater macht einen fitten Eindruck, ins Büro muss ich heute auch noch nicht, also suche ich mir zwischen all den neu aufgelaufenen Hassbotschaften zwei, drei der besonders üblen Sorte heraus und antworte. Ich versuche einerseits zu erklären, dass ich natürlich *nicht* alle Menschen, die andere Parteien als die Grünen wählen, für Nazis halte. Und mache mich aber andererseits auch ein bisschen lustig darüber, dass man auf meinen offensichtlichen Scherz überhaupt reinfallen kann. Mit dieser Taktik fahre ich seit Jahren ganz gut. In den sozialen Netzwerken ist der Ton immer mal wieder sehr harsch, und ich habe ziemlich früh entschieden, nicht zu schweigen, sondern mithilfe einer Mischung aus Freundlichkeit und Sarkasmus zu signalisieren, dass ich mich nicht zurückziehe und hoffe, dass solche Kommentare aufhören, wenn ich sie ignoriere. Bisher hat das gut geklappt, meistens kehrte dann schnell Ruhe ein.

Nachdem ich mich also zur Wehr gesetzt habe, fühle ich mich wieder wie ich selbst und gehe ein Geschenk für die Nachbarin besorgen, die sich über die Feiertage um Leo gekümmert hat. Dass er über seinen Trennungsschmerz zu wenig gegessen hat für seinen Insulinbedarf, ist ihr wohl nicht aufgefallen. Sie ist ja keine Tierärztin. Mein Telefon lasse ich trotz wiedergewonnenen Mutes lieber zu Hause; der Shitstorm wird nicht von jetzt auf gleich enden, sagt mir meine Erfahrung. Ein paar letzte müde Ausläufer werde ich wohl noch hinnehmen müssen.

Dies soll sich als meine zweite kolossale Fehleinschätzung erweisen.

Als ich nämlich Blumen gekauft und mit der Nachbarin Kaffee getrunken habe und wieder nach Hause zurückkomme und Twitter öffne, muss ich feststellen: Ich habe mit meinen Antworten keineswegs für Ruhe gesorgt, sondern eine zweite Hasswelle ausgelöst. Erneut wische ich mit meinem Daumen über das Display meines Smartphones und sehe noch mehr Nachrichten, in denen ich beschimpft werde. »Alle Geisteskranken, welche die versifften Grünen wählen, sind die wahren Nazis, Sie verblödete Dummhure!« – »Ich freue mich auf die Disziplinierung der Frau durch den Islam. Schließlich sind es hauptsächlich Frauen, die seiner zügellosen Ausbreitung Raum gaben. Ihr habt die eigenen Männer zu Pussies gemacht. Bald kriegt ihr den gewünschten unweißen Mann, der nicht mehr lang fackelt.« – »Unintelligente Person mit Vaginalhintergrund könnte man auch zu Ihnen sagen. #Dumme-Fotze« – »Du bist der beste Beweis dafür, dass der Hirntod nicht das Ende des Lebens sein muss.«

Und wieder läuft dasselbe Muster ab: Mir wird heiß, in meinen Ohren dröhnt es.

Doch diesmal kann ich weg, jetzt wartet kein Haustier

dringend auf eine Spritze, die es wieder aufpäppelt. Ich ziehe meinen Mantel wieder an und verlasse die Wohnung, um das Gefühl abzuschütteln, dass ich umzingelt bin von Feind:innen, dass ich einen Tsunami erlebe. Das Schlimme ist, dass ich die Reaktionen dieses Mal zu Hause gelesen habe, also in meinem Schutzraum. Erst mit wachsender Entfernung zu meiner Wohnung schaffe ich es, den Ort, an dem ich den Hass entdeckt habe, zu entkoppeln von dem Ort, an dem er entstanden ist. Und in dem ich mein Telefon habe liegen lassen. Es fühlt sich inzwischen toxisch an; alle niederträchtigen, primitiven Nachrichten erreichen mich ja darüber. Ich trage den Hass in meiner Hosentasche mit mir herum, wenn ich das Telefon dabeihabe. Eigentlich sollte ich es ausgeschaltet lassen, sagt mir die Vernunft. In den kommenden Tagen wird mir das aber nicht immer gelingen.

Denn sooft mir Freund:innen und Kolleg:innen raten, Twitter nicht zu öffnen und mir das, was dort los ist, nicht anzutun, ertappe ich mich trotzdem immer wieder dabei, wie ich es dann doch nicht lassen kann und mir die Reaktionen durchlese. Dahinter steckt auch Sehnsucht nach dem Gefühl, die Kontrolle nicht komplett zu verlieren. Ich kann die Debatte nicht beeinflussen – zumindest nicht positiv, das habe ich ja gemerkt. Wenn ich das schon nicht kann, so mein verzweifelter Gedanke, dann will ich wenigstens wissen, wie massiv der Sturm gegen mich wütet. Ich will zumindest ein Gespür dafür haben, was in meinem Leben los ist.

Im Nachhinein ein naiver Wunsch.

Den Abend verbringe ich allein zu Hause. Einerseits

ist mir zwar nach Gesellschaft, andererseits aber würde es nur ein einziges Gesprächsthema geben, und ich bin an dem Punkt, an dem ich aktiv verdrängen will. Sonst komme ich überhaupt nicht mehr zur Ruhe. Und ich registriere, dass die Beruhigung, die mir die Anwesenheit von mir zugeneigten Menschen verschafft, nicht lange vorhält. Die ganze Zeit frage ich mich, was wohl jetzt gerade wieder passiert, wie viele Tweets in diesem Moment abgesetzt werden gegen mich. Ich male mir aus, wie sich die Meute im Netz gegenseitig hochschaukelt und darin überbietet, mich herabzuwürdigen und zu attackieren.

Als ich im Wohnzimmer sitze und fernsehe, ruft meine Mutter an. Sie ist schnell ein großer Fan alles Digitalen geworden, ohne jede Berührungsangst. Sogar einen Twitter-Account hat sie sich angeschafft. »Nicole, wir machen uns große Sorgen«, sagt sie statt einer Begrüßung. In diesem Moment beschließe ich, erst mal nicht mehr auf den Hass im Netz zu antworten und damit noch Öl ins Feuer zu gießen. Ich habe ein schlechtes Gewissen. Meine Eltern möchte ich da nicht mit reinziehen. Ich schärfe meiner Mutter ein, sofort aufzulegen, sollte jemand mit seltsamen Anliegen bei ihr anrufen. Und Leuten, die sie auf der Straße auf mich ansprechen, nicht allzu viel zu erzählen. Ich schäme mich dafür, dass ich mich so massiv in der Wirkung meines Tweets verschätzt habe – und dass mir primitive Lemminge, die einander in ihrem Hass hinterherlaufen, derart zusetzen.

Die kommenden Tage sind geprägt von Auf und Abs. Jedes Mal, wenn ich mit jemandem aus meinem engsten Kreis spreche, gewinne ich Abstand zum Geschehen.

Meine Freund:innen und Familie sind befremdet von der vulgären Art, mit der manche im Netz auf mich losgehen. In diesen Momenten fühle ich mich nicht mehr wie eine Geisterfahrerin, die sich selbst auf der falschen Spur wähnt. In diesen Momenten wird mein Selbstbild wieder geradegerückt.

Das Auseinanderdriften von Selbst- und Fremdbild durch Hass in den sozialen Medien und die daraus resultierenden Konsequenzen sind ein unter Expert:innen inzwischen bekanntes Phänomen. Ich habe noch vergleichsweise Glück: Ich bin erwachsen und gesegnet mit einem stabilen Selbstbewusstsein. Mein Selbstbild lässt sich zwar punktuell erschüttern, aber nicht nachhaltig.

Gerade Jüngere jedoch, erzählt mir die Psychologin Sophie Leisenberg, tappen in diese Falle. Jugendliche legen noch einen stärkeren Fokus aufs Fremdbild. Unter anderem deswegen ist die Fotoplattform Instagram bei ihnen so beliebt: Ein schönes Selfie ist da oft mehr wert als ein kluger Gedanke, und Fotos lassen sich mit Filtern verschönern. »Wenn da dann etwas verrutscht, fällt das bei den Jüngeren schwerer ins Gewicht. Der Selbstwert sackt ab. Zu den körperlichen Stresssymptomen, weil man scheinbar ausgeschlossen wird, kommen auch noch die psychischen Selbstzweifel.«

Die Stresssymptome und die daraus folgenden Konsequenzen, die Opfer von Hassrede erleiden, schildert die erwähnte Studie *Hass im Netz*: »Zwei Drittel (66 %) derer, die schon persönlich mit Hasskommentaren im Netz angegriffen wurden, benannten verschiedene negative Auswirkungen ihrer Erfahrungen mit Online-Hass [...]. So berichteten zahlreiche Teilnehmende aus dieser Teilstichprobe von psychischen Problemen wie emotionalem Stress (z. B. Abgeschlagenheit, Lustlosigkeit: 33 %), Angst und Unruhe (27 %) sowie Depressionen (19 %). Auch von Problemen mit ihrem Selbstbild berichtete ein Viertel der Befragten aus dieser Gruppe (24 %). Als Folgen ergaben sich für 15 Prozent Probleme mit und bei der Arbeit und für ebenso viele Befragte Probleme in der Bildungseinrichtung, die sie besuchen.«[6]

Noch habe ich frei, und das ist auch gut so. Denn nach und nach setzen sich nun Radikale an die Spitze des Mobs: Die ersten Drohungen gegen mich werden gepostet. Manche wünschen mir den Tod, möglichst grausam, oft anschaulich geschildert, oder stellen in Aussicht, selbst dafür zu sorgen. Andere arbeiten lieber mit dem Themenkomplex »Vergewaltigung«. Kommentare und Nachrichten, die sexualisierte Gewalt beinhalten, gehören wohl zu den häufigsten Formen von Hass, die Frauen im Netz erleben.

Laut dem Pew Research Center schüren vor allem Männer Hass auf Social-Media-Plattformen. So schreibt etwa die österreichische Extremismusforscherin Julia Ebner in ihrem Buch *Radikalisierungsmaschinen*: »Die soziodemografische Forschung hat herausgefunden, dass Männer 1,76 Mal wahrscheinlicher hasserfüllten Inhalt generieren und im Netz verbreiten als Frauen.«[7]

Twitter sei dabei »die schlimmste unter allen Plattformen, allein schon wegen des beschleunigten und maskierten Flusses [des Missbrauchs], der stattfindet. Die Inhalte fühlen sich auf allen Plattformen ziemlich ähnlich an, aber die schiere Menge an Inhalten auf Twitter macht den Unterschied«, sagt die US-amerikanische Journalistin Jessica Valenti.

Valenti gehört zu einer Reihe von Frauen, mit denen Amnesty International für die 2018 veröffentlichte und schon im Titel vielsagende Studie *Toxic Twitter*[8] gesprochen hat. Die Menschenrechtsorganisation präsentiert darin dramatische Zahlen: Alle 30 Sekunden wurde eine Politikerin oder eine Journalistin in den USA und Großbritannien auf Twitter zum Opfer von Hate Speech. Darunter alle weiblichen Angehörigen des US-Kongresses und alle weiblichen Abgeordneten des britischen Unterhauses. Eine dieser Frauen erzählte Amnesty, dass sie den Nachnamen ihres Kindes in der Schule änderte, sodass es nicht mit ihr in Verbindung gebracht werden konnte. Eine andere, dass sie Medienauftritte ablehnte, sobald ihre Schwangerschaft sichtbar wurde – aus Angst vor Drohungen und Beleidigungen gegen ihr ungeborenes Kind.

Die Psychologin Sophie Leisenberg sieht auch hier einen Zusammenhang zur überwiegend aus dem rechten politischen Spektrum stammenden Gewalt im Netz: »Frauen und Männer werden im rechten Weltbild sehr stark in ihren jeweiligen Rollen gesehen. Gerade Frauen, die sich emanzipieren, die eine Stimme haben, sind natürlich nicht kompatibel mit diesem Männlichkeitsbild.« Selbstverständlich sei nicht gleich jeder Rechte, auch nicht jeder Neonazi, automatisch ein Frauenhasser. Aber diese vermeintlich klaren Rollenbilder führten bei vielen dieser Männer zu einem Streben nach einem Ideal, das mit dem echten Leben wenig zu tun habe. »Es ist eine Überaufwertung des Mannes als starker Held, der nie schwach ist, der auf alle herabblicken kann. Um das zu erreichen, müssen sie irgendwie kompensieren, denn so ideal ist ja niemand. Das muss man innerpsychisch irgendwie herstellen, und das geht fast nur über Abwertung.«

Das Problem der verbalen Gewalt auf den Plattformen hat eine dermaßen große und bedrohliche Dimension angenommen, dass sie inzwischen sogar zum Beispiel in der UN-Resolution 68/181 thematisiert wird. Dort lässt sich nachlesen, »Verstöße gegen die Informationstechnologie, Missbrauch, Diskriminierung und Gewalt gegen Frauen, einschließlich Menschenrechtsverteidigerinnen [...] mit dem Ziel, sie zu diskreditieren und/oder zu anderen Verstößen und Missbräuchen gegen sie anzustiften, sind ein wachsendes Problem und können eine Manifestation systemischer geschlechtsspezifischer Diskriminierung sein ...«[9].

Deshalb ist es auch nahezu unmöglich, mit Argumenten zu allen durchzudringen, die sich an solchen Shitstorms beteiligen: Es geht ab einem gewissen Grad nicht mehr um eine Auseinandersetzung in der Sache.

Als einige Tage nach meinem Tweet der damalige österreichische Vizekanzler Heinz-Christian Strache und damit ein prominenter Politiker mit hoher Reichweite einsteigt, unternehme ich einen völlig ironiefreien Versuch, um die aufgeheizte Stimmung wieder abzukühlen: Ich erkläre auf Twitter, dass mein Tweet ironisch und als Reaktion auf eine Fangfrage gemeint war. Dafür ernte ich zwar viel Zustimmung – aber auch wieder Häme. Ich würde jetzt merken, dass mein ernst gemeinter Tweet nicht gut ankomme und ihn nun als Ironie hinstellen, schreiben manche. Andere beleidigen mich auch für diesen Tweet. Ich lese mir nicht alle Reaktionen durch, denn das tut mir nicht gut, gehe aber mit der Erkenntnis schlafen, dass ich keine zufriedenstellende Lösung finden werde: Jedes Mal, wenn ich mich zu dem Thema äußere, erhält es neue Aufmerksamkeit. Äußere ich mich nicht, fühle ich mich wehrlos.

Ist die Gefahr real?

Am nächsten Morgen ist mein Urlaub vorbei, der erste Arbeitstag beim ZDF steht an. Und ich bemerke plötzlich, dass sich meine Routine geändert hat: Auf dem Weg von meiner Wohnung zur S-Bahn ertappe ich mich dabei, wie ich mich immer wieder umdrehe. Folgt mir jemand? Hat jemand meine Adresse herausgefunden? Ist unter denjenigen, die im Netz gegen mich hetzen, vielleicht auch jemand, der seinem Hass in der realen Welt freien Lauf lassen will? Noch wochenlang werde ich morgens und abends beim Verlassen des Hauses beziehungsweise des ZDF meine Umgebung scannen. Ich habe doch mehr Angst, als ich mir bisher eingestanden habe.

An diesem Montag sehe ich meine Kolleg:innen zum ersten Mal im neuen Jahr. Ein paar haben sich in den Tagen zuvor schon bei mir gemeldet, mitfühlend, solidarisch; andere fragen jetzt nach, wie es mir geht. Diejenigen, die nicht in den sozialen Netzwerken unterwegs sind, wissen noch gar nichts vom Shitstorm. Er ist zwar groß, am Ende wird sich herausstellen, dass rund 4000 Tweets in der Hass-phase an meine Adresse gingen, aber zu diesem Zeitpunkt handelt es sich noch ausschließlich um ein Netzthema.

Damit ist an diesem Tag allerdings Schluss, denn mein Shitstorm hat inzwischen ein dermaßen großes Ausmaß erreicht, dass er nun von den etablierten Medien aufge-griffen wird. Den Anfang macht der *Tagesspiegel* mit ei-nem Kommentar, in dem der Autor den Hass gegen mich nicht nur schildert, sondern auch verurteilt und damit schließt, dass er mir Unterstützung wünscht.[10] Die gab es tatsächlich von Anfang an. Schon in den ersten Tagen des Sturms stellten sich auf Twitter viele Leute an meine Seite. Einige öffentlich, andere lieber mithilfe einer persönlichen Nachricht, die nur ich lesen konnte. Ein paar begründeten das auch: Sie hätten Sorge, sonst auch ins Visier der Ha-ter zu geraten. Das kann ich bis heute gut verstehen und merkte schon damals: Jede Nachricht, ob öffentlich oder privat, half. Allerdings drangen sie nicht alle in mein Be-wusstsein. Es gelang mir nicht, ein Gefühl für das Verhält-nis zwischen Hass und Solidarität zu entwickeln. Die Laut-stärke der Lautstarken übertönte die Vernünftigen und Unterstützenden.

Mit dem *Tagesspiegel*-Kommentar aber wendet sich das Blatt. Er löst eine neue riesige Welle aus: eine Welle der Solidarität. Nach seinem Erscheinen erhalte ich immer mehr öffentliche Unterstützung. Fußballvereine wie Her-tha BSC, der FC St. Pauli, der BVB und Schalke werden sich auf Twitter an meine Seite stellen ebenso wie Fern-sehleute wie Jan Böhmermann und Dunja Hayali, *arte* und die *tagesschau* und hochrangige Politiker:innen von der FDP über die Grünen bis zur Linkspartei. Selbst Boris Becker lässt es sich nicht nehmen, »Nazis raus« zu twittern. Und noch ein weiterer Lichtblick taucht auf: Beim Öffnen meines Twitter-Postfachs, also meiner Direktnachrichten, die nur ich dort lesen kann, fällt mir eine Nachricht mit dem Absender Hate Aid ins Auge. Sie seien, lese ich, eine junge gemeinnützige Organisation, die sich um Angegriffene hinter digitalen Hasskampagnen kümmere. Meinen Shitstorm würden sie gern zum Anlass nehmen zu lernen. Zu ihrem Angebot gehöre, rechtlich gegen diejenigen vorzugehen, die strafrechtlich relevant gegen mich auf den Plattformen hetzen, drohen oder beleidigen. »Wäre so was interessant für dich?«, fragt mich der Mitarbeiter. Plötzlich registriere ich, wie ich mich entspanne, ich spüre es körperlich. Endlich etwas, das mir konkret helfen könnte, über Trost und guten Zuspruch hinaus.

Nach dem Abend mit meinen beiden Freundinnen habe ich immer mal wieder darüber nachgedacht, ob ich gegen die Hetzer:innen vorgehen sollte. Und dann aber jedes Mal schnell innerlich abgewinkt. Dafür müsste ich alle Kommentare durchsehen: Welche könnten überhaupt strafrechtlich relevant sein? Und mit denen im Gepäck dann zur Polizei, wo nicht überall ausgeprägtes Bewusstsein für die Problematik existiert? Das weiß ich aus Gesprächen mit anderen Journalist:innen, die schon Ähnliches versucht haben. Ich bin zu angeschlagen, um mich auch noch womöglich gering schätzenden Blicken von Polizist:innen auszusetzen, die mir signalisieren, dass sie nun wirklich Wichtigeres zu tun haben, als sich mit dem Onlinezeug einer Person zu beschäftigen, die besser etwas Sinnvolleres mit ihrer Zeit angefangen hätte. Und die sich jetzt von irgendwelchen fremden Leuten aus dem Netz verunsichert fühlt. Und es müsste Chancen dafür geben, mit so einem Vorgehen auch einigermaßen Aussicht auf Erfolg zu haben. Die Plattformen müssten die Daten der Nutzer:innen herausgeben, die strafrechtlich belangt werden könnten. Und es müsste Staatsanwält:innen und in letzter Instanz Richter:innen geben, die sich ebenfalls auskennen … *Viele Konjunktive, wenig Lust* lautete jedes Mal mein Fazit, und ich ließ es lieber sein.

Es folgt ein Telefonat mit den Leuten von Hate Aid. Was sie mir am Telefon sagen, ist noch besser als das, was sie mir bisher geschrieben haben: Sie bieten mir an, die Reaktionen auf meine Tweets zu filtern und alles, was infrage kommen könnte für eine weitere juristische Nachverfolgung, an eine Anwaltskanzlei zu übermitteln, die sich auf solche Fälle spezialisiert hat. Ich zahle nichts, dafür bekomme ich aber auch kein Geld, sollte vor Gericht etwas herausspringen. Das wird dann reinvestiert. Als ich auflege, merke ich, wie mir eine Last von den Schultern fällt. Ich würde wenigstens versuchen können, mich zu wehren, ohne mich dafür noch tiefer in diesen Morast an Hass reinwühlen und alle Nachrichten lesen zu müssen.

Als meine Mutter mich abends anruft und nach meinem ersten Arbeitstag im Zeichen dieses Wahnsinns fragt und ob »diese Sache« denn jetzt immer noch so groß sei, ploppt auf meinem Telefon eine Benachrichtigung auf, und ich höre mich ungläubig sagen: »Ich glaube schon. Gerade hat Bundesaußenminister Maas auf Twitter seine Solidarität mit mir erklärt.«

Der Hashtag #NazisRaus führt nun die Twitter-Trends an. In den sozialen Medien spielen Hashtags eine wichtige Rolle. Hashtags sind Worte oder auch Wortketten hinter dem #-Zeichen und dienen der Verschlagwortung von Themen. Nutze ich einen Hashtag, ist mein Facebook-Post, mein Tweet oder mein Bild beim Fotodienst Instagram leichter auffindbar. Insgesamt werden etwa 100.000 Tweets, sowohl von Unterstützer:innen als auch von Gegner:innen zu diesem Thema, gepostet werden, wird der Datenanalyst Luca Hammer ein paar Monate später in einem Vortrag auf der weltgrößten Netzkonferenz re:publica in einem Vortrag berichten.

»Die Sache«, wie meine Mutter es nennt, ist jetzt nicht nur groß, sondern riesig. Und sie wächst weiter. Immer mehr Medien greifen sie auf. Es ist großartig, dass nun so viele Stimmen hinzukommen, die mich unterstützen. Ich atme ein bisschen auf. Gleichzeitig aber wünsche ich mir, dass all das endlich ein Ende hat. Ich möchte keine Angst mehr haben müssen, und ich möchte mich wieder auf meine Arbeit konzentrieren. Trotzdem geht es munter weiter: Zeitungen, Radio- und Fernsehsender wenden sich mit Interviewanfragen an mich. Freundlich lehne ich alle ab. Der Rummel soll aufhören. Ich will mein altes Leben zurück. Aber natürlich wird trotzdem darüber geschrieben, berichtet und gesprochen. Als Journalistin kann ich das nachvollziehen.

Ich bin heilfroh, sowohl bei Facebook als auch bei Instagram von Anfang an lediglich einen privaten Account angelegt zu haben. Das bedeutet, dass Leute, mit denen ich mich nicht aktiv angefreundet habe, weder meine Beiträge sehen noch mich dort anschreiben können. Zwar gibt es bei Facebook für jede:n Nutzer:in auch ein Postfach, das sich »Nachrichtenanfragen« nennt und das für alle dort offen ist, über das mich also auch Zuschriften von völlig Fremden erreichen können. Dieses Postfach aber ist so versteckt, dass ich zu dieser Zeit zum Glück noch nicht mitbekomme, was dort los ist. Erst Monate später, als ich den Shitstorm einigermaßen verdaut habe und Hate Aid fragt, ob sie dort auch mal für mich nach dem Rechten schauen sollen, klicke ich mich bis dorthin durch. Und stoße auch da auf Gift. In Tonalität und Brutalität stehen die Zuschriften, die ich dort zu sehen bekomme, denen bei Twitter in nichts nach. Von der Anzahl her ist es aber nicht mal ein Bruchteil dessen, was mich über Twitter erreicht hat. Nicht wirklich überraschend: Dort habe ich die »Debatte« ja losgetreten, dort hat sich der Shitstorm ja entladen.

Ein weiterer, für meine Familie und mich überaus beruhigender Nebeneffekt meiner strengen Privatsphäre-Einstellungen bei Facebook und Instagram: Niemand kann über diese beiden Kanäle Rückschlüsse auf meine Adresse ziehen, durch Fotos zum Beispiel. Das ist auch insofern praktisch, als ich in den kommenden Wochen immer wieder durch automatisierte Benachrichtigungsmails von den unterschiedlichen Plattformen informiert werde, dass Leute versuchen, meine Passwörter zu knacken. Auch das ist ein beliebtes Instrument, um Menschen einzuschüchtern. Es klappt Gott sei Dank nicht, aber ich wechsle so oft vorsorglich meine Passwörter, dass ich einige bis heute vergessen habe.

Auch bei Twitter habe ich von Anfang an darauf geachtet, nichts Privates zu posten. Nichts ist dort zu erfahren über meinen Familienstand, über meine Wohnung, über Orte, an denen ich mich regelmäßig aufhalte. Wenigstens das. Es gibt einen Rückzugsort; das Private. Und in meinem Fall bleibt der Hass auch tatsächlich im Netz. Nach und nach ebbt die Aufregung um mich ab, ich kann mich wieder auf andere Inhalte meines Lebens konzentrieren.

Als Walter Lübcke wenige Monate später ermordet wird und sich herauskristallisiert, dass das Netz eine nicht unwesentliche Rolle bei der Radikalisierung seines Mörders gespielt hat, ruft mich ein Freund an und fragt mich besorgt, wie es mir gehe. Er habe sofort an mich denken müssen. Bis dahin habe ich keine Parallele zu meinem Fall gezogen. Erst er bringt mich darauf: Ich habe großes Glück gehabt.

Social Media – 2
Was hat dich bloß so ruiniert?

Twitter und ich – wie alles begann

Mittwoch, 20. März 2013. Jerusalem. Wir befinden uns in einem provisorischen Pressezentrum direkt am Flughafen. Ein etwa 100 Quadratmeter großer Raum. Dünner und zum Teil schon Wellen werfender beigefarbener Teppichboden, darauf eilig aufgestellte Tische, Klappstühle, darunter ein Wirrwarr an Kabeln, unterbrochen von Stolperfallen in Gestalt von Mehrfachsteckdosen. Korrespondent:innen aus aller Welt versuchen, sich startklar zu machen – oder zumindest, nicht durchzudrehen. Es herrscht ein Riesengewusel. Nur noch wenige Minuten, dann landet die Air Force One. An Bord: US-Präsident Barack Obama. Es ist stickig, es ist laut, es ist chaotisch, aber es ist nicht verbissen. Die Stimmung, die in der Luft hängt, trägt die Überschrift: »Wird schon werden, ist noch immer gut gegangen, muss auch irgendwie Spaß machen, das Leben ist zu kurz.« Der hebräische Fachbegriff für solche Situationen gehört für mich zu den lautmalerisch treffendsten weltweit: »Balagan«.

Das international höchst aufmerksam beobachtete Spitzentreffen zwischen Obama und seinem israelischen Amtskollegen Benjamin »Bibi« Netanjahu steht kurz bevor, und die Presse steckt noch mitten in den Vorbereitungen. So auch wir vom Zweiten Deutschen Fernsehen. Irgendwo auf dem Fußboden vermute ich aktuell meinen Producer. »Hier ist noch eine freie Steckdose!«, bestätigt seine triumphierende Stimme von dort unten meinen Verdacht. Eine gute Nachricht. Ohne Strom keine Berichterstattung. Die Liste der noch dringend zu lösenden Probleme ist nun um einen nicht ganz unbedeutenden Punkt kürzer.

Mein Mobiltelefon klingelt. Eine Mainzer Nummer. Also jemand aus der ZDF-Zentrale. Obwohl es erst Vormittag ist, bestimmt schon der zehnte Anruf. Kein Wunder, heute ist ein klassischer Nachrichten-Großkampftag. Der wiedergewählte Obama besucht Bibi. Die Vereinigten Staaten, die Schutzmacht Israels, sind im Anflug, und alle Welt weiß: Da treffen sich gleich die Regierungschefs einer historischen Schicksalsgemeinschaft, die sich persönlich nicht besonders gut verstehen. Eine auf mehreren Ebenen höchst spannende Begegnung. Das wollen alle Nachrichtensendungen haben. Ich gehe ran, es ist die Onlineredaktion. »Nicole«, höre ich, das Telefon dicht am Ohr, um das hektische Summen um mich herum auszublenden. »Wir dachten, es wäre doch nett, wenn du heute ein bisschen twittern würdest. Was meinst du? Kannst du dir bitte einen Account einrichten?«

Meine Begeisterung hält sich in engen Grenzen. Wie man einen Twitter-Account einrichtet, weiß ich. Auch, wie man ihn bedient. Privat bin ich da seit Jahren unterwegs. Ich liebe Social Media. Für Menschen wie mich wurden die sozialen Medien erfunden. Und genau das ist Teil des Problems, das ich in diesem Moment unaufhaltsam auf mich zukommen sehe: ein weiterer Zeitfresser. Schon jetzt spielt sich ein nicht unbedeutender Teil meines Lebens auf Facebook ab.

Das ist also insgesamt und speziell heute wirklich das Letzte, was ich gebrauchen kann. Neben Berichten und Live-Schalte noch »nebenbei« zu twittern. Andererseits kann ich natürlich nicht Nein sagen. Das wissen wir beide, der Mainzer Kollege und ich, so freundlich er seine Bitte auch formuliert hat. Es ist wichtig und richtig. Wir wollen an »die jungen Leute« ran, die uns Öffentlich-Rechtlichen den Rücken kehren, und wir müssen auf allen Kanälen, die sich irgendwie anbieten, kommunizieren. Sonst sehen wir alt aus. Also seufze ich leise, sage schnell zu und richte mir einen Account ein. Ich wähle »nicolediekmann« als Namen, nenne meinen Arbeitgeber in meiner Kurzbiografie, die direkt unter meinem Namen auf meiner Profilseite zu sehen ist, und füge den Zusatz »hier privat unterwegs« ein. Das ist so Usus: Niemand schaut vor der Veröffentlichung über meine Tweets, die ich aber natürlich auch während und zu meiner Arbeit verfasse. Das heißt, wenn ich im Eifer des Gefechts einen Fehler mache oder meine journalistische Neutralität verlasse, muss klar sein: Ich spreche beziehungsweise schreibe hier für mich, nicht für das ZDF. Verfasse ich hingegen einen Beitrag oder einen Text für eine Sendung oder die Website meines Senders, guckt mindestens ein:e Chef:in vom Dienst darauf, bevor er veröffentlicht wird. Diese Sicherheitsschleuse fehlt bei der Nutzung der sozialen Medien. So funktionieren sie nun mal nicht; dort herrscht ein lockerer Ton, und darüber hinaus hat kein Mensch Lust auf ein Vier-Augen-Prinzip bei einem derart schnellen Medium. Unternehmen wollen sich mit diesem »hier privat«-Appendix also gegen etwaige Ausrutscher oder gar Entgleisungen ihrer Mitarbeiter:innen absichern, was aber nur bedingt funktioniert, denn natürlich wird man als ihr:e Vertreter:in wahrgenommen. Vor allem – aber nicht nur –, wenn diese Unternehmen in der Biografie auftauchen. Es ist kompliziert, für beide Seiten.

An diesem Tag habe ich keine Zeit und auch keinen Anlass, mir darüber Gedanken zu machen. Es gibt viel zu tun, aber ich finde Zeit zum Twittern. Mein erster Tweet ist ein kleiner Witz darüber, dass Obama und Netanjahu allen Meinungs- und Temperamentverschiedenheiten zum Trotz zumindest modisch auf einer Welle schwimmen, sie sind fast gleich angezogen: weißes Hemd, dunkle Hose, blaue Krawatte. »Auf die Frage ›Was zieh ich an?‹ haben #Obama und #Netanjahu heute schon mal dieselbe Antwort gefunden! #obamainisrael«, twittere ich.

Dank der Hashtags finden erste Twitter-Nutzer:innen meinen Tweet. Gibt jemand »Netanjahu« oder »Obama« ins Twittersuchfeld ein, stößt er oder sie auf meine Beobachtung. Der kleine Kalauer löst keinen Sturm der Begeisterung aus, aber auch keinen Shitstorm. Ein paar Leute finden ihn anscheinend ganz lustig. Und, noch wichtiger: Er liefert niemandem einen Anlass dafür, meinen Arbeitgeber oder mich zu beschimpfen. Obwohl ich aus einem heiß umstrittenen Berichtsgebiet twittere und obwohl ich eine Frau bin. Aus heutiger Sicht kann man allein die Ruhe nach diesem Tweet fast schon als Erfolg werten. Aber der Reihe nach.

Ein Hoffnungsträger namens Twitter –
Iran nach der Präsidentschaftswahl

Privat nutze ich Twitter seit 2009. In dem Jahr erlangt der Kurznachrichtendienst die Aufmerksamkeit einer breiteren Öffentlichkeit. Mahmud Ahmadineschād ist als iranischer Präsident gerade wiedergewählt worden – erklärt zumindest die iranische Wahlbehörde. Ahmadineschāds stärkster Herausforderer Mir Hossein Mussawi aber erkennt die Wahl des Hardliners nicht an und spricht von Wahlfälschung. Es folgen Proteste von Oppositionellen, es kommt zu Straßenschlachten. Um die Presse- und Internetzensur des iranischen Regimes zu umgehen, nutzen Dissident:innen und Revolutionär:innen Twitter, sowohl um ihren Aufstand zu organisieren als auch, um die Welt über die Vorgänge in ihrem Land zu informieren. Eine Aufgabe, der selbst ausländische Journalist:innen vor Ort kaum nachkommen können: Die, die überhaupt ins Land hineingekommen sind, sitzen größtenteils quasi eingesperrt in ihren Hotelzimmern.

Plötzlich ist das Image des Netzes, das mittlerweile teilweise verschrien ist als Umschlagplatz für Kinderpornografie und Bombenbauanleitungen, wieder aufpoliert. Twitter wird prominent, die westlichen Medien nutzen es als Quelle, zum Beispiel in ihrer Berichterstattung über die Vorgänge in Iran. Social Media erhält einen erwachsenen Anstrich: Es gilt nicht mehr nur als ein Ort, an dem Jugendliche und Abiturient:innen nach einem Interrail-Sommer mit ihren neuen Freund:innen in Kontakt bleiben können (Facebook) oder Skate-Videos mit ihren waghalsigsten Tricks hochladen (YouTube) – es ist plötzlich politisch. Und nicht nur das: Es genießt nun auch noch den Ruf, von den Guten im Kampf gegen das Böse genutzt zu werden. Von denen, die sich auflehnen gegen Diktaturen. Die es mithilfe der sozialen Netzwerke schaffen, an der Zensur in ihrem Land vorbei zu informieren. Am Ende verlieren die Aufständischen in Iran zwar die Machtprobe, aber: Twitter gewinnt. Der Mikro-Nachrichtendienst, damals noch beschränkt auf 140 Zeichen pro Tweet, erobert die Welt im Sturm.

Das US-amerikanische *Time Magazine* feiert ihn als das »Medium der Bewegung«[1] und titelt mit einem Text darüber, wie Twitter unser aller Leben verändern werde[2]. Die italienische Ausgabe der Computerzeitschrift *Wired* versucht gar, das Internet auf die Liste für Anwärter:innen auf den Friedensnobelpreis zu hieven.[3] Unterstützt wird dieser Vorstoß unter anderem von der iranischen Juristin und Menschenrechtsaktivistin Shirin Ebadi, die selbst als erste muslimische Frau 2003 mit dem Friedensnobelpreis ausgezeichnet wurde.

Und auch Facebook erlebt die späten Nuller- und die frühen Zehnerjahre als rauschendes Fest der Anerkennung. Das *Time Magazine* kürt Facebook-Chef Mark Zuckerberg 2010 zum Menschen des Jahres.[4] Anders als Twitter-Gründer Jack Dorsey sucht Zuckerberg die Öffentlichkeit und wird so zum Gesicht dieser neuen Ära. Mit Blick auf den Arabischen Frühling bedanken sich Nichtregierungsorganisationen bei Zuckerberg: Er habe mit seiner Plattform den politischen Aktivismus revolutioniert. Twitter und Facebook spielen auch eine bedeutende Rolle für die Proteste im Nahen Osten und auf dem afrikanischen Kontinent, in denen sich von 2010 an Aufstände gegen die dort herrschenden autoritären Regime richten. Wie in Iran werden sie von den Organisator:innen und Demonstrant:innen intensiv genutzt. Das brutale Vorgehen der Machthaber gegen die Aufstände auf den Straßen können dank Facebook, Twitter und YouTube auf der ganzen Welt gezeigt werden. So intensiv nutzen die Revolutionär:innen diese Chance, dass während der hoffnungsvollen, ja euphorischen Phase, als es so aussieht, als könnten die Aufstände einen Demokratieschub in den betreffenden Ländern auslösen, sogar von der »Facebook-Revolution« gesprochen wird – Facebook steht dabei stellvertretend für alles, was in diesem Zusammenhang mit dem Internet zu tun hat.[5] Von diesen Hoffnungen bleibt am Ende nicht viel übrig. In Ägypten hat faktisch das Militär die Macht übernommen, und in Syrien herrscht ein endloser Krieg. In Tunesien ist der Diktator zwar vertrieben, die Wirtschaftslage aber nicht besser als vorher.

Während der Hochzeit des Arabischen Frühlings setzen sich die sozialen Netzwerke auch in Deutschland durch. Hierzulande startet Facebook 2008 und weist bereits im August gut 1,4 Millionen Nutzer:innen auf. 2015 sind es rund 21,2 Millionen User:innen, 2019 dann 32 Millionen[6].

An diese Zahlen reicht Twitter nie auch nur ansatzweise heran, darauf lassen zumindest die spärlich veröffentlichten Nutzer:innenzahlen schließen, die der Kurznachrichtendienst herausgibt. Im Jahr 2016 sind es dem Unternehmen zufolge zwölf Millionen Abonnent:innen.[7] In den

ARD/ZDF-Onlinestudien belegt Twitter stets einen der hinteren Ränge.

Hass als täglicher Begleiter

Dienstag, 17. Juni 2014, Rio de Janeiro. Fußball-Weltmeisterschaft in Brasilien. Mein Arbeitgeber hat mich nach Brasilien geschickt, weil nach den Ausschreitungen beim Confed Cup ein Jahr zuvor die Sorge groß ist, dass es auch während der WM heftige Zusammenstöße geben könnte. Also bin ich mit schusssicherer Weste und Helm im Gepäck hergeflogen. Seit drei Jahren gehöre ich zum dreiköpfigen ZDF-»Reporterpool«. Wir sind speziell ausgebildet für Einsätze in Kriegs- und Krisengebieten. Bis jetzt aber – und, wie wir inzwischen wissen, zum Glück auch die restliche Weltmeisterschaft über – ist es hier in Brasilien bis auf ein paar kleinere Scharmützel zwischen der nicht eben zimperlichen Polizei und Demonstrierenden friedlich geblieben.

Es ist Mittagszeit, ein paar Stunden noch bis zum Anpfiff des nächsten Spiels. Entspannt laufe ich zum nächsten Einkaufszentrum, um mir dort in einem Imbiss etwas zu essen zu holen. Auf der Straße herrscht der Megastau, für den Rio berühmt ist. Es steht nicht irgendeine Begegnung an, sondern ein Kracher: Gastgeber Brasilien gegen Mexiko. Deshalb haben heute alle ab mittags frei und sind nun auf dem Weg nach Hause oder zu dem Ort, wo sie das Spiel sehen wollen. Ich zücke mein Telefon, fotografiere die stillstehenden Autoschlangen und setze einen Tweet ab. Die erste Reaktion lässt nicht lange auf sich warten. Jemand antwortet: »Mit Fahrrad wäre das nicht passiert. Ist euch bestimmt zu unbequem. Vergesst nicht, die Klimaanlage voll aufzudrehen.«

Offensichtlich will jemand seine schlechte Laune an mir auslassen. Ich habe aber keine Lust mehr, Ventil für allgemeine Unzufriedenheit zu sein: Im bisherigen Verlauf der WM hat sich die Zahl meiner Follower:innen auf Twitter quasi auf einen Schlag verzehnfacht: von 800 auf über 8000. Deutschland steckt im Fußballfieber. Das Interesse am Turnier ist auch in den sozialen Medien riesig. Plötzlich bekommen meine Tweets große Aufmerksamkeit. Eigentlich ja schön und Sinn der Sache. Aber mit meiner Follower:innenzahl wächst auch der Kreis derer, die sich mir gegenüber unfreundlich benehmen. Zunächst bin ich ratlos und ignoriere solche Reaktionen, ich bemerke aber mit der Zeit, dass ich mich damit nicht wohlfühle. Ich beschließe zu antworten. »Ich bin zu Fuß. Haben Sie sonst noch Anmerkungen?« Die Reaktion lässt nicht lange auf sich warten – und wenige Fragen offen: »Das Bild sah eher aus dem Auto fotografiert aus!! Schnell ausgestiegen?«

Kein »Okay, Entschuldigung, ich habe mich wohl vertan«. Lieber Festhalten an der Überzeugung, dass ich – auf Kosten der Gebührenzahler:innen natürlich – in einem Auto sitze. Woran nichts auszusetzen wäre: Beim Fernsehen zu arbeiten bedeutet, im Team unterwegs zu sein. Im Ausland ist man meist zu viert: Kameramann oder -frau, Tonassistent:in, Übersetzer:in und Redakteur:in. Plus die Ausrüstung: Kamera, Stativ, Licht, Mikros usw. Es ist also

eine schlichte Notwendigkeit, sich mit dem Auto fortzube-
wegen. Wenn man nicht gerade auf dem Weg ist, um sich
einen Snack zu besorgen. In den folgenden Jahren werde
ich lernen, dass es meistens so läuft: Behauptungen werden aufgestellt, Argumente dagegen entweder ignoriert
oder als Lüge diffamiert.

Noch etwas anderes aber passiert an diesem Mittag, und
auch dies wird sich in meinem Social-Media-Kosmos zu einem Muster entwickeln: Mir springen Menschen zur Seite.
Sie mögen meinen Tweet, sie antworten darauf und fragen die Person, von der die harsche Reaktion stammt, was
denn der Grund für die schlechte Laune sei. Und warum
sie nicht erst einmal nachfrage, statt sofort etwas zu unterstellen. Daraufhin kommt keine Antwort mehr. Diese
Taktik, die ich an diesem Mittag in Brasilien zum ersten
Mal ausprobiere, habe ich seitdem beibehalten. Bis heute
reagiere ich nach einem Zufallsprinzip, abhängig von Zeit
und Lust, immer mal wieder auf besonders ruppige oder
gar aggressive Antworten.

Fünf Jahre später werde ich damit ein Eigentor schießen
und einen massiven Shitstorm auslösen, das schon. Aber
ich bin trotzdem bis heute fest davon überzeugt, dass das
erstens die richtige Vorgehensweise für mich ist, um mit
dem Ton in den sozialen Medien klarzukommen, und zweitens, dass das nicht passiert wäre, hätte ich nur diesen win-
zigen Zwinkersmiley ans Ende meines Tweets gesetzt. In
den allermeisten Fällen fahre ich sehr gut damit, offensiv,
mehr oder weniger humorvoll – das sollen andere beurteilen –, aber nie beleidigend klarzumachen: Ich lese das, ich
finde das nicht in Ordnung, und ich lasse das nicht un-

kommentiert stehen. Denn würde mich im echten Leben jemand so ansprechen, würde ich das auch nicht einfach hinnehmen.

Immer wieder mache ich dann die Erfahrung, dass andere daraufhin reagieren und mich unterstützen. Oft geben die Absender:innen genervt auf. Bestenfalls – wenngleich auch zugegebenermaßen weitaus seltener – rüsten sie gar in ihrer Rhetorik ab und werden zugänglicher. Ab und an lässt sich auf diesem Wege ein bereits eskalierter Dialog wieder einfangen. Manchmal dient es nur der eigenen Seelenhygiene oder als Signal, dass dieser Umgang nicht in Ordnung ist.

Oft werde ich gefragt, warum ich mich mit solchen Menschen, sogenannten Trollen, die offensichtlich vor allem auf Ärger aus sind, überhaupt beschäftige. Dazu gibt es eine gängige Empfehlung von Social-Media-Expert:innen: »Don't feed the troll«, also: »Gib dem Troll kein Futter«. Die österreichische Journalistin und Autorin Ingrid Brodnig, Autorin des Buchs *Hass im Netz*, führt gegen diese Strategie an: »Hier werden manipulative und aggressive Internetnutzer bestenfalls mit Schweigen sanktioniert. Ignoranz bedeutet schließlich, etwas zwar wahrzunehmen, aber bewusst wegzuschauen oder totzuschweigen.«[8]

Und dass eine Entgegnung sogar zu etwas Gutem führen kann, diese Erfahrung machte ich schon bei meiner Zeit bei *tagesschau.de,* wo ich mit kurzer Unterbrechung von 2000 bis 2011 arbeitete. Wir Korrespondent:innen setzten unsere E-Mail-Adresse unter unsere Texte, als Einladung zur Diskussion. Dadurch waren wir direkte Reaktionen auf unsere Arbeit gewohnt. Im Jahr 2009 recherchierte ich zur geplanten Islamkonferenz im Kanzleramt. Oberster Tagesordnungspunkt: das Problem »Muslimische Schülerinnen und ihre Teilnahme am Schwimmunterricht«. Aus religiösen Gründen könnten viele Mädchen nicht an den Stunden teilnehmen, dagegen müsse man Strategien finden, hieß es im Programm der Veranstaltung. Ich telefonierte die Kultusministerien aller Länder ab und bekam überall die gleiche Antwort: »Kein größeres Thema, verschwindend wenige Einzelfälle, die sich meistens durch Gespräche mit den Eltern auch lösen lassen.«

Dies schrieb ich so auch auf. Und bekam einige Tage später eine wütende Mail – damals benutzten wir noch keine sozialen Medien als Rückkopplungskanal. Ich würde die Gefahren durch den Islam kleinreden. Wenn Aktivistinnen wie Seyran Ateş oder Necla Kelek bedroht würden, wenn sie gar Angst um ihr Leben haben müssten, trüge ich eine Mitschuld, schrieb mir die Absenderin. Sie war empört, das ja, aber: Sie beschimpfte mich nicht. Sie war sehr konfrontativ, brauchte aber weder Beleidigungen noch Drohungen, um ihrem Standpunkt Nachdruck zu verleihen. Also eine Mail, die genau dem entspricht, was man landläufig zivilisiert und angemessen nennt. Trotzdem traf sie mich sehr. Der Vorwurf war massiv und, wie ich fand, ungerecht. Das war das eine. Und zum anderen hatte ich eine solche Zuschrift vorher noch nie bekommen. Es war relativ neu, dass Journalist:innen so unkompliziert erreichbar waren. Der klassische Beschwerdeweg war bis dahin entweder ein Anruf in Zuschauer:innenredaktionen gewesen, deren Nummern man erst einmal in Erfahrung bringen musste, oder der klassische Leser:innenbrief. Den aber musste man schreiben, frankieren und zum Briefkasten bringen – weitaus umständlicher, als bequem vom Rechner zu Hause aus eine angezeigte Mailadresse anzuklicken und seinen Ärger so mitzuteilen.

Die Mail ließ mir keine Ruhe. Ich konnte und wollte das so nicht auf mir sitzen lassen. Also antwortete ich der Frau und wies sie freundlich darauf hin, dass meine Aussage auf Recherchen und daraus resultierenden Fakten beruhte, die ich in meinem Text transparent gemacht hatte. Die Reaktion folgte relativ schnell: Die Leserin entschuldigte sich. Sie sei wohl zu weit gegangen. Sie habe einfach auf einen Link mit meiner Mailadresse geklickt, um ihre Meinung zu sagen, und sich nicht bewusst gemacht, dass dahinter ein Mensch stecke. In der Sache wurden wir uns zwar nicht einig, aber diese Reaktion ermutigt mich bis heute in meiner Kommunikation in den sozialen Medien: Selbst wenn 99 Menschen auf mich eindreschen – einen könnte es geben, der innehält und in Zukunft zweimal überlegt, was er da eigentlich tut. Allerdings gibt es einen bedeutenden Unterschied zu 2009: Die Mail lasen ausschließlich die Verfasserin und ich. Tweets und Facebook-Posts lesen heute viel mehr Menschen. Wenn die Leserin mir dort das Gleiche schreiben würde, würden sich sicher viele aufgeregte Reaktionen anschließen, der Weg zu einer friedlichen Koexistenz unterschiedlicher Meinungen wäre sehr viel steiniger, vielleicht sogar verbaut. Denn in den sozialen Medien gibt es eine Tendenz zu weniger differenziertem Verhalten – und zur Rudelbildung: »Gruppendiskussionen anhand von Computern führen zu extremeren Meinungspolarisationen als Gruppendiskussionen, die nicht computergestützt durchgeführt werden«, schrieben bereits 1984 amerikanische Wissenschaftler:innen.[9]

Der SIDE-Theorie zufolge, die zu erklären versucht, warum gerade online so massiv gegen gesellschaftliche Normen verstoßen wird, verfügen wir Menschen im analogen Zeitalter über zwei Identitäten: die persönliche, also die individuelle, die sich über die Unterschiede zu anderen Individuen definiert. Und daneben eine Gruppenidentität, in der wir uns innerhalb einer Gruppe von anderen Gruppen abgrenzen. Das Besondere, Digitale daran: Im Netz wissen wir oft nicht viel über die anderen Mitglieder der Gruppe. Zu der wir vielleicht nur deshalb gehören, weil wir uns auf einer der Plattformen über dasselbe Thema einig sind. Meistens kennen wir die anderen Mitglieder nicht persönlich: Es fehlen Mimik und Gestik. Man sieht einander nicht in die Augen. Man kann die anderen Individuen in der Gruppe nicht als solche wahrnehmen. Und so wird das kollektive Verhalten, werden die in der Gruppe herrschenden Normen wichtiger für unser Verhalten als unser eigenes Wertegerüst, das individuell und unterschiedlich stabil ist.[10]

Die Verrohung ist jedoch nicht nur in den sozialen Medien zu beobachten, sondern auch in der realen Welt. In der Debatte, ob die sozialen Netzwerke der Ursprung der gesellschaftlichen Polarisierung sind oder aber ob diese umgekehrt »aus den traditionellen Medien in die digitale Welt [diffundiert]«[11], wie Georg Diez in der *Zeit* schreibt, lautet der kleinste gemeinsame Nenner beider Denkschulen: Die sozialen Medien dienen zumindest als Verstärker dieser Art der Auseinandersetzung. Und zwar als ein sehr wirkmächtiger.

2017 veröffentlichten US-amerikanische Medienforscher:innen eine umfangreiche exemplarische Studie zu der Frage, wie Debatten und Themen aus dem Netz von den klassischen Medien aufgegriffen werden. Ihnen zufolge hatte sich in den USA ein rechtsgerichtetes Mediennetz gebildet, »das Social Media als Haupttrasse nutzt, um ein extrem voreingenommenes Weltbild zu vermitteln«.[12] Die Verantwortlichen, schreiben die Wissenschaftler:innen, hätten es so geschafft, mit ihren eigenen Themen den gesamten Medienbetrieb zu durchdringen. Diese reichten von Immigration bis hin zu persönlichen Angriffen auf Hillary Clinton, 2016 Präsidentschaftskandidatin der Demokrat:innen.

Als ein zentrales Medium, das diese Agenda mitbetrieb, nennen die Wissenschaftler:innen *Breitbart*. Die US-amerikanische rechtspopulistische bis rechtsradikale Nachrichten- und Meinungswebsite gilt als ein Beleg für die Verschiebung des Sagbaren, der Grenzen im öffentlichen Diskurs, vor allem in der Zeit, in der Steve Bannon an der Spitze stand, von 2012 bis 2016 und dann noch mal von Sommer 2017 bis Anfang 2018. Bannon beriet Donald Trump während dessen erster Präsidentschaftskandidatur und arbeitete nach gewonnener Wahl zeitweise als Chefstratege im Weißen Haus. Sein radikaler Kurs als Chef von *Breitbart* wurde also vom obersten Mann im Staate geadelt. »Die Website mischt freiheraus rechtslastige politische

Kommentare mit kindischen Pöbeleien und rassistischen Anspielungen; unter Bannon führten die Redakteure eine Rubrik namens *Schwarzes Verbrechen* ein«, analysierte das Wochenmagazin *New Yorker* 2017.[13]

Wie massiv der Hass aus dem Netz inzwischen in unser aller Leben hinüberschwappt, skizziert die Studie *Hass im Netz – Der schleichende Angriff auf unsere Demokratie*. Die Forscher:innen befragten für ihre Untersuchung 7349 in Deutschland wohnende Menschen zwischen 18 und 95 Jahren. 59 Prozent bestätigten die Aussage: »Durch den öffentlichen Hass im Netz hat sich verändert, was man auch außerhalb des Internets sagen kann und was nicht.« Die Schlussfolgerung der Wissenschaftler:innen rund um den Extremismusforscher Matthias Quent: »Hass im Netz verbreitet, bestätigt und legitimiert abwertende Einstellungen und Vorurteile sowie diskriminierendes Verhalten. Rassismus, Sexismus und andere Formen der Abwertung und Diskriminierung werden dadurch salonfähig.«[14]

Welche praktischen und messbaren Auswirkungen das Netz auf unser Handeln im Alltag hat, belegte 2019 der Düsseldorfer Forscher Marc Ziegele mithilfe einer aussagekräftigen Untersuchung: Ziegele und sein Team ließen 497 Proband:innen zwei Nachrichtenartikel über die sogenannte Flüchtlingskrise lesen. Ein Drittel der Teilnehmer:innen las anschließend neutrale Kommentare unter den Artikeln, ein weiteres Drittel kritische, aber nicht beleidigende Kommentare. Der dritten Gruppe wurden Hasskommentare vorgelegt, die Geflüchtete herabwürdigten und verunglimpften. Anschließend erhoben die Forscher:innen die bewussten und unbewussten Einstellungen der Teilnehmer:innen gegenüber Flüchtlingen mittels verschiedener psychologischer Tests. Zum Schluss konnten die Proband:innen ihre Aufwandsentschädigung von fünf Euro ganz oder zum Teil an eine Hilfsorganisation spenden, die Geflüchtete unterstützt.

Das Ergebnis: Sowohl die einseitig kritischen als auch die Hasskommentare verschlechterten die Einstellungen der Teilnehmer:innen gegenüber Geflüchteten. »Während die kritischen Kommentare vor allem die expliziten, also die bewussten Einstellungen beeinflussten, wirkten sich die Hasskommentare vor allem auf die impliziten, also die unbewussten Einstellungen aus«, schreiben die Wissenschaftler:innen. Wie stark die Kommentare anschließend auf das reale Leben wirken, zeigte sich an der Bereitschaft der Proband:innen, einen Teil ihrer Aufwandsentschädigung zu spenden: Die Gruppe, die neutrale Kommentare gelesen hatte, spendete im Durchschnitt 1,31 Euro. Diejenigen, die kritische, aber zivile Kommentare gesehen hatten, spendeten 86 Cent und die Gruppe, die Hasskommentare gelesen hatte, gerade mal 78 Cent.

Der Ton, der im Netz gesetzt wird, hat also einen nicht zu leugnenden und zu unterschätzenden Effekt auf das Verhalten der Menschen in der analogen Welt. Er beeinflusst die Stimmung »draußen«. Das hat damit zu tun, dass Facebook, Twitter und andere ihren Algorithmen die Lautesten und Wüstesten nach oben spülen und so den falschen Eindruck vermitteln, diese seien in der Überzahl.[15] Der Netzexperte Schlecky Silberstein begründet in seinem Buch *Das Internet muss weg* die Wucht und Laut-stärke, nach der man miteinander im Streben um Reichweite konkurriert und den unheilvollen Prozess dadurch befördert, so: »So werden nüchterne oder differenzierte Haltungen von Algorithmen gefiltert, die nur für eine Aufgabe programmiert wurden: den Interaktionsgrad zu erhöhen. Leider sorgen negative Emotionen für mehr Interaktion als positive Emotionen.«[16] Aus Sicht der Netzwerke, die Geld verdienen wollen, ist das nur logisch: Ein erhöhter Interaktionsgrad, so die simple Rechnung, bedeutet mehr Beteiligung und mehr Daten, die wir alle auf den Seiten hinterlassen. Diese wiederum ermöglichen das Erstellen individuellerer Profile für zielgerichtete Werbung. So locken die Plattformen Werbekunden an. Die Kasse klingelt.

Auch der Soziologe Armin Nassehi sieht einen direkten Zusammenhang zwischen Kommunikationskultur im Netz und Kommunikationskultur außerhalb des Netzes: »Dass sich der politische Ton verschärft und die Nervosität öffentlicher Kommunikation zunimmt, kann [...] direkt dem Netz zugerechnet werden.«[17] Nassehi nennt unsere Gesellschaft überhitzt und schreibt den sozialen Medien – vor allem Twitter – dabei eine Schlüsselrolle zu: »Der Buchdruck und die Massenmedien sind klassische Treiber heißer Gesellschaften – sie zwingen dazu, sich mit Neuem auseinanderzusetzen, zu lernen, Abweichungen zu tolerieren. Sie machen Wandel sichtbar und goutieren ihn, weil man nur das Neue in die Zeitung schreiben kann. Eine kalte Gesellschaft braucht keine Zeitung. Mit dem Internet freilich wird die Hitze potenziert. Was das Netz ermöglicht, sind überhitzte Gesellschaften. Heiße Gesellschaften lernen systematisch; überhitzte Gesellschaften lernen nicht, sondern kollabieren an ihrer eigenen Dynamik.«[18]

Der Diskurs innerhalb des Netzes und auch der außerhalb wird schärfer, giftiger. Aber viele Menschen, die vom Onlinegeschehen nichts mitbekommen, merken gar nicht, dass Debatten eine Schlagseite bekommen, die auf das Wüten einiger weniger Internetnutzer:innen zurückgehen. In ihrem Buch *Radikalisierungsmaschinen* schreibt die Extremismusforscherin Julia Ebner: »In einer Studie in Kooperation mit der Facebook-Community #ichbinhier [die sich für Gegenrede im Netz einsetzt, Anm. ND] fand unser Institute for Strategic Dialogue heraus, dass nur fünf Prozent aller aktiven Accounts über 50 Prozent aller Likes produzieren, die auf Facebook vergeben wurden für Hasskommentare in den Kommentarbereichen deutscher Zeitungsartikel.«[19]

Ein paar wenige verzerren die Realität. Und diese verzerrte Realität wird in dem Moment zu einer neuen Realität, wenn zum Beispiel die etablierten Medien sie aufgreifen. Dann nämlich erhalten die Lauten allein durch ihre Erwähnung ein Gewicht, das sie in den sozialen Medien oft nicht deshalb haben, weil sie in der Überzahl sind oder gar repräsentativ, sondern weil Algorithmen gewisse Dynamiken fördern. Dieser Kontext bricht meistens weg, sobald etwa eine Zeitung darüber berichtet. Oft fehlt die Einordnung, und es bleibt der Eindruck bei den Leser:innen zurück, dass sich im Netz eine eindrucksvolle Gegenbewegung formiert. So belegten etwa die Umfragen im Herbst/Winter 2020 durchweg und durchgängig überwältigend hohe Zustimmungsraten in der Bevölkerung für die Corona-Maßnahmen. Und doch schafften es Gruppen wie *Querdenken* nicht zuletzt aufgrund fleißiger Arbeit auf Kanälen wie Facebook, Telegram und Twitter, die Debatte mitzubestimmen.

Das Forscher:innenteam um den Düsseldorfer Medienwissenschaftler Marc Ziegele, das einen Zusammenhang zwischen dem Lesen von Hasskommentaren über Flüchtlinge und der daraus resultierenden Einstellung ihnen gegenüber nachgewiesen hat, verzeichnete dermaßen »besorgniserregende Effekte«, dass es seine Untersuchung mit einem Plädoyer und praktischen Anregungen versah: Ihnen scheine durchaus die Frage angebracht, »ob und wie ihnen entgegengewirkt werden kann. [...] Ein transparentes Instrument könnte die interaktive Moderation von Nutzerdiskussionen sein [...]: Dabei antworten Journalistinnen und Journalisten auf inzivile Kommentare, engagieren sich aktiv in Gegenrede zu diesen und zeigen damit auf zivile Art alternative Perspektiven auf.«[20]

Die sogenannte Flüchtlingskrise gilt vielen als eine Zäsur, was die Verrohung in den sozialen Medien angeht. Auch dem Team um Marc Ziegele, das damit seinen Forschungsansatz begründet: »Vor allem im Kontext der Flüchtlingskrise im Jahr 2015 wurde der Hass von Nutzenden in den digitalen Kommentarspalten zum Gegenstand intensiver gesellschaftlicher Debatten. Befürchtet wurde insbesondere, dass sich das integrative Potenzial digitaler Medientechnologien in eine destruktive Kraft wandelt, die die Hilfsbereitschaft und Solidarität gesellschaftlicher Gruppen untereinander bedroht.«[21]

In meinen letzten Tagen als Krisenreporterin, Ende September 2015, bereiste ich zusammen mit einem Kamerateam von Lesbos über Mazedonien und Belgrad nach Passau die Westbalkanroute, über die viele Menschen aus Syrien, dem Irak, Afghanistan und afrikanischen Staaten in Richtung Deutschland flohen. In Griechenland ging ich der Frage nach, wie weit der Bau der soeben von der EU beschlossenen »Hotspots« gediehen war, mit deren Hilfe die Registrierung und schließlich auch Verteilung der Menschen, die Europa entweder via Griechenland oder Italien erreichten, EU-weit strukturiert und organisiert werden sollten. Ich schilderte im Fernsehen und auf Twitter die schon damals erschreckenden Zustände im Aufnahmelager Moria, in dem 2020 ein verheerendes Feuer ausbrach. Ich ließ den Bürgermeister der Stadt Mytilini und einige Bewohner:innen auf Lesbos zu Wort kommen, die sich überrannt fühlten von der Zahl der Menschen und im Stich gelassen vom Rest der Europäischen Union. In Belgrad drehten wir Bilder von der Überforderung der serbischen Regierung, die die Flüchtlinge nahezu sich selbst überließ und die Verantwortung auf Freiwillige aus der Zivilbevölkerung abschob. Ich erklärte in Beiträgen, warum Smartphones eine wichtige Rolle für die Flucht spielten. Kurz: Ich versuchte, das gesamte Spektrum abzubilden: die Situation der Flüchtenden genauso wie die Situation der Staaten, durch die ihre Route sie führte. Und ich versuchte, Aspekte zu beleuchten, die sich nicht gleich auf den ersten Blick erschlossen – eben zum Beispiel, dass ein funktionierendes Smartphone wichtige Informationen liefern konnte, zum Beispiel über geschlossene Grenzen oder die nächste UN-Unterkunft für die kommende Nacht.

Egal, was ich schrieb – stets erntete ich auch wutentbrannte Reaktionen im Netz. Allein die Tatsache, dass die Menschen, über die wir berichteten, zu Wort kamen, war manchen schon ein Dorn im Auge. Dass diese Menschen Telefone besaßen, auch. Oft versuchte ich, in den Dialog zu gehen und zu argumentieren: dass Smartphones etwa erstens inzwischen nicht mehr allzu teuer waren und zweitens viele nicht vor Armut, sondern vor Krieg aus ihrer Heimat geflohen waren. Dass ich ja auch kritische Menschen in meinen Reportagen zu Wort kommen lassen würde. Oft half das nichts: Die andere Seite brüllte mich via Twitter quasi an, beleidigte mich, wünschte mir mitunter gar das Schlimmste, angetan durch die Hand eines Flüchtlings. Die Reaktionen waren in ihrer Schärfe und Brutalität zum Teil völlig unabhängig von dem, worauf sie reagierten.

Parallel dazu war die Debatte in Deutschland über die Entscheidung von Angela Merkel, die Grenzen nicht zu schließen, längst heißgelaufen – oder, um es mit dem Soziologen Armin Nassehi zu sagen, überhitzt. Die Bilder dazu stammen zum Beispiel aus dem sächsischen Heidenau im Sommer 2015: Dort protestierte ein rechter Mob gegen die Aufnahme von Flüchtlingen in einem ehemaligen Baumarkt – und ließ sich in seinem offen zur Schau gestellten Hass durch die Anwesenheit von Fernsehkameras nicht etwa bremsen, sondern offensichtlich sogar noch anspornen. Die Menschen auf der Straße in der Kleinstadt bei Dresden wähnten sich in ihrer rassistischen Haltung und ihrem abstoßenden Benehmen offenbar auf der konsens- und gar mehrheitsfähigen Seite. Auch in den ohnehin hemmungsloseren sozialen Netzwerken gab es kein Halten mehr.

Der Kölner Sonderermittler Christoph Hebbecker bezeichnet die »Flüchtlingskrise« als das nach wie vor beherrschende Thema seines Arbeitsalltags. »Das beschäftigt uns immer und hat uns in Hochzeiten beschäftigt«, sagt er. Ähnliches berichtet der Datenanalyst Luca Hammer. Er kann die Themen aufzählen, die den meisten Ärger verursachen und für Polarisierung im Netz sorgen. Er nennt drei: Allen voran und nach wie vor seien das alle Geschichten und Äußerungen über Flüchtlinge und Migration, zweitens Klimapolitik und drittens alles rund ums Coronavirus.

Diese drei Themen eint, dass sie eine Kommunikation zwischen zwei Röhren in Gang setzen, halten und stetig weiter eskalieren lassen: Der Hass suchte sich seinen Weg nach draußen, raus aus den Netzwerken auf die Straße, und umgekehrt. In Zahlen: Vom Jahr 2015 an gingen laut Bundesinnenministerium rassistische, antisemitische und andere Straftaten mit rechter Motivation in Deutschland deutlich nach oben und erreichten mit 23.555 Straf- und Gewalttaten 2016 die höchste Fallzahl überhaupt seit 2001.[22]

Es verschieben sich also auch in der analogen Welt die Grenzen dessen, was noch als respekt- und rücksichtsvoll gilt. Der ständige gereizte Ton gewinnt an Resonanzraum und wird lauter. Die schlechte Nachricht: Man gewöhnt sich daran. Eine gewisse Verrohung bleibt nicht aus.

Die gute Nachricht: Man gewöhnt sich daran. Und deshalb bleiben trotz des Hasses weiterhin viele Menschen in den sozialen Netzwerken, informieren sich dort und beteiligen sich am Meinungsaustausch. Dabei ist die Versuchung manchmal groß, es einfach zu lassen. Aber es gibt gute Gründe dagegen.

Rückzug?

Eine Frage, die mir seit meinem großen Shitstorm immer wieder gestellt wird, lautet: »Wieso tust du dir das eigentlich an? Bleib doch da weg.« Rein pragmatisch betrachtet wäre das die einfachste und effektivste Lösung. Eine ebenso pragmatische Absage erteilt der Internetexperte Sascha Lobo dieser Strategie jedoch in seinem Buch *Realitätsschock*: »Solche Ratschläge beruhen auf der Selbstverständlichkeit einer Zeit, in der man noch die Wahl hatte, ob man ins Netz geht oder nicht. Diese Zeit ist für die meisten jüngeren Menschen vorbei. Unter 25-Jährige organisieren ihr Privatleben heute so weitgehend über das Netz, dass die Wahl nur noch theoretisch ist. Von der beruflichen Perspektive ganz zu schweigen, weil die meisten Jobs der Zukunft Beherrschung und Nutzung digitaler Instrumente voraussetzen.«[23] Ich würde noch weiter gehen und sagen: Diese Zeiten sind für *alle* vorbei. Längst schwappen die wirklich großen Debatten aus den sozialen Netzwerken hinüber in die reale Welt, sodass auch diejenigen, die keinen Facebook- oder Twitter-Account besitzen, nicht nur davon hören, sondern sich durchaus auch daran beteiligen. Das Netz ist dann nur noch der Ursprung der Debatte, nicht der ausschließliche Raum, in dem sie stattfindet.

Und ich steuere auch noch ein politisches Argument gegen einen Rückzug aus den sozialen Netzwerken bei: In einer Gesellschaft, in der das Vulgäre, Brutale, Menschenverachtende und sogar Illegale bedeutende Teile der öffentlichen Rede für sich gewinnt und seinen Einfluss und seine Macht auf die Politik gleichzeitig stetig vergrößert, möchte ich nicht leben. Und auch in keiner, in der eine brüllende Minderheit es schafft, die Regeln zu diktieren oder auch nur mitzubestimmen. Twitter, Facebook oder Instagram stellen inzwischen eine unverzichtbare Sphäre dar, um sich auszutauschen, an öffentlichen Debatten teilzuhaben und nicht zuletzt auch, um sich im Gespräch zu halten. Sie sind mit den Worten der US-amerikanischen Feministin und Bloggerin Jessica Valenti die neue Fußgängerzone: »Es sind öffentliche Orte [...] Wir brauchen sie, damit Frauen vollständig am Leben teilnehmen können. Oft, vor allem, wenn man Autorin ist, wird es sogar stillschweigend vorausgesetzt.«[24]

Valenti gehört zu den 86 Frauen in Großbritannien und den USA, die 2018 von Amnesty International für die Studie *Toxic Twitter* zu ihren Gewalterfahrungen im Netz befragt wurden.[25] Bei diesen Frauen handelt es sich um Feministinnen, Politikerinnen, Journalistinnen, Bloggerinnen. Was sie berichten, ist niederschmetternd. Und gleichzeitig macht es Mut, zu lesen, dass sie sich trotz allen Hasses, aller Erniedrigungen und auch der damit durchaus einhergehenden Angst nicht von der Plattform vertreiben lassen wollen oder können: Sie brauchen Social Media. Für Debatten, zum Netzwerken, zum Vertreiben ihrer Bücher oder anderer Ergebnisse ihrer Arbeit – oder auch schlicht und einfach zum Austausch. Doch auch diese Frauen kennen den »silencing effect« und registrieren ihn an sich selbst: Von »Selbstzensur« spricht eine Befragte, und eine andere berichtet, sie habe sich auf Twitter weitestgehend selbst inhaltlich entpolitisiert. Es sei einfach zu anstrengend, die Reaktionen auszuhalten. Ab und zu, wird die US-amerikanische linke, lesbische Aktivistin Sally Kohn zitiert, würde sie gerne etwas twittern – und es doch lieber lassen mit dem Gedanken »Ach nein, es ist die Trolle nicht wert«.

Wohlgemerkt: Es geht hier um selbstbewusste Frauen, die zu einem nicht unerheblichen Teil davon leben, ihre Meinung auch öffentlich kundzutun und sich so an gesellschaftlich relevanten Diskussionen zu beteiligen. Akteurinnen, die Spaß an der Debatte haben, am Widerspruch. »Trolle« meint ausdrücklich kein Gegenüber, das diese Freude am sportlich inhaltlichen verbalen Austausch mitbringt. Trolle sind destruktiv. Manchmal aus infantilem Spaß an der Provokation, in anderen Fällen verfolgen sie eine politische Agenda.

Auch die Autor:innen der Untersuchung *Hass im Netz – Der schleichende Angriff auf unsere Demokratie* berichten vom »silencing effect«: »Die Hasskommentare im Netz bringen viele Nutzer*innen zum Schweigen. Über die Hälfte aller Befragten (54 %) stimmte der Aussage zu ›Ich bekenne mich seltener im Internet zu meiner politischen Meinung‹, [...] fast die Hälfte (47 %) bestätigte ›Ich selbst beteilige mich wegen Hassrede seltener an Diskussionen im Netz‹ und über ein Drittel (38 %) bejahte in Form von ›Ich kenne Menschen, die sich wegen Hasskommentaren bei Diskussionen im Internet zurückhalten‹.«[26] Ein weiterer Befund der Studie: Der Hass im Netz trifft oft weibliche Nutzer: 88 Prozent der Befragten, denen Hate Speech in den sozialen Netzwerken aufgefallen waren, nannten »Frauen« als Gruppe, auf die sich diese bezogen hatten.[27] Frauen sind insgesamt mit einem leichten Vorsprung stärker in den sozialen Netzwerken vertreten als Männer: In der ARD/ZDF-Onlinestudie 2020 zum Beispiel gaben 73 Prozent der weiblichen Befragten an, WhatsApp täglich zu nutzen. Bei den Männern waren es 63 Prozent. Auch Facebook wird von Frauen stärker genutzt: 15 Prozent gegenüber 13 Prozent bei den Männern. Das gleiche Bild bei Instagram: Frauen 16 Prozent, Männer 14. Nur bei Twitter kehrt sich das Verhältnis um: Da sind vier Prozent der befragten Männer täglich unterwegs, hingegen nur ein Prozent der Frauen.[28] Diese Verteilung weisen auch die Onlinestudien aus den Vorjahren auf.

Die Zahlen bestätigen die Beobachtung, dass Frauen sich in den sozialen Netzwerken anders verhalten als Männer: »In geschlossenen Webgruppen engagieren sie sich stärker, während sie in offenen Foren oder Tools zurückhaltender als Männer agieren.«[29] Twitter bedeutet im Gegensatz zu Kurznachrichtendiensten wie WhatsApp oder aber geschlossenen Facebook-Gruppen in der Regel Kommunikation mit einer Schar Menschen. Dort muss man weder Handynummern austauschen wie bei WhatsApp noch eine Freundschaftsanfrage stellen, die dann auch beantwortet werden muss wie bei Facebook, um miteinander zu kommunizieren. Wer seinen Twitter-Account nicht auf »Privat« stellt, dessen/deren Tweets sind für alle anderen Nutzer:innen sichtbar und können auch beantwortet werden. Die wenigsten stellen ihre Accounts auf »Privat«. Das könnte eine weitere Erklärung dafür sein, dass Twitter das, wie Amnesty International es formuliert, toxischste, also giftigste Netzwerk für Frauen ist.

Eine Form des Hasses, der sich insbesondere Frauen in Social Media häufig ausgesetzt sehen, ist sexualisierte Gewalt: Im Jahr 2017 befragte Amnesty International 4000 Frauen zwischen 18 und 55 Jahren in acht Ländern zu ihren Erfahrungen in den sozialen Medien: in Dänemark, Italien, Neuseeland, Polen, Spanien, Schweden, Großbritannien und den USA. Fast ein Viertel, 23 Prozent, gaben an, mindestens einmal Missbrauch oder Belästigung in den sozialen Medien erfahren zu haben.[30] Die Psychologin Sophie Leisenberg erklärt mir im Interview diesen Hass, der höchstwahrscheinlich vor allem von Männern gestreut wird, mit dem Verlust traditioneller Rollenbilder: »Das hat mit dem Schwund toxischer Männlichkeit in der Gesamtgesellschaft zu tun. Die hat es anders als bei Frauen noch nicht so gut geschafft, die Männlichkeitsrolle stärker zu flexibilisieren. Das fängt gerade erst an, dass zum Beispiel klar wird: Ein Mann kann auch ein liebevoller Vater sein. Das ist noch nicht so aufgewertet in der Gesellschaft, und entsprechend entsteht da ein Vakuum an Identität und an Aufwertungsmöglichkeiten. Als eine solche Möglichkeit nutzen manche Männer die Abwertung von Frauen im Netz.«

Sag mir, wie du hetzt, und ich sage dir, wer du bist

Der Hass gehört zum Netz. Er ist so verbreitet und sichtbar, dass Kategorisierungen möglich sind. In ihrem Buch *Hass im Netz* unterteilt Ingrid Brodnig »unangenehme Internetnutzer«, wie sie es bezeichnet, in zwei Typen: Sie nennt zum einen den »Troll«, der Mitmenschen zur Weißglut bringen will, zum anderen den »Glaubenskrieger, der online für eine Menge Hass verantwortlich ist«. Der Troll, schreibt Brodnig, vereint in vielen Fällen einige der eher unangenehmeren möglichen Charakterzüge in sich: »Sadismus, Narzissmus, Psychopathie und Machiavellismus«. Er empfindet demzufolge eine von rationalen und konstruktiven Motiven weit entfernte Freude daran, Debatten in sozialen Netzwerken zu stören, Menschen vor den Kopf zu stoßen oder zu verletzen, und weidet sich an ihrem Schmerz. Es geht ihm gar nicht um Inhalte, sondern um die pure Wirkung seines Handelns. Glaubenskrieger hingegen »zeichnet aus, dass sie restlos überzeugt sind von einer Idee und keinen Widerspruch mehr dulden, dass sie aggressiv und herabwürdigend gegen alle vorgehen, die eine andere Sichtweise einnehmen. Mit all denen wollen sie nicht diskutieren, die wollen sie einfach nur wegmobben.«[31]

Die Psychologin Sophie Leisenberg wiederum ordnet diejenigen, die Brodnig »Glaubenskrieger« nennt, nach ihren Funktionen in politische Gruppen. Die kleinste Einheit nennt sie »Strategen: Das sind die, die sich Gedanken machen über Strategiepapiere, über Mechanismen, wie sie Leute aktivieren können, wie sie rekrutieren können und wie sie auch dann die kritische Masse erreichen«. Die zweite, etwas größere Gruppe sind die »Organisierten, Ideologisierten: Menschen, die sich lose über Netzstrukturen organisieren, darüber radikalisieren und sich dann aufwerten, gerade auch mithilfe gewalttätiger Handlungen«. Die größte Gruppe fasst Leisenberg zusammen mit dem Begriff »kritische Masse: Das sind Wutbürger:innen, die weder organisiert sind noch dezidiert rechts sein wollen, aber instrumentalisiert werden von der Rechten, indem die durch ein bestimmtes Framing Emotionen aktivieren, die in dieser Gruppe sehr leicht aktivierbar sind«.

»Framing« bedeutet: Je nachdem, wie ich einen Inhalt formuliere, kommt er bei den Empfänger:innen an. Sprache weckt Assoziationen und löst Emotionen aus. Der sprachliche Rahmen – Rahmen heißt auf Englisch »Frame« – bestimmt die Anmutung. So sprechen etwa Abtreibungsgegner:innen eher von »Babys« als von »Föten«[32]: Das Wort »Baby« rührt uns an und appelliert an unseren Beschützer:inneninstinkt. Ein Baby ist ein kleiner Mensch, lebendig, niedlich, wehrlos, hilflos und etwas sehr Schönes, Liebenswertes. Abtreibung im Zusammenhang mit dem Wort »Baby« – das wirkt herzlos, gewalttätig, unmenschlich. Der Begriff »Fötus« hingegen ist eher in der Wissenschaft gebräuchlich; er meint einen Zellhaufen in der Gebärmutter, den wir sinnlich nicht erleben können. Das Wort »Fötus« berührt uns weniger. Wie effektiv Framing tatsächlich ist, wie sehr sich also die rationale Ebene ausschalten oder zumindest abschwächen lässt durch den bewussten Einsatz von Vokabular, ist allerdings umstritten.[33]

Wer mit Hass und Hetze konfrontiert wird, verstummt oft – manchmal nur bei bestimmten Themen, manchmal ganz. Es ist das niederschmetternde menschengemachte Social-Media-Paradox: Die Netzwerke ermöglichen rein technisch eine fast schranken- und grenzenlose Kommunikation. Grenzenlos nicht nur im geografischen Sinne, sondern auch abseits von Geschlecht, Religion, Status – und auch Temperament ist erst einmal zweitrangig. Auch introvertierte Menschen können sich hier an Diskussionen beteiligen, aus der Sicherheit und Ruhe ihres Zuhauses. Es ist kein lebhaftes Abendessen, bei dem durcheinandergesprochen wird, zwei oder drei Gespräche parallel laufen und die Lautesten die Dominanten sind. Es sind ein Smartphone oder ein Laptop, die Gehör und Aufmerksamkeit verschaffen, und nicht die eigene Stimme oder der persönliche Auftritt. Das Tempo bestimmt man selbst und ebenso die Zeitspanne, innerhalb deren man sich mit den Reaktionen beschäftigt. Es könnte alles so schön sein, so rücksichtsvoll, so angepasst an individuelle Bedürfnisse.

In der Realität aber sorgen manche Menschen dafür, dass solche Grenzen nicht nur weiterhin bestehen, sondern sich sogar noch verfestigen. Diejenigen, die ein Interesse daran haben, tun ihr Möglichstes, um etwa Minderheiten weiterhin in ihren Rechten einzuschränken. Und damit haben sie Erfolg. Inzwischen sind die Hemmschwellen dermaßen gesunken, dass viele Drohungen und inakzeptable Äußerungen im Netz unter Klarnamen stattfinden. Es hat sich herumgesprochen, dass es selten Konsequenzen hat.

Der Mord an Walter Lübcke

Mittwoch, 14. Oktober 2015. Angela Merkels inzwischen schon historische Aussage »Wir schaffen das« liegt sechs Wochen zurück. Deutschland diskutiert äußerst kontrovers über die Entscheidung der Kanzlerin, die Grenzen nicht zu schließen und Fliehende ins Land zu lassen. Die rassistische und islamfeindliche Pegida-Bewegung, deren Kundgebungen in Dresden Anfang des Jahres einen Teilnehmer:innenrekord erzielten und die seitdem an Bedeutung verloren hat, erhält wieder Auftrieb.[34]

In aufgeheizter Atmosphäre findet an diesem Abend im hessischen Lohfelden eine Versammlung mit mehr als 800 Teilnehmer:innen statt. Eingeladen hat der Regierungspräsident Walter Lübcke. Er will sich erklären und den Fragen der Bürger:innen stellen. Allen voran der, wie man das denn nun schaffen wolle, konkret am Beispiel der Erstaufnahme-Unterkunft des Landes Hessen in einem ehemaligen Gartenbaumarkt.

Lübcke wirbt für die Aufnahme Geflüchteter, erklärt und skizziert: Wie viele Menschen sind aktuell in Lohfelden untergebracht, woher kommen sie, wie werden sie versorgt. Der CDU-Politiker liefert Fakten. Allerdings haben sich »Kagida«-Leute unters Publikum gemischt. Die Anhänger:innen des Kasseler Pegida-Ablegers sind weniger an Fakten interessiert als an der Emotionalisierung der Debatte. Immer wieder wird Lübcke in seinem Vortrag von Pöbeleien unterbrochen. Als ihm die destruktiven Beiträge zu viel werden, so wird Lübcke später in einem Interview erklären[35], reagiert er drastisch und sagt: »Es lohnt sich, in unserem Land zu leben. Da muss man für Werte eintreten, und wer diese Werte nicht vertritt, der kann jederzeit dieses Land verlassen, wenn er nicht einverstanden ist. Das ist die Freiheit eines jeden Deutschen.«

Ein Video mit seiner Aussage wurde bei YouTube hochgeladen[36] und ist bis heute dort zu sehen. Inklusive Kommentaren wie diesen (Stand: 13.5.2020, Rechtschreibung korrigiert):

C4GIF vor 4 Jahren

Für genau solche Herrschaften haben sie bei Pegida einen Galgen gezimmert. Natürlich ist man als Ästhet gegen die Anwendung bei diesen Verrätern, wegen der unästhetischen Bilder.

Ante Lekic vor 3 Wochen

Was ihr Deutschen im Moment braucht, ist ein zweiter Augusto Pinochet! Dann könntet ihr weit mehr Linke und Anti-Deutsche aus dem Weg räumen :)

glover david vor 4 Jahren

Ich habe einen Galgen für ihn vorbereitet!

Hochgeladen wurde das Video auf einem Kanal namens »Professor Moriatti«. Anscheinend handelt es sich dabei um Markus H., den mutmaßlichen Komplizen von Lübckes Mörder, dem Neonazi Stephan Ernst. Dies sagt Ernst in seinem ersten Geständnis am 25. Juni 2019 aus, das er am 2. Juli 2019 widerruft; Recherchen der Nachrichtenseite *t-online*[37] und der *Hessischen Niedersächsischen All-*

gemeinen stützen diese These allerdings.[38] In dem Video ist sehr laut jemand zu hören, der Lübckes Aussage wütend mit »Verschwinde!« beantwortet. Dabei soll es sich um Ernst handeln, wie der ebenfalls in seinem ersten Geständnis aussagt. Im selben Geständnis sagt Ernst, er habe Lübcke aus Empörung über dessen Äußerung aus dem Jahr 2015 erschossen. In einem weiteren Geständnis, das der Angeklagte im August 2020 während des Prozesses ablegt und nicht widerruft, berichtet er, er habe bereits direkt nach der Versammlung in Lohfelden darüber gesprochen, Lübcke »einen Besuch abzustatten«, und den Einsatz einer Waffe nicht ausgeschlossen.[39]

Lübckes Äußerung auf dem Treffen in Lohfelden sorgt sofort für große Aufregung. Einschlägig bekannte Blogs und Akteur:innen der rechten Szene greifen sie auf. Das extrem rechte Blog *politically incorrect* berichtet tags drauf von der Versammlung – und versieht den Artikel mit Lübckes Büroadresse, seiner Telefonnummer und seiner E-Mail-Adresse. Der CDU-Politiker erhält massenweise Drohmails, steht zeitweise unter Polizeischutz.

Auch Akif Pirincci, einst Autor betulicher Krimis aus Sicht einer Katze, liefert seinen Beitrag zur Eskalation. Wenige Tage nach dem Treffen in Lohfelden sagt der Deutsch-Türke Pirincci auf einer Pegida-Veranstaltung zu Lübckes Rede: »Offenkundig scheint man bei der Macht die Angst und den Respekt vor dem eigenen Volk so restlos abgelegt zu haben, dass man ihm schulterzuckend die Ausreise empfehlen kann, wenn er (sic) gefälligst nicht pariert.« Und weiter: »Es gäbe natürlich auch andere Alternativen. Aber die KZ sind ja leider derzeit außer Betrieb.«

Die Menschen applaudieren Pirincci für diese Entgleisung. Er unterstellt Muslimen in derselben Rede eine »krankhafte Beschäftigung mit allem, was nach Ficken und Gewalt riecht«, und erklärt, mit dem Familiennachzug von Flüchtlingen komme eine »vorzügliche Moslemmüllhalde zusammen«. Für diese Ansprache wird er später wegen Volksverhetzung verurteilt.

Vier Jahre dauert es, dann kulminiert der Hass in einer Tat: Am späten Abend des 1. Juni 2019 wird Walter Lübcke aus nächster Nähe auf seiner eigenen Terrasse von hinten erschossen.

Der Mord an Lübcke und die Konsequenzen

Schnell äußern Ermittler:innen den Verdacht, der Tod des Politikers könne mit dessen Engagement für Geflüchtete in Zusammenhang stehen. Als es sich bestätigt, ertönen rasch die ersten Rufe aus der Politik nach Konsequenzen. Tatsächlich sieht es nach dem Mord an Walter Lübcke zunächst so aus, als würde die Regierung energisch, konsequent und vor allem schnell handeln. Klarer als vorher gegen Hass im Netz vorgehen und dabei auch die Netzbetreiber in die Pflicht nehmen.

Einen ersten Versuch gab es 2017. Nachdem es in der Planungsphase lange und massiv kritisiert worden war, trat in jenem Jahr das Netzwerkdurchsetzungsgesetz, kurz NetzDG, in Kraft. Es ging im Kern darum, dass mögliche offensichtlich rechtswidrige Inhalte in den sozialen Medien von Nutzer:innen gemeldet werden können und von den Unternehmen binnen kurzer Fristen gelöscht werden müssen. Zu solchen Inhalten zählen unter anderem Volksverhetzung und die Verbreitung von Kennzeichen verfassungswidriger Organisationen.

Damit, argumentierten Kritiker:innen, lege man aber eine staatliche Aufgabe in die Hände privater Unternehmen: die Beurteilung von Rechtswidrigkeiten. Und zudem würde durch das Löschen von Inhalten deren Strafverfolgung unmöglich gemacht – das Netz würde dadurch also nicht zu Unrecht weiter als rechtsfreier Raum gelten. Verbrechen, die nicht mehr auffindbar seien, so die Argumentation, könnten nicht mehr strafrechtlich verfolgt werden.

Die Ermittler:innen bei der *Kölner Zentral- und Ansprechstelle Cybercrime* (ZAC) gehen den entgegengesetzten Weg: Gemeinsam mit der Polizei und der Landesanstalt für Medien hat die ZAC das Projekt »Verfolgen statt nur Löschen« ins Leben gerufen – und zwar 2018, also kurz nach dem Inkrafttreten des NetzDG. Strafermittler Christoph Hebbecker, der sich bei der ZAC um den Bereich Hassrede kümmert und seit Beginn an dabei ist, hält das NetzDG aus mehreren Gründen für problematisch, sagt er im Interview mit mir im Sommer 2020: »Möglicherweise hatte man die Sorge, dass das Problem zu groß ist, möglicherweise war auch der Ansatz ›Wir löschen es einfach mal alles, dann ist es weg‹. Nur: Wenn ich mich damit zufriedenstelle, einfach nur zu löschen, dokumentiert das aus meiner Sicht eigentlich, dass ich nicht mehr den Anspruch habe, alles, was strafrechtlich relevant ist, auch zu verfolgen.« Womöglich, fügt er hinzu, habe man auch schlicht und einfach versäumt, Strafermittler:innen bei der Gesetz-findung einzubinden: »Es hätte aus unserer Sicht durch-aus Sinn gemacht, zu fragen: ›Wie können wir denn die Strafverfolgung da einbinden, um eine effektive Strafver-folgung im Zusammenhang mit dem NetzDG sicherzustel-len?‹ Das hat man aus meiner Sicht schlicht und einfach nicht getan.«

Die Kritiker:innen sollten recht behalten. Und so legten Justizministerin Christine Lambrecht (SPD) zusammen mit Innenminister Horst Seehofer (CSU) und Familien-ministerin Franziska Giffey (SPD) am 30. Oktober 2019 ei-nen Entwurf für das »Gesetz zur Bekämpfung des Rechts-extremismus und der Hasskriminalität« vor. Der »Fall Lübcke« wird als ein Auslöser für diese Initiative genannt: »Ein [...] Risiko besteht darin, dass öffentlich ausgespro-chene Drohungen dazu beitragen, dass die Hemmschwelle zur Tatausführung beim Verfasser des Inhalts oder bei Dritten, die die Drohung wahrnehmen, sinkt. Wie real dieses Risiko ist, zeigt in der Bundesrepublik Deutsch-land die Ermordung des Kasseler Regierungspräsidenten Walter Lübcke.«[40]

Ein zentraler Bestandteil dieses Gesetzpaketes ist die Reform des NetzDG; unter anderem sollen die Plattform-betreiber dazu verpflichtet werden, potenziell kriminelle Inhalte an das Bundeskriminalamt weiterzugeben. Darüber hinaus die IP-Adresse, den Namen oder die Wohnanschrift des Menschen hinter dem Account. Diese Vorschläge sorg-ten ebenfalls für großen Aufruhr: Nutzer:innendaten auf Verdacht weitergeben – das ist laut eines Gutachtens des Wissenschaftlichen Dienstes des Bundestages, aber auch nach Einschätzung etwa des Bundesdatenschutzbeauftragten nicht mit dem Grundgesetz vereinbar.[41] Die Folge: Das Gesetz blieb erst mal liegen. Der Bundespräsident unterschrieb den Entwurf nicht und forderte die GroKo zur Nachbesserung auf.

Parallel zu diesem umstrittenen Gesetzespaket verabschiedete die Große Koalition im April 2020 einen 61-seitigen Gesetzentwurf zur Novellierung des NetzDG.[42] Hier geht es vor allem darum, die Meldewege für Nutzer:innenbeschwerden zu vereinfachen. Denn neben den gesetzlichen Regeln erheben die Plattformen auch eigene sogenannte Communityregeln und können Verstöße gegen sie ahnden.

Zwei parallel laufende Gesetzesinitiativen, die ein schon bestehendes Gesetz reformieren und damit natürlich besser machen sollen, eine davon höchst problematisch – es ist kompliziert. Und, so sagen Fachleute, ist längst nicht ausgemacht, ob die geplanten Reformen die gewünschten Effekte bringen.[43]

Ein weiteres erhebliches Problem: zu wenig Personal. Die Bundesregierung rechnet in ihrem Gesetzentwurf gegen Hasskriminalität unter Berufung auf das Bundesjustizministerium mit »rund 250.000 melderelevanten Fällen/Jahr«.[44] Staatsanwalt und Praktiker Christoph Hebbecker erwartet sogar noch mehr: »Das halte ich für extrem konservativ gerechnet, wenn man sich die Transparenzberichte der Plattformen anschaut.« Noch immer ist sein Arbeitgeber, die ZAC, ein Leuchtturmprojekt, auch wenn andere Länder allmählich nachziehen: Hessen hat das nordrhein-westfälische Modell adaptiert; die bereits

2010 gegründete *Zentralstelle zur Bekämpfung der Internetkriminalität* (ZIT) geht seit 2019 ebenfalls gezielt gegen Hass im Netz vor, setzt also auch auf das Prinzip »Verfolgen statt Löschen«. Insgesamt elf Staatsanwält:innen kümmern sich dort um derartige Delikte.[45] Auch in Bayern geht man das Problem inzwischen offensiver an: Dort wurde zum 1. Januar 2020 ein Oberstaatsanwalt, angesiedelt bei der Münchener Generalstaatsanwaltschaft, zum Hate-Speech-Beauftragten ernannt. Er unterstützt und koordiniert die Sonderdezernent:innen, die in den insgesamt 22 bayerischen Staatsanwaltschaften für Hassrede zuständig sind.[46] In Niedersachsen kümmert sich seit Juli 2020 die Göttinger »Zentralstelle zur Bekämpfung von Hasskriminalität im Internet«, angesiedelt bei der dortigen Staatsanwaltschaft, ebenfalls um die Verfolgung von Hate Speech und soll 2021 um Personal aufgestockt werden.[47] In Sachsen kündigte die dortige Justizministerin im März 2020 an, ebenfalls auf Hass im Netz spezialisierte Staatsanwält:innen einzusetzen. Darüber sei man sich innerhalb der Koalition einig.[48]

Es tut sich was, keine Frage. Aber es fängt erst an. Die Trolle, Wutbürger:innen und Glaubenskrieger:innen haben einen Zeit- und einen Wissensvorsprung: Sie haben sich die Algorithmen und sozialen Dynamiken längst zunutze gemacht und einen Ton in den sozialen Medien etabliert, der mit einigen wenigen Maßnahmen oder gar kurzfristig kaum wieder zu tilgen sein wird

Facebook, Twitter und Co. –
Dürfen die Tech-Riesen machen, was sie wollen?

3

Am 15. März 2019 tötet ein australischer Rechtsterrorist bei einem Anschlag auf zwei Moscheen im neuseeländischen Christchurch 51 Menschen. Seine Bluttat streamt er live auf Facebook. Allein in den ersten 24 Stunden nach dem Terroranschlag wird Facebook damit beschäftigt sein, 1,5 Millionen Videos der Tat von seinen Seiten zu löschen – die meisten noch, bevor sie hochgeladen werden. »Wir arbeiten weiter rund um die Uhr, um gegen die Regeln verstoßende Inhalte zu entfernen«, twittert die Facebook-Sprecherin für Neuseeland, Mia Garlick, zwei Tage später.[1] Wie konnte es so weit kommen? Wie konnte ein soziales Netzwerk zur weltweiten Bühne für einen Massenmord werden? Warum gab es keine Sicherheitsvorkehrungen, die so etwas verhinderten? Warum existieren keine politischen und rechtlichen Vorgaben, die so etwas verhindern?

Facebook ist das weltweit größte soziale Netzwerk. In vielen Ländern wächst es weiter. Auch in Deutschland ist es bis heute in mehreren Altersgruppen das größte Medium. Nach wie vor legt das Unternehmen beeindruckende Bilanzen vor. Kein anderer Tech-Riese wird dermaßen aufmerksam beobachtet und analysiert. An Facebook lässt sich exemplarisch und sehr anschaulich erklären, was warum schiefgelaufen ist bei den sozialen Netzwerken, wo die Schwachstellen liegen – und damit auch die Ansatzpunkte, um bereits entstandene Schäden zu reparieren oder zumindest zu begrenzen. In diesem Kapitel steht es deshalb im Mittelpunkt.

Vom Studienprojekt zum Milliardenkonzern – oder: Von null auf hundert in Nanosekunden

Harvard, 2003. Große Aufregung um einen jungen Informatik- und Psychologie-Studenten namens Mark Zuckerberg: Der 19-Jährige hat eine Seite programmiert und online gestellt, die im College die Runde macht. »Facemash. com«. Zufällig ausgewählte Fotos von je zwei Studentinnen werden einander gegenübergestellt, und die Nutzer:innen können die jeweilige Attraktivität bewerten. Das gibt Ärger, großen Ärger. Nicht nur wegen der ziemlich sexistischen Idee, sondern auch, weil Zuckerberg die Fotos ohne Einwilligung der darauf zu sehenden Frauen nutzt und sie illegal vom Collegeserver heruntergeladen hat. Nur knapp entgeht er dem Rausschmiss.

»Facemash.com« ist damit schnell Geschichte – aber die Idee eines eigenen Projekts verfolgt Zuckerberg weiter. Schon sein halbes Leben lang brennt er für Computer und das Schreiben von Programmen. Der Technologiejournalist Steven Levy berichtet seit Jahren über Facebook und hat Zuckerberg für sein 2020 erschienenes Buch *Facebook. The Inside Story* interviewt. Er schildert, wie Zuckerberg bereits mit zehn Jahren die Programmiersprache C++

lernt und damit ein Programm für die Zahnarztpraxis seines Vaters in Dobbs Ferry am Hudson River in der Nähe von New York schreibt: »ZuckNet«. Und wie er seine Eltern dazu bringt, ihm einen Nachhilfelehrer zu organisieren, der ihm eine Stunde pro Woche neben dem regulären Schulunterricht dabei hilft, sich weiter ins Coding, also das Programmieren, zu vertiefen. »Für ihn war das die schönste Stunde der Woche«, wird sich seine Mutter Karen später erinnern.[2]

Mark Zuckerberg ist schon als Kind das, was man heute einen »Nerd« nennt: ein Mensch mit einem fast schon absurd umfangreichen Technikwissen, der am liebsten am Computer bastelt. Überdies entwickelt er laut Levy schon früh ein ausgeprägtes Interesse daran, »wie Menschen sich organisieren – und wie manche Menschen dabei Macht erlangen. Diese Obsession scheint ihn seit seiner Kindheit zu begleiten. ›Als ich ein Kind war, hatte ich Ninja Turtles, und die haben einfach Kriege geführt und solche Sachen‹, sagt er. ›Was ich mit meinen Ninja Turtles gemacht habe, war, Gesellschaften zu erschaffen und zu modellieren, wie sie miteinander interagieren würden und solche Sachen. Ich war einfach sehr daran interessiert, wie solche Systeme funktionieren.‹«[3]

Zurück nach Harvard, wo Zuckerberg 2002 sein Studium beginnt und 2003 fast schon wieder rausfliegt. Zu dieser Zeit teilt er sich eine Wohnung mit seinen beiden Kommilitonen Chris Hughes und Dustin Moskovitz. Ein verwackeltes selbst gedrehtes Handyvideo aus dem Jahr 2017 zeigt Zuckerberg und seine Frau Priscilla Chan, mit der er schon zu Harvard-Zeiten zusammenkam, in seinem ehemaligen Studentenzimmer. Ein Rundgang der beiden – Chan ist mit der zweiten gemeinsamen Tochter schwanger – führt durch ein kleines, spartanisch eingerichtetes Campus-Apartment mit zwei Schlafräumen (Zuckerberg teilte sich einst eines mit Chris Hughes) und einem Gemeinschaftszimmer. An einer Stelle in diesem Video deutet Zuckerberg auf einen Schreibtisch und erzählt: An dieser Stelle im Gemeinschaftsraum habe sein Schreibtisch gestanden. Dort habe er eine Seite programmiert, gut zwei Wochen lang habe er dafür gebraucht, bis sie dann im Februar 2004 mithilfe seiner beiden Mitbewohner und seiner Kommilitonen Eduardo Saverin und Andrew McCollum ans Netz ging: die erste, damals noch sehr schlichte Version von Facebook.[4] Von Anfang an aber war klar, wer hinter der Idee steckte. Unten auf der Startseite und jeder weiteren Seite des Projekts stand: »a Mark Zuckerberg production« – »eine Mark-Zuckerberg-Produktion«.[5]

Die Idee damals, 2004, ist, etwas zu schaffen, womit sich Studierende in Harvard miteinander vernetzen können: Jede:r Student:in kann sich eine eigene Profilseite einrichten. Ein digitales Jahrbuch – ein »Facebook«, das war die Grundidee. Ein solches »Gesichtsbuch« wurde Studierenden im ersten Semester in den USA traditionell zu Beginn ihres Studiums in die Hand gedrückt. Dort konnten sie sehen, wer mit ihnen zusammen studierte. In der digitalen Version konnte sich jede:r dort eine eigene Profilseite einrichten, mit Namen und Foto, und nähere Angaben zur eigenen Person machen, zum Beispiel Studienjahr, Fächer, E-Mail-Adresse, Telefonnummer, Hobby, Geschlecht, Interesse an Freundschaft oder fester Beziehung[6], und sich mit anderen Nutzer:innen vernetzen. Zunächst ist dieses Projekt unter *Thefacebook.com* im Internet zu finden. Die Domain »facebook.com« gehört da noch einem anderen Unternehmen, das es später für 200.000 US-Dollar an die Facebook-Gründer verkaufen wird.[7]

Im Februar 2004 geht *Thefacebook.com* online, erst mal nur für Studierende in Harvard. Schon einen Monat später kommen die Universitäten Stanford, Yale und Columbia dazu. Ende des Jahres verzeichnet Facebook bereits eine Million Nutzer:innen, ein Jahr später bereits mehr als 5,5 Millionen. Bis September 2006 ist Facebook Student:innen und Schüler:innen vorbehalten – dann öffnet es sich für alle, und die Zahlen explodieren: Ende 2006 nutzen zwölf Millionen Menschen Facebook, im Oktober des darauffolgenden Jahres sind es gar mehr als 50 Millionen. Inzwischen sind auch Großbritannien und Kanada mit an Bord.

2008 startet Facebook seinen Dienst in anderen Sprachen, auch auf Deutsch. Im August des Jahres registriert die Seite rund 100 Millionen Nutzer:innen, 1,4 Millionen darunter stammen laut der Datenplattform *Statista* aus Deutschland. Der Siegeszug geht weiter. Im Juli 2010 nutzen weltweit mehr als 500 Millionen Menschen die Plattform.[8] 2012, dem Jahr des Börsengangs von Facebook, weist der Bericht des Unternehmens für das dritte Quartal 1,01 Milliarden Nutzer:innen aus, die die Seite mindestens einmal pro Monat besuchen.[9] 2015 ist ihre Zahl auf 1,55 Milliarden gestiegen[10], im dritten Quartal 2020 auf 2,74 Milliarden.[11]

Und auch hierzulande läuft es lange sehr gut für Facebook: Das Unternehmen weist in der Regel zwar keine separaten Zahlen für Deutschland aus, sondern fasst ganz Europa zusammen. Ein paar aber gibt es: Von 1,4 Millionen im Jahr 2008 geht es innerhalb von zwei Jahren auf 12,1 Millionen[12], 2015 sind es rund 21,2 Millionen User:innen, 2019 dann 32 Millionen.[13]

Allerdings wird der Anteil am Social-Media-Kuchen kleiner. 2018 und 2019 gaben in der ARD/ZDF-Onlinestudie noch 31 Prozent der Befragten an, Facebook mindestens einmal pro Woche zu nutzen. 2020 waren es nur noch 26 Prozent.[14]

Das hat mehrere Gründe. Facebook gilt als alt; die jungen Leute, das zeigt ebenfalls die ARD/ZDF-Onlinestudie, wandern zu neueren Medien wie der Kurzvideo-Plattform TikTok und dem Fotodienst Instagram. Außerdem erschüttern mehrere Skandale das Unternehmen. So verhängt Ende 2016 der scheidende US-Präsident Barack Obama Wirtschaftssanktionen gegen Russland, das sich nach Auffassung der US-Geheimdienste massiv in den Wahlkampf eingemischt hat, um den republikanischen Kandidaten Donald Trump zu unterstützen. Am 17. Mai 2017 wird Robert S. Mueller III. zum Sonderermittler ernannt, und 2018 klagt er gut zwei Dutzend russische Staatsangehörige sowie mehrere Firmen deswegen an. Ein Element der russischen Einflussnahme: eine breit angelegte Desinformationskampagne, unter anderem auf Facebook.[15]

Im Jahr 2018 stellt sich heraus, dass die Daten von rund 87 Millionen Facebook-Nutzer:innen ohne deren Wissen von einem Unternehmen namens Cambridge Analytica ausgewertet worden sind. Die dadurch erstellten Persönlichkeitsprofile wurden vom Wahlkampfteam Donald Trumps genutzt, um potenzielle Wähler:innen zu beeinflussen, und kamen auch in der Brexit-Kampagne zum Einsatz. An die Daten gelangt war Cambridge Analytica mithilfe eines Persönlichkeitstests, der Facebook-Nutzer:innen auf der Seite angezeigt worden war. Facebook verdiente an jeder Nutzung mit. Das Unternehmen hat schon vor der Enthüllung dieses Skandals von dem Datenmissbrauch gewusst, es aber nicht für nötig befunden, seine Nutzer:innen zu informieren. Zuckerberg muss deshalb 2018 vor dem US-Kongress aussagen, Facebook eine Strafe von fünf Milliarden Dollar zahlen.[16] Das öffentliche Echo ist verheerend, der Ruf des Unternehmens weltweit angekratzt. Cambridge Analytica stellt bis dato die größte Krise in der Geschichte Facebooks dar.

Move fast and break things

Mark Zuckerberg ist gerade mal 19 Jahre alt, als *Thefacebook.com* ans Netz geht. Schon wenige Monate nach dem Start der Seite legt er sein Studium auf Eis – er wird es nie mit einem Abschluss beenden und trotzdem 2017 die Ehrendoktorwürde von Harvard verliehen bekommen – und zieht mit seinen Freunden um nach Palo Alto, Kalifornien Er ist derjenige, der zwei Jahre später das letzte Wort hat, als der Netzriese *Yahoo* im Sommer 2006 eine Milliarde US-Dollar für Facebook bietet. Zuckerberg sagt Nein. Da ist er 22. Chris Hughes, der Facebook-Mitbegründer aus der Harvard-Campus-WG, begründet diese weitreichende Entscheidung viele Jahre später in einem Kommentar für die *New York Times* mit dem unbedingten Willen seines Freundes, sich nicht unterzuordnen und das Unternehmen zum absoluten Marktbeherrscher zu machen: »Von Anfang an benutzte Mark das Wort ›dominieren‹, um unser Ziel zu beschreiben, ohne auch nur den Hauch von Ironie oder Demut.«[17]

Diesen Hang zur Dominanz, so schreibt Steven Levy, und Zuckerbergs ausgeprägtes Interesse an gesellschaftlichen Strukturen, die er als Kind schon mit seinen Ninja Turtles erprobt hat, seien zusammen mit seiner Leidenschaft für die klassische Antike der Motor des heutigen Medienmoguls. »Irgendwo im Kopf dieses Jugendlichen brauten sich die Zutaten zu einem großen Ganzen zusammen: die Verwegenheit von Erober:innen. Zivilisationen. Risiken. Programmieren. Reiche gründen. So lauteten die Zutaten des Rezeptes für einen Mark Zuckerberg.«[18]

Ein Reich zu gründen, das ist Zuckerberg gelungen. Facebook erzielt 2019 rund 70,7 Milliarden US-Dollar Umsatz und einen Gewinn in Höhe von rund 18,49 Milliarden US-Dollar.[19] Zum Vergleich: YouTubes Umsatz im selben Jahr beläuft sich auf rund 15 Milliarden Dollar[20], der von Twitter auf rund 3,5 Milliarden US-Dollar mit einem Gewinn von 1,5 Milliarden[21].

Der Ex-Facebook-Investor und ehemalige Zuckerberg-Berater Roger McNamee schreibt in seinem sehr hintergründigen und faktenreichen Buch *Die Facebook-Gefahr. Wie Mark Zuckerbergs Schöpfung die Demokratie bedroht*: »Facebook ist ein [...] Unternehmen, das von einer einzigen Person kontrolliert wird.«[22] Zuckerberg habe ihm in einem Gespräch erzählt, er besitze eine »goldene Aktie«, was bedeute, das Unternehmen würde immer tun, was er beschließe.[23] Tatsächlich hält Zuckerberg 57 Prozent der Stimmrechte seit Facebooks Börsengang 2012.[24] Von Journalist:innen gern angestellte Vergleiche mit Präsidenten oder anderen Staatenlenkern seien deshalb falsch, schreibt Steven Levy: »Kein Land der Erde hat [...] eine so große Bevölkerung wie Facebook. Die Präsidentschaft wäre ein Abstieg.«[25]

Zuckerberg, der Mächtige, Herrscher über das vom »Fetisch für Wachstum«[26] besessene Facebook, ist für zwei Grundsätze bekannt. Der erste lautet: »Move fast and break things« – »Sei schnell und mach Dinge kaputt«. Für Geschwindigkeit nehme man in Kauf, erklärte Zuckerberg 2009 in einem Interview, dass Dinge auch mal schiefgehen. Auf keinen Fall den Anschluss verlieren, sondern vorangehen, Neues ausprobieren und riskieren, dass Dinge schiefgehen. Geschwindigkeit hat Vorrang vor Sorgfalt. Fehler kann man später immer noch ausbügeln – so lautete die ersten Jahre das Mantra.[27]

Ein Einschnitt in der Geschichte des Unternehmens ist der Moment, in dem es über Harvard hinauswächst. Zunächst haben ausschließlich die dortigen Studierenden Zugriff auf die Seite, rund 20.000 junge Frauen und Männer. Zwar kennt auf dem Campus auch nicht jede:r jede:n, aber die Zahl ist überschaubar, und das ermöglicht soziale Kontrolle: Über Hassrede muss sich niemand Gedanken machen.

Das ändert sich, als alle Amerikaner:innen Facebook

nutzen können. Schnell erkennen auch Firmen, Parteien, Stars und Medien das Potenzial. Sie richten sich hier Seiten ein, um so Kund:innen, Wähler:innen und Fans zu erreichen. Facebook wird kommerziell. Die unschuldigen Zeiten als digitales Jahrbuch sind vorbei. Jede:r mit Zugang zum Internet kann mitmachen. Das Individuum verschwindet in der schieren Masse. Man ist nicht mehr nur mit Leuten auf Facebook befreundet, mit denen man es im echten Leben auch ist oder mit denen man zumindest gemeinsam in einem College-Kurs saß oder an einem Tisch bei einem Abendessen bei Bekannten. Man freundet sich nicht mehr nur auf Facebook an, sondern folgt dort auch Organisationen, Unternehmen oder Bands, zusammen mit Zehntausenden anderen, und tauscht sich dort mit Leuten aus, die man noch nie gesehen hat und wohl auch nie sehen wird. Der Druck, sich zu benehmen, sinkt. Jemanden anzupöbeln, der oder die Zehntausende Kilometer weit weg wohnt, und dabei lediglich von gänzlich Fremden virtuell beobachtet zu werden – was soll schlimmstenfalls passieren?

Eine zweite grundlegende Veränderung: der »Newsfeed«, in den USA eingeführt 2006, hierzulande 2011 und das bis heute zentrale Element von Facebook. Haben sie sich eingeloggt, landen die Nutzer:innen auf einer Auflistung der für sie – aus Sicht von Facebooks Algorithmen – wichtigsten Neuigkeiten. Öffne ich es zum Beispiel in diesem Moment, stoße ich als Erstes auf den Post eines ehemaligen Kollegen, dessen Fische schon wieder Nachwuchs haben und der die Platy-Babys loswerden möchte. Darunter hat ein Freund aus meiner ostwestfälischen Heimat sein gestriges Abendessen mithilfe von Fotos festgehalten: Grünkohl mit Pinkel – es ist November. Dazwischen und daneben findet sich Werbung: eine für Winterjacken, eine für Möbel. Ein schöner Zufall. Ich brauche einen Wintermantel, und ich finde, es wird langsam Zeit für ein neues Sofa.

Diese Anzeigen stehen da natürlich alles andere als zufällig. Das Prinzip dahinter heißt »targeted advertising«: zielgerichtete Werbung. Facebook kennt mich ziemlich gut, denn Facebook verfügt über viele Daten. Jedes Mal, wenn ich Zeit auf der Seite verbringe und Interessen zu erkennen gebe, zum Beispiel weil ich »Gefällt mir« markiere bei einer Zeitungsseite oder einem Produkt oder weil ich auf einen Link klicke, der mich zum Beispiel zu einem Möbelhaus weiterleitet, lernt Facebook mich noch ein bisschen besser kennen. Und kann so Anzeigen an Unternehmen verkaufen, die zielgerichtet sind, fast schon passgenau, wie nie zuvor. So verdient Facebook Geld. Das ist das Geschäftsmodell, das im Laufe der Zeit aus dem ursprünglichen Projekt entstanden ist – und das ist eine der wichtigsten, für uns Nutzer:innen nicht augenscheinlichen Revolutionen, die die sozialen Netzwerke in Gang gebracht haben: eine völlig neue Strategie und Möglichkeit für Unternehmen, Kund:innen zu erreichen. Wer Facebook, Twitter oder Instagram nutzt, zahlt kein Geld. Das kommt von der anderen Seite, von den Werbetreibenden. Schlecky Silberstein schreibt in seinem Buch *Das Internet muss weg*: »Wir dürfen Google und Facebook gratis nutzen, dafür dürfen diese Unternehmen uns komplett auslesen und die Daten weiterverkaufen. Aus diesem Prinzip stammt der berühmte Sinnspruch des Internets: Wenn du nichts bezahlst, bist du selbst das Produkt.«[28]

Facebook und andere Plattformen haben den Werbemarkt umgekrempelt, weil sie einen Schatz entdeckt haben: Daten. Je länger ich mich bei Facebook tummle, desto mehr Daten verspricht mein Aufenthalt zu generieren. Also setzt Facebook alles daran, mich möglichst lange dort zu halten. Facebooks Geschäft basiert auf Nutzer:innenaktivität – und die lasse sich, so schreibt Branchenkenner Roger McNamee in seinem Buch *Die Facebook-Gefahr*, »am besten ankurbeln, indem man an unsere niedrigsten Emotionen appelliert. [...] Freude funktioniert zwar auch – deshalb sind Videos von Welpen und Katzenbabys und Babybilder auch so beliebt –, aber nicht alle Menschen reagieren auf fröhliche Inhalte gleich. So werden manche Menschen eifersüchtig. Bei Emotionen des ›Reptilienhirns‹, Gefühlen wie Furcht und Wut, sind die Reaktionen der Menschen einheitlicher und verbreiten sich bei einem Massenpublikum viraler.«[29] Heißt: Die Wahrscheinlichkeit, dass Beiträge viel Beachtung finden, ist höher, wenn sie Leute wütend machen oder ängstigen. Darauf, so schreibt McNamee, habe man sich bei Facebook technisch immer besser eingestellt: »Die Algorithmen wählen Beiträge aus, die auf der emotionalen Klaviatur spielen sollen, denn wenn man Nutzern Angst macht oder sie emotional aufstachelt, verbringen sie mehr Zeit auf der Website.«[30] Facebook hat also ein Interesse daran, den Newsfeed mithilfe von Algorithmen so zu organisieren, dass nicht die neuesten Meldungen und Wortbeiträge nach oben gespült werden, sondern die meistdiskutierten. Denn Facebooks Erträge stammen zu rund 98 Prozent aus Werbung.[31]

Von einem »Gesichtsbuch«, in dem es um die Inhalte der Nutzer:innen ging, hat sich Facebook schnell in eine Plattform verwandelt, die zu einem riesigen Geschäft wurde. Und in ein Instrument zur Mobilisierung, dessen Potenzial nicht nur Unternehmen, Stars oder Werbeagenturen erkannt haben. Sondern auch Terrororganisationen und Massenmörder:innen.

Sie sind dort aktiv, ohne große Angst haben zu müssen, beschränkt zu werden in ihren Aktivitäten. Denn Facebook hat sich lange auf Wachstum konzentriert und uneingeschränkte Redefreiheit proklamiert. Die Facebook-Ingenieur:innen programmierten so, ohne es so recht zu ahnen, nicht nur eine schöne, unbegrenzte Möglichkeit für Menschen, miteinander in Kontakt zu bleiben oder zu kommen, sondern auch eine Hass- und Propaganda-Maschine. Denn Hass und Empörung lassen uns alle stärker interagieren und länger auf der Seite bleiben. Rein finanziell betrachtet ist jeder Shitstorm eine gute Nachricht für die Plattformen.

Viele Kritiker:innen unterstellen Zuckerberg und Facebook deshalb Profitgier. Im Streben nach Macht und Geld nehme das Unternehmen Hassrede und Fake News in Kauf. Andere schreiben, Zuckerberg handle aus tiefer innerer Überzeugung.[32] Wieder andere, zum Beispiel Chris Hughes, vermuten dahinter eher die falsche Priorisierung: »Mark ist ein guter, freundlicher Mensch. Aber ich nehme ihm übel, dass sein Fokus auf Wachstum ihn dahin gebracht hat, Sicherheit und Zivilisation für ein paar Klicks zu opfern.« Hughes resümiert, dass Facebook viel schneller gewachsen sei als Zuckerberg. »Er ist immer noch derselbe Mensch, der das Lernen vor Prüfungen vor sich hergeschoben hat, sich in seine spätere Frau verliebte, als er auf einer Party in der Kloschlange stand, und der noch immer auf einer Matratze auf dem Boden in einer Wohnung schlief, als er sich schon längst viel Besseres leisten konnte. Mit anderen Worten: Er ist sehr menschlich. Aber genau das macht seine unkontrollierte Machtfülle so problematisch.«[33]

Hass und Hetze an der Tagesordnung

Facebook dient Extremist:innen aller Couleur, ob »Islamischem Staat«, rechten Gruppen oder Einzeltäter:innen, seit Jahren als Netzwerk; Amokläufer wie der von Christchurch streamen dort live ihre entsetzlichen Taten. Es ist die Plattform, von der aus gehetzt, gehasst und aufgestachelt wird. Facebook hilft sehr vielen Menschen dabei, den gesellschaftlichen und politischen Diskurs zu vergiften.

In Deutschland wurde dies spätestens während der sogenannten Flüchtlingskrise deutlich. Pegida organisierte die montäglichen Zusammentreffen via Facebook und wurde so groß. Zahlreiche Gruppen mit dem Zusatz »Nein zum Heim« nutzten das Netzwerk für Agitation gegen Flüchtlingsunterkünfte.[34] Nun könnte man sagen, dass es in einer Demokratie legitim ist, sich gegen solche Einrichtungen zu wehren. Und das stimmt auch, solange die Argumente sich in Ton und Inhalt nicht gegen die Menschenwürde richten. Ob diese Gruppierungen jedoch fest auf dem Boden der freiheitlich-demokratischen Grundordnung standen und argumentierten, scheint, vorsichtig formuliert, sehr zweifelhaft. Wie *bento,* das inzwischen eingestellte Jugendformat des *Spiegel,* herausfand, wurde auf »Nein zum Heim«-Seiten und anderen, politisch-weltanschaulich ähnlich gelagerten Pages auf Facebook gehetzt. »Hier wechseln sich ausländerfeindliche Hetze, dummer Populismus, rechte ›Witze‹ und bewusste Fehlinformationen ab.«[35] Einschlägig bekannte Neonazis zogen nicht nur im Hintergrund die Fäden: *bento* zitierte einen Experten, der sich intensiv mit den Aktivitäten von Rechten in den sozialen Netzwerken beschäftigt hatte, damals so: »Gerade in den Anfangszeiten war sehr gut zu beobachten, dass verschiedene NPD-Funktionäre etwa immer wieder auf den ›Nein zum Heim‹-Seiten aktiv waren und dort die Stimmung mit beeinflusst haben. Jedoch geschah dies selten offen, sondern die Leute waren dort dann als Privatpersonen, um so die Vorwürfe der politischen Vereinnahmung zu umgehen. Das schien die Leute, sofern sie dies überhaupt bemerkten, zu beruhigen.«[36]

Und Facebook? *Spiegel Online* schilderte im Oktober 2015 einen Besuch beim Europa-Chef in der Dubliner Europazentrale des Unternehmens: »Die meisten seiner Angestellten würden in der Abteilung ›Community Operations‹ arbeiten, also der Abteilung, die Hass-Postings und andere gemeldete Inhalte begutachtet. Wie viele es sind? ›Ehrlich gesagt, ich weiß es nicht.‹ Und das Problem mit der Hetze? Da sei er kein Experte, sagt der Facebook-Chef.«[37] Das spricht nicht dafür, dass man Hassrede zu diesem Zeitpunkt bei Facebook als ernsthaftes, wichtiges Problem identifiziert und Gegenmaßnahmen ergriffen hatte.

In seinem Buch erklärt Steven Levy die jahrelangen Versäumnisse bei Facebook damit, dass man dort zunächst so viele positive Erfahrungen gemacht habe, sich auf der Seite der »Richtigen« gewähnt und als Instrument gesehen habe, das Aufständischen dabei helfen konnte, sich in ihrem Kampf gegen ihre Unterdrücker:innen besser zu vernetzen. So wie im Arabischen Frühling geschehen. »Jahrelang hat der Heiligenschein-Effekt, der durch die Ermächtigung rechtschaffener Aktivist:innen entsteht, Facebook blind gemacht für das Potenzial für Missbräuche in anderen Ländern. Von Menlo Park (Sitz von Facebook, ND) aus war es schwer vorstellbar, wie das politische Mojo der Plattform, das die Menschen befreite, von den Machthabern genauso gut dazu benutzt werden konnte, sie zu spalten und zu beherrschen.«[38]

Ein anschauliches Beispiel für die Konsequenzen aus Facebooks nachlässigem Umgang mit Hassrede liefert Myanmar, ehemals Birma. Das südostasiatische Land war knapp 50 Jahre lang eine Militärdiktatur, streng abgeriegelt von der Außenwelt. Seit Beginn der Zehnerjahre bewegt es sich langsam in Richtung Demokratie, was jedoch, wie der Putsch Anfang 2021 zeigt, ein Prozess mit offenem Ausgang ist. Immer wieder kommt es zu Gewaltakten gegen die muslimische Minderheit der Rohingya. Ein UN-Bericht aus dem Jahr 2018 schildert, wie eine von den herrschenden Politker:innen unterstützte »sorgfältig ausgearbeitete Hasskampagne dazu führte, dass die breite Bevölkerung von Myanmar einen negativen Blick auf die Muslim:innen im Land bekam«, was letztendlich zu Gewalt gegen die Rohingya geführt habe. Facebook-Posts seien Bestandteil dieser Hasskampagne gewesen.[39]

Dabei wurde Facebook durchaus früh auf das Problem hingewiesen. Eine australische Journalistin habe bereits 2013 Kontakt zu dem Unternehmen aufgenommen, um zu warnen, berichtet fünf Jahre später die US-amerikanische Zeitschrift *Wired*, und dabei erfahren, dass es lediglich einen einzigen Moderator bei Facebook gebe, der der birmanischen Sprache mächtig sei. Sie habe damals den Eindruck gehabt, man habe sich bei Facebook »aber viel mehr über die Tatsache gefreut, in Myanmar vernetzt zu sein, als sich für das Gewaltthema interessiert«.[40]

Fünf Jahre später hat sich daran nichts geändert: 2018 berichtet die Nachrichtenagentur Reuters von nach wie vor von Hass strotzenden Facebook-Seiten: »Das Unternehmen räumt gegenüber Reuters ein, dass es Schwierigkeiten hat, die birmanische Sprache technisch so in den Griff zu bekommen, dass Hetze blockiert wird. David Madden, ein Tech-Unternehmer, der in Myanmar gearbeitet hat, sagte Reuters: ›Das zentrale Problem ist, dass die Mechanismen, die Facebook hat, um Hetze zu blockieren, bevor sie Schaden anrichtet, schlicht nicht funktionieren.‹«[41]

An Facebooks Spitze weiß man davon. 2018 erzählt Mark Zuckerberg in einem Interview mit der US-amerikanischen Website *vox*, wie er ein Jahr zuvor an einem Samstagmorgen einen Anruf bekommen habe: Es seien Nachrichten über den Facebook-Messenger aufgetaucht, die darauf schließen ließen, dass Menschen in Birma zu einem Genozid aufzustacheln versuchten. Er selbst, so Zuckerberg, habe dann die Löschung dieser Nachrichten angewiesen.[42]

Nun könnte man argumentieren, dass Myanmar ein sehr spezielles Beispiel ist. Ein ehemals abgeschotteter Staat, sozial, politisch und auch technisch noch im Aufbau, sprachlich schwer zu erreichen. Aber kann das ein Argument sein, nicht einzugreifen? Ist es nicht gerade dann geboten, genau hinzusehen und zu agieren, wenn man ein dermaßen unbekanntes und mit Demokratie, Technik und sozialen Netzwerken unerfahrenes Land erschließen will? Und noch mehr, wenn man konkrete Hinweise erhält, dass das eigene Unternehmen Plattform für Hass und Gewalt ist?

Hassrede ist ein weltweites Problem von Facebook. In Deutschland gibt es zwar keine Aufrufe zu Genoziden, keine Regierung, die Hasskampagnen gegen Minderheiten schürt. Aber auch hier verstoßen Menschen massenhaft mit ihren Posts gegen geltende Gesetze, sagen Fachleute wie der Kölner Sonderermittler Christoph Hebbecker. Und es sei, trotz allmählicher Verbesserungen in der Zusammenarbeit, nach wie vor schwer, Facebook zum Handeln zu bringen. Wer sich dort anmeldet, muss lediglich Namen und Vornamen angeben, Geburtsdatum und eine Mailadresse. Man muss sich nicht ausweisen oder seine Angaben verifizieren wie zum Beispiel mithilfe eines Scans des Personalausweises. Besonders schwierig, mit Fantasieangaben einen Account zu erstellen, ist es also nicht. Genug

Nutzer:innen aber registrieren sich dort mit ihren reellen Namen. Mit solchen Daten wenden sich, sofern sie sie von den Plattformen erhalten haben, Ermittler:innen etwa an Meldeämter. Oder an die Provider der hinterlegten Mailadresse. Hilfreich sind beim Puzzlespiel, das sich manchmal ergibt, auch die öffentlich nachlesbaren Informationen auf Account-Seiten: Die Mitgliedschaft in Gruppen wie »Einwohner von Gütersloh« lässt zum Beispiel Rückschlüsse auf den Wohnort eines Menschen zu. Alles Daten, die Strafermittler:innen dabei helfen können, sie ausfindig zu machen.

Stößt Hebbecker auf einen Satz, ein Bild, einen Kommentar auf Facebook, der seiner Ansicht nach klar gegen deutsche Gesetze verstößt, wendet er sich oft direkt an das Unternehmen, um die Adresse der Urheber:innen zu erfahren. Er will rankommen an die Menschen hinter der Hetze. Konkret, um sie zur Rechenschaft zu ziehen, und allgemein, um zu statuieren: Das Netz ist kein rechtsfreier Raum. Für dieses Buch befragt nach der Zusammenarbeit mit den sozialen Plattformen, sagt Hebbecker im Sommer 2020 den niederschmetternden Satz: »Das ist eher ein Betteln.« Und weiter: »Wir fragen immer wieder an und sind froh, wenn wir was bekommen. Wenn man uns nichts gibt, können wir aber auch nichts dagegen tun. Diejenigen, die wir im Moment wirklich drankriegen, sind meistens diejenigen, die sich ungeschickt verhalten und überhaupt nicht in der Lage sind, ihre eigenen Daten zu verbergen. Wer es auch nur einigermaßen geschickt macht, muss sich kaum Sorgen machen, dass wir an ihn herankommen.«

Inzwischen hat selbst in den USA eine Debatte darüber begonnen, ob Facebook die Inhalte nicht stärker moderieren sollte. Im Jahr 2019, ein Jahr vor den Wahlen, tauchen Erinnerungen an den Wahlkampf 2016 auf, aus dem Donald Trump als Sieger hervorgegangen ist. Wie sich später herausstellen sollte, hat Facebook dabei eine zentrale Rolle gespielt – auch dank der Unterstützung Russlands in den sozialen Medien. Zunächst erklärt Zuckerberg »die These« für »verrückt«, dass sein Netzwerk, auf dem Falschmeldungen in Massen geteilt worden sind wie die, der Papst unterstütze den Kandidaten Trump, einen Einfluss auf die Wahlentscheidungen vieler Menschen gehabt haben könnte.[43] Später aber räumt Facebook dies ein und beteuert, inzwischen konsequenter gegen falsche Accounts vorzugehen, hinter denen sich Propagandist:innen verbergen könnten.[44]

Diesmal also soll Facebook auf mit Lügen gespickte Wahlwerbung verzichten und härter eingreifen, fordert 2019 unter anderem die Senatorin Elizabeth Warren, zu diesem Zeitpunkt noch aussichtsreiche Kandidatin der Demokrat:innen. Warren wirft Facebook vor, aus Profitgier Desinformationskampagnen zu erlauben.

In einer Rede an der Georgetown-Universität im Oktober 2019 geht Mark Zuckerberg auf diese Forderungen ein, weist eine aber unmissverständlich zurück. »Wir werden Wahlwerbung nicht überprüfen. Nicht, weil wir Politiker:innen helfen wollen. Sondern, weil wir der Auffassung sind, dass die Leute selbst sehen sollten, was Politiker:innen sagen.«[45] Und weiter: »Ich glaube, die Menschen sollten entscheiden, was glaubwürdig ist, nicht

Technologieunternehmen.« Im weiteren Verlauf seiner Rede verteidigt Zuckerberg Facebook als eine neutrale Plattform – und als Bastion des Rechts auf Redefreiheit: Während seiner Zeit am College, so Zuckerberg, hätten die USA gerade einen Krieg im Irak begonnen. »Die Belastung für Soldat:innen, Familien und unsere nationale Psyche war groß, und die meisten von uns fühlten sich machtlos, sie zu stoppen. Ich erinnere mich an das Gefühl, dass die Dinge vielleicht anders gelaufen wären, wenn mehr Menschen eine Stimme gehabt hätten, um ihre Erfahrungen zu teilen. Diese frühen Jahre prägten meine Überzeugung, dass es die Ohnmacht der Machtlosen stärkt und die Gesellschaft mit der Zeit besser werden lässt, wenn jede:r eine Stimme hat.« Grundsätzlich glaube er, »dass in einer Demokratie die Menschen entscheiden sollten, was glaubwürdig ist, und nicht die Technologieunternehmen«.[46]

Was Zuckerberg in seiner Ansprache verschweigt, aber auch zur Wahrheit gehört: dass Facebook 2020 allein durch die US-Wahl rund 800 Millionen Dollar mit Wahlwerbung umsetzen wird. Diese Schätzung nennt Tommaso Valletti, Professor für Ökonomie am Imperial College in London, gegenüber dem Onlinemagazin *Vice*.[47] Und dass die Algorithmen bei Facebook den radikaleren Äußerungen eine Aufmerksamkeit ermöglichen, die sie sonst nie bekämen.

Die Entscheidung, sich den Forderungen nach einem härteren Eingreifen zu widersetzen, brachte Ende 2019 den britischen Komiker Sacha Baron Cohen – der Darsteller von »Borat« mit dem sehr knappen Männerbadeanzug – dazu, vor allem Facebook, aber auch die übrigen sozialen Netzwerke in einer Rede als die »größte Propagandamaschine der Geschichte« zu bezeichnen. Zuckerbergs Ankündigung, politische Werbung nicht zu reglementieren, kommentierte Cohen auf einer Veranstaltung der Anti-Defamation League (ADL), die sich gegen Antisemitismus und Diskriminierung engagiert, mit den Worten: »Nach dieser verdrehten Logik hätte Facebook – wenn es in den Dreißigerjahren schon existiert hätte – Hitler erlaubt, 30-Sekunden-Werbung für seine ›Lösung des jüdischen Problems‹ zu schalten.«[48]

Auch der Umgang mit dem Coronavirus führte zu Kritik an Facebook. Die Pandemie werde begleitet von einer »Infodemie«, warnte die Weltgesundheitsorganisation (WHO) im Jahr 2020: von einem Überangebot »an Informationen, von denen manche irreführend oder sogar schädlich sein können«. Fake News könnten »sich auf unterschiedliche Weise negativ auf die menschliche Gesundheit auswirken«, indem sie etwa »die Menschen dazu veranlassen, irreführenden oder sogar gefährlichen Ratschlägen zu folgen; Ermüdungserscheinungen sowie Desinteresse und Ablehnung gegenüber gesundheitlichen Botschaften hervorrufen; und Xenophobie, Hass und Ausgrenzung Vorschub leisten«. [49]

Gemeint war auch Facebook. Dort wurden Meldungen verbreitet wie die, Politiker:innen würden sich selbst nicht an die von ihnen verhängten Restriktionen halten, als »Beleg« versehen mit Fotos, die ebendiese Politiker:innen in Zeiten vor der Pandemie zeigten. Lügen wie die, in Österreich seien Impfungen für Kinder geplant mit einem Nasenspray, das gentechnisch veränderte Bestandteile enthalte. Oder Falschbehauptungen wie die, es habe in Deutschland mehrere Wochen lang keine einzige nachgewiesene Sars-Cov-2-Infektion gegeben. Facebook ging zwar gegen derlei Unwahrheiten vor, blieb aber von der Masse überwältigt.[50]

Nicht nur die WHO machte Druck: Im Juni 2020 riefen Unternehmensriesen wie Coca-Cola, Unilever und The North Face zum Boykott auf. Im Juli wollten sie einen Monat lang keine Werbung bei Facebook schalten, Hunderte Unternehmen schlossen sich dem Aufruf an. Denn sie wollten die weitreichenden Konsequenzen des durchgängigen Lügens und Hassens auf der Plattform nicht mehr länger ignorieren.

Denn nicht nur die Pandemie bestimmte zu dieser Zeit in den USA die Schlagzeilen, sondern auch eine erneute Rassismusdebatte nach dem Tod von George Floyd. Ein Polizist hatte ihn so lange zu Boden gepresst und ihm dabei die Luft abgedrückt, trotz Floyds Flehens, bis der 46-jährige Familienvater starb. Videoaufnahmen davon, die den minutenlangen Kampf Floyds belegen, emotionalisierten die Debatte. Sein Hilferuf »I can't breathe«, »Ich bekomme keine Luft«, der den Polizisten nicht beirrte, obwohl Floyd ihn laut Videoprotokoll mehr als 20-mal ausstieß[51], ging um die Welt. *#StopHateForProfit* lautete der Hashtag, der die Ankündigung der Firmen begleitete.

Zunächst, so wurde bekannt, sprach sich Zuckerberg intern gegen eine Reaktion aus. Der Boykott würde bald enden, soll er Mitarbeiter:innen gegenüber gesagt haben, und die Unternehmen zurückkehren.[52] Dann verlor die Facebook-Aktie am 26. Juni acht Prozent an Wert und Mark Zuckerberg persönlich dadurch sieben Milliarden Dollar.[53] Er ruderte zurück und kündigte noch am selben Tag Maßnahmen an. Man wolle, so schrieb er auf seiner eigenen Facebook-Seite, künftig härter durchgreifen bei politischer Werbung, wenn sie Hassbotschaften enthalte, und: Wenn Beiträge gegen Facebooks Richtlinien verstießen, aber ein öffentliches Interesse daran bestehe, den Inhalt trotzdem zu sehen, werde das Unternehmen Warnhinweise einblenden.[54] Das dürfte sich unter anderem auf Donald Trump bezogen haben. Kurze Zeit später sickerten dann auch die ersten Gerüchte durch, Facebook würde allen vorherigen Beteuerungen zum Trotz nun doch kurz vor der Wahl bis zum 3. November, dem Wahltag in den USA, keine Wahlwerbung mehr annehmen[55], und so kam es dann auch.

Denselben Schlingerkurs verfolgte Facebook beim Thema Holocaustleugnung. 2018 noch beharrte Zuckerberg öffentlich auf seinem Standpunkt: keine Grenzen für die Meinungsfreiheit. »Ich bin jüdisch, und es gibt eine Gruppe von Menschen, die bestreiten, dass der Holocaust stattgefunden hat«, sagte er in einem Podcast. »Ich finde das extrem abstoßend. Letztendlich glaube ich trotzdem nicht, dass unsere Plattform das löschen sollte.«[56]

Zwei Jahre später, am 12. Oktober 2020, vollzog Zuckerberg eine Kehrtwende: Man werde Postings, die den Massenmord der Nazis an den Jüd:innen leugnen, generell löschen – und nicht mehr nur, wie bisher, lediglich in den Ländern löschen, in denen Holocaustleugnung verboten sei, schrieb er, wieder auf seiner eigenen Facebook-

Seite: »Ich habe mit der Spannung zwischen dem Eintreten für freie Meinungsäußerung und dem Schaden, der durch die Verharmlosung oder Leugnung des Schreckens des Holocaust verursacht wird, zu kämpfen gehabt. Mein eigenes Denken hat sich weiterentwickelt, da ich Daten gesehen habe, die eine Zunahme antisemitischer Gewalt belegen.«[57]

Ob Gewalt gegen die muslimische Minderheit in Myanmar, das womöglich wahlentscheidende, definitiv aber beeinflussende Eingreifen der Russen in den US-Wahlkampf, Falschinformationen zur Pandemie oder Leugnung des Holocaust – es ist ein Muster: Facebook reagiert zunächst ablehnend und wird erst nach Hinweisen anderer und Druck von außen tätig. Meist zu einem Zeitpunkt, an dem die Propaganda bereits so verbreitet ist, dass das Unternehmen sie nicht mehr einzudämmen vermag. Zwar arbeiten inzwischen weltweit Moderator:innen bei Facebook, doch ihre Anzahl reicht erkennbar nicht aus. Mittlerweile nutzt das Netzwerk auch Künstliche Intelligenz, doch diese tut sich schwer damit, die vielen Formen des Hasses zu erkennen. Und die Messlatte liegt hoch: Oft weisen User:innen in erzürnten Debatten andere darauf hin, sie sollten sich nicht so anstellen. Ein nicht zu unterschätzender Effekt: Neben der Liveübertragung eines Amoklaufs mit Dutzenden Toten wie dem im neuseeländischen Christchurch wirken die alltäglichen Scharmützel oder auch kleinen bis mittelgroßen Verbalschlachten fast schon harmlos, mit denen man auf Facebook und anderswo Tag für Tag konfrontiert wird.

Aber genau diese Alltäglichkeit, die konstante Dosis

Gift, ist gefährlich. Denn sie setzt einen Gewöhnungseffekt in Gang, durch den sich die Dosis stetig erhöht, sich der Ton also langsam, aber kontinuierlich und nachhaltig verschiebt. Solch schleichende, sich verstetigende Prozesse im Hintergrund sind weniger augenscheinlich und erhalten deshalb weniger Aufmerksamkeit. Und sind sie einmal im Gange, ist es schwierig, sie zu stoppen oder gar wieder rückgängig zu machen.

Das ist, wie eingangs schon bemerkt, kein Facebooktypisches Problem. Es zieht sich durch alle sozialen Netzwerke. Bei zweien, nämlich dem Fotodienst Instagram und dem Messengerdienst WhatsApp, ist das keine Überraschung: Zuckerberg hat sie beim Aufbau seines Imperiums gekauft.

WhatsApp

Seit 2014 gehört der Messengerdienst WhatsApp zu Facebook. Der Kaufpreis betrug 19 Milliarden US-Dollar. Allem Anschein nach eine gute Investition: WhatsApp zieht seit Jahren an allen anderen Netzwerken vorbei. In Deutschland ist es laut der ARD/ZDF-Onlinestudie 2020 das führende soziale Netzwerk (das Videoportal YouTube ist ausgenommen, weil es in vielen Erhebungen nicht als soziales Netzwerk geführt wird): 78 Prozent der Befragten nutzen WhatsApp täglich, bei den 14- bis 29-Jährigen sind es gar 95 Prozent.[58] Da die ARD/ZDF-Onlinestudie Nutzer:innen erst ab 14 Jahren erfasst, viele Jugendliche und Kinder aber schon früher über ein Smartphone verfügen, ist die

Verbreitungsrate WhatsApp mit an Sicherheit grenzender Wahrscheinlichkeit noch höher.[59]

WhatsApp ist gestartet als kostenlose Alternative zur SMS. Anders als diese werden WhatsApp-Nachrichten nicht über das Mobilfunknetz verschickt, sondern über WLAN oder eine mobile Internetverbindung. Es fallen also keine zusätzlichen Kosten an, auch nicht beim Verschicken größerer Datenmengen: Via WhatsApp lassen sich neben Textnachrichten – Messages, deshalb auch »Messengerdienst« – Videos, Fotos, Kontaktdaten, Sprachnachrichten und via GPS auch der eigene Standort senden. Auch das Telefonieren über WhatsApp ist möglich. Ein weiterer Grund, warum WhatsApp sehr schnell sehr beliebt war: Es lassen sich Gruppen bilden, an die man Inhalte verschickt. Diese dürfen bis zu 256 Mitglieder zählen. Eine Zeit lang nutzten auch Unternehmen und Medien WhatsApp, indem sie Newsletter-Dienste anboten, bis diese Funktion 2019 abgeschafft wurde: Zu viel Spam, also unerwünschte Werbung, und auch Fake News wurden über solche Kanäle verbreitet.[60]

Denn auch mit WhatsApp sind Geschichten verbunden, die Fragen nach der gesellschaftlichen Verantwortung aufwerfen. Zum Beispiel bei Lynchmorden in Indien, die auf Fake News zurückzuführen sind, die über WhatsApp verbreitet wurden. Diese hatten so viel Hass geschürt, dass Dutzende Menschen getötet wurden. Erst nach längerem Zögern reduzierte Facebook im Jahr 2018 schließlich die Zahl der Empfänger:innen von weitergeleiteten Meldungen in Indien auf fünf und entfernte den »Weiterleiten«-Button neben Medienmeldungen: Das Bildungsniveau in

Indien ist, vor allem in den ländlichen Regionen, nicht allzu hoch; die allgemeine Schulpflicht existiert erst seit 2009.[61] Man kann davon ausgehen, dass auch Medienkompetenz in der Breite eher schwach ausgeprägt ist, sodass nicht alle Bürger:innen die Seriosität von Nachrichten erkennen. Sie tun sich also schwer damit, Fake News von faktenbasierten Informationen zu unterscheiden. Mit dem Ende der Option, Medienmeldungen weiterzuleiten, versucht das Unternehmen, die schier grenzenlose Verbreitung von Falschmeldungen einzudämmen.

Seit 2019 gilt die Begrenzung auf fünf Kontakte, an die man Nachrichten weiterleiten kann, weltweit. Dadurch habe sich die Anzahl weitergeleiteter Meldungen global erheblich reduziert, schreibt WhatsApp im firmeneigenen Blog.[62]

In Sri Lanka hingegen war es wiederholt die Regierung, die zur Tat schritt: Sie ließ etwa nach den Bombenanschlägen 2019 neben WhatsApp auch Instagram und Facebook sperren, um so weiteren Hass, aber auch Fake News einzudämmen.

WhatsApp bildet gemeinsam mit der Google-Tochter YouTube ein ungutes Duo beim Verbreiten von Fake News. So fand das Rechercheportal *Correctiv.org* während der Coronakrise im Mai 2020 heraus, dass Verschwörungsmythen in Deutschland ihren Ursprung vor allem auf YouTube finden und dann über WhatsApp verbreitet werden: »Man könnte sagen: WhatsApp ist die Autobahn für Coronavirus-Fakes, YouTube-Videos sind die Rennwagen.« Darunter krudes Zeug wie die wirren Theorien des ehemaligen RBB-Journalisten Ken Jebsen, der den Sender wegen

Äußerungen verlassen musste, die als antisemitisch aufgefasst wurden, und der sich seitdem weiter radikalisiert hat.[63]

WhatsApp versuchte auf mehreren Wegen, dieses Problems Herr zu werden: Um Fake News einzudämmen, wiederbelebte man für die Weltgesundheitsorganisation beispielsweise den Newsletterservice. Nutzer:innen können sich dort anmelden und bekommen dann täglich Nachrichten oder Warnhinweise auf ihr Smartphone geschickt, aber auch Informationen zu kursierenden Falschmeldungen.[64]

Das Besondere an WhatsApp: Die Geschlossenheit der Gruppen macht es zum Gegenentwurf zu Facebook, Twitter oder Instagram. Deren Nutzer:innen schätzen die unbegrenzte Öffentlichkeit, mit der sich ihre Inhalte verbreiten und Massen mobilisieren lassen, ohne dass die Individuen einander kennen. Ein Account und ein gemeinsames Anliegen reichen. WhatsApp setzt hingegen auf Intimität. Entweder Eins-zu-eins-Kommunikation oder aber eben Gruppen, deren Mitglieder zumindest in den Besitz der jeweils anderen Handynummern gekommen sein müssen und einverstanden mit der Interaktion. Eine sehr populäre Funktion, die den Charakter von WhatsApp verändert hat. Während das Unternehmen anfangs als kostenlose SMS-Alternative geschätzt wurde, hat es sich über die Möglichkeit, in Gruppen zu kommunizieren, zur Social-Media-Plattform entwickelt. So freute sich das *New York Magazine* 2019 noch darüber, dass dank Gruppenchats das Internet wieder Spaß mache.[65]

Allerdings gibt es eine Kehrseite der Medaille namens

»beschränkter Empfänger:innenkreis«. Zum einen ist es Behörden bei diesen Diensten kaum möglich, Informationen nachzuverfolgen – ein ähnliches Problem besteht im Übrigen bei geschlossenen Facebook- oder Telegram-Gruppen. Zum anderen, so beschreibt es der *Guardian* sehr anschaulich im Juli 2020, dürfe man den psychologischen Effekt geschlossener Gruppen auf die Akzeptanz problematischer Informationen oder auch Meinungsäußerungen nicht unterschätzen: Gruppen könnten ein hohes Maß an Solidarität erzeugen – und es werde schwieriger zu widersprechen. »Wenn zum Beispiel ein freimütiges und beliebtes Mitglied einer WhatsApp-Gruppe aus der Nachbarschaft beginnt, Fehlinformationen über Gesundheitsrisiken zu verbreiten, bedeutet der allgemeine Drang zur Solidarität, dass ihre Botschaften wahrscheinlich auf Zustimmung und Dank stoßen werden. Wenn eine Behauptung oder ein Inhalt in einer Gruppe auftaucht, kann es viele Mitglieder geben, die sie als fragwürdig ansehen; die Frage ist, ob sie das Selbstbewusstsein haben, dies auch zu sagen. In der Zwischenzeit können die weniger Skeptischen ihn einfach weiterleiten. Es ist also nicht schwer zu verstehen, warum WhatsApp ein mächtiger Verbreiter von ›fake news‹ und Verschwörungstheorien ist.«[66]

Auch beim Jugendschutz bleibt noch viel Luft nach oben. Zwar ist die Nutzung von WhatsApp laut dessen Allgemeinen Geschäftsbedingungen erst ab dem Alter von 16 Jahren erlaubt. Kontrollen aber finden nicht statt, und technische Hürden gibt es auch keine. Ein formelles Einverständnis durch die Eltern oder eine Verifikation des Alters werden nicht verlangt. Bereits bei unter 13-Jährigen ist WhatsApp laut einer Umfrage des Medienpädagogischen Forschungsverbunds Südwest die beliebteste App[67]. Die meisten Nachrichten dürften harmlos sein. Doch dass WhatsApp nicht nur Spaß macht und Zeitvertreib ist, erfahren Kinder und Jugendliche oft schnell. In einer Befragung des Branchenverbandes Bitkom gaben 41 Prozent der Jugendlichen an, bereits Negatives im Internet erlebt zu haben, auch über soziale Medien wie WhatsApp.[68] Sie haben Dinge gesehen, die Angst machen, sind beleidigt worden oder mussten erleben, wie Lügen über sie verbreitet wurden. Wie konsequent WhatsApp mit den Strafverfolgungsbehörden zusammenarbeitet, lässt sich kurz zusammenfassen: genauso wie die Muttergesellschaft Facebook.

Telegram

Telegram ist ein Messengerdienst, also Kurznachrichtendienst, der auch als soziales Netzwerk fungiert. Im Grunde funktioniert er wie WhatsApp: Man kann einander Textnachrichten, Links, Videos oder Audios schicken, auch in Gruppen. Diese sind entweder geschlossen oder offen. Sind sie offen, läuft es wie in einem sozialen Netzwerk. Im Unterschied jedoch zu WhatsApp können Telegram-Gruppen bis zu 200.000 Mitglieder groß sein.

Entwickelt haben Telegram die Brüder Pavel und Nikolai Durov. Sie genießen einen zweifelhaften Ruf: Pavel Durov steckt hinter V-Kontakte, dem russischen Pendant von

Facebook. Wer dort gesperrt wird, wandert rüber zu V-Kontakte. Ein Sammelbecken also für diejenigen, die selbst von den lax agierenden Plattformen verstoßen werden.

Telegram ist das, was passiert, wenn man nicht einschreitet. Martin Sellner, Chef und Gesicht der österreichischen »Identitären Bewegung« zum Beispiel, der auch in Deutschland als wichtige Führungsfigur der Rechten gilt, wechselte zu Telegram, nachdem Facebook, Twitter, YouTube und Instagram ihn im Sommer 2020 gesperrt hatten. In Deutschland und Österreich gelten die jeweiligen Ableger der »Identitären Bewegung« als rechtsextremistisch; der Amokläufer von Christchurch hat vor seiner Tat Geld an die österreichischen »Identitären« gespendet.[69]

Auch Attila Hildmann, einst Autor veganer Kochbücher, ist höchst aktiv bei Telegram. Er entwickelte sich schnell zu einem der Anführer der Coronaleugner:innen. Da er schon zuvor einige Prominenz erreicht hatte, wurde über seine Radikalisierung, die sich vor allem auf Demonstrationen gegen die Corona-Maßnahmen zeigte, aber auch auf Telegram, in traditionellen Medien berichtet. Die Palette seiner Äußerungen reicht von zusammenhanglosen, auch unter schwersten Mühen kaum nachvollziehbaren Aneinanderreihungen von Verschwörungstheorien über Aufrufe zur Gewalt und Morddrohungen bis hin zu Volksverhetzung und offenem Antisemitismus. Es dauerte nicht lange, und gegen Hildmann wurde ermittelt. Sowohl wegen Äußerungen auf Demos als auch wegen seiner täglich in manischen Massen verbreiteten Postings auf Telegram. Dort folgen ihm im September 2020 bereits mehr als 80.000 Menschen, im November schon mehr als 100.000.

In seinen Anfangsjahren dient Telegram dem »Islamischen Staat« als wichtiger Kanal zur Verbreitung seiner Botschaften und Enthauptungsvideos und damit als Baustein für die Rekrutierung neuer Terrorist:innen. *jugendschutz.net* bezeichnet ihn 2016 als »zentrales Propaganda-Tool für Dschihadisten«.[70] Besonders Kinder und Jugendliche würden der Organisation zufolge mithilfe von Telegram angesprochen – und die Betreiber so gut wie nichts tun, um dies zu unterbinden. In den folgenden Jahren entdecken Rechtsradikale Telegram für sich. 2019 deckt *Buzzfeed* auf, wie sich dort NPD-Politiker:innen, Neonazi-Größen und organisierte Rechtsradikale vernetzen, verabreden und organisieren. Es gebe auch Kontakte zu »Combat 18«[71], dem 2020 verbotenen rechtsextremistischen militanten Arm des bereits 2000 verbotenen Netzwerks »Blood & Honour«. Kurz zuvor hatte die *Welt* aus einem geheimen Papier des Bundesverfassungsschutzes zitiert, wonach Neonazis vor allem über »wenig komplex organisierte Kleingruppen und Einzelpersonen«[72] zusammenfänden. Dafür sind Dienste wie Telegram perfekt, bei denen man verschlüsselt und somit weitestgehend unsichtbar miteinander in Kontakt treten, sich vernetzen, organisieren und mobilisieren kann.

Telegram ist der Beleg dafür, wie komplex alles Handeln ist: Greift ein Netzwerk durch, kommt das nächste, das damit für sich wirbt, genau das nicht zu tun. Und Telegram ist, zu diesem vernichtenden Urteil gelangen Fachleute, ein Unternehmen, das in Deutschland »faktisch im rechtsfreien Raum agieren kann«[73]: Bereits 2015 schrieb die *Washington Post*, bei Telegram gebe es ein »undurchsichtiges Netz von profitorientierten Briefkastenfirmen«[74]. Eine Zeit lang herrschte Rätselraten, ob es sich um ein Berliner Start-up handeln könnte.[75] Es existiert, anders als im Telemediengesetz vorgeschrieben[76], kein Impressum auf der Website von Telegram. Es dürfe »schwierig bis unmöglich sein, eine konkrete Person oder Firma zur Hinterlegung der entsprechenden Daten zu verpflichten. Auch für uns als Strafverfolger ist Telegram extrem schwer greifbar«, so der Sonderermittler Christoph Hebbecker. Wie gering das Interesse der Telegram-Betreiber daran ist, lässt sich auf ihrer Website nachlesen. Auf die Frage, wo man illegale Inhalte melden könne, steht dort die Antwort: »Alle Telegram- und Gruppenchats sind die Privatsache der jeweiligen Nutzer. Wir bearbeiten keine diesbezüglichen Anfragen.«[77] Man wirbt quasi mit dem Angebot, nicht mit den Behörden zu kooperieren.

Erst im Januar 2021, nach dem Sturm auf das Kapitol, rückte Telegram von seiner bisherigen Linie ab, lediglich in extremsten Fällen – wie erst nach langem Zögern beim sogenannten Islamischen Staat und bei sexualisierter Gewalt gegen Kinder – einzuschreiten: Erste Kanäle wurden trockengelegt. Man entschied sich also auch für das »Deplatforming«: So heißt die Strategie sozialer Netzwerke, wenn sie Accounts von Personen oder Organisationen dauerhaft löschen, um ihnen so ihre Reichweite zu entziehen, wie es etwa Twitter mit Donald Trump tat, ebenfalls als Reaktion auf den Sturm auf das Kapitol.

Aufrufe zur Gewalt würden gegen die Telegram-Regeln verstoßen, begründete ein Telegram-Sprecher die ungewöhnliche Aktion gegenüber dem Online-Magazin *Politico*.

Das jedoch stieß bei Recherchen auf zahlreiche weitere Telegram-Kanäle, die weiterhin ungehindert zu Gewalt aufriefen, insgesamt gerichtet an Hunderttausende Follower:innen.[78]

Wie konsequent Telegram also langfristig durchgreifen wird, ist noch fraglich. Nicht aber, ob Deplatforming als einziges Mittel im Kampf gegen Hass und Hetze hilft: Die Giftschleudern ziehen einfach weiter zur nächsten Plattform.

Instagram

2012 schluckt Facebook den damals schnell wachsenden Rivalen Instagram für die – gemessen an den Bilanzen – sagenhafte Summe von einer Milliarde US-Dollar. Instagram ist zu der Zeit eine friedliche Oase in den sozialen Medien. Gemessen an anderen Plattformen halten sich Hass und Hetze hier in Grenzen. Was nicht bedeutet, dass es sie nicht gibt. Ein Social-Media-Netzwerk ist inzwischen kaum noch anders vorstellbar.

Instagram ist ein Fotodienst. Die Nutzer:innen dort können Bilder und inzwischen auch Videos hochladen. Diese sind entweder nur für diejenigen sichtbar, mit denen sie in dem Netzwerk befreundet sind, oder aber sie lassen ihren Account offen, sodass ihre Fotos und Clips von jedermann und jederfrau gesehen, mit einem Herzchen versehen oder kommentiert werden können.

2019 übernimmt Adam Mosseri die Geschicke des Netzwerks. Vorher verantwortete er lange den Newsfeed bei

Facebook. Als frischgebackener Instagram-Chef kündigt er an, die Plattform besser abzudichten gegen Hass. Er präsentiert zwei neue Funktionen: Wer ein Foto oder ein Video kommentieren will, sieht vor dem Posten eine Nachricht von Instagram, in der gefragt wird, ob diese Bemerkung wirklich für den definierten Leser:innenkreis sichtbar sein soll. Laut Facebook führte das in Vorabtests dazu, dass Proband:innen den geplanten Kommentar entschärften oder aber gar nicht erst abschickten. Diese Option ist bisher nur auf Englisch verfügbar.

Als zweite Neuerung präsentiert er die Möglichkeit, den Personenkreis derer einzuschränken, die die Kommentare anderer lesen können. So wären Beleidigungen zwar noch sichtbar, allerdings nur noch für die beleidigte Person. So fällt schon mal die im Netz so beliebte Zusammenrottung weg.[79]

Ebenfalls 2019 testet Instagram in mehreren Ländern das Verbergen der »Likes«. Der »Like-Button« erblickte 2009 das Licht der Welt, und zwar bei Facebook. Seine Geburtsstunde nennt Schlecky Silberstein in *Das Internet muss weg* den Beginn der »Hochphase der Attention Economy« – also des Social-Media-Webs, »in dem Einzelpersonen bequem und gratis ihr eigenes Egomarken-Portal im Internet eröffnen konnten«.[80]

Silberstein zufolge ein wichtiger Antreiber: das Glückshormon Dopamin. Das sorge dafür, dass Menschen gern soziale Netzwerke nutzen. Dopamin werde ausgeschüttet, wenn eine bestehende Erwartung erfüllt werde. Das könne durch leckeres Essen, einen Spielautomaten oder eben ein Like auf Facebook, Twitter oder Instagram passieren. Das

Gehirn könne hierbei nicht zwischen den einzelnen Ursachen für die Dopaminausschüttung unterscheiden, weshalb schnell eine Sucht entstehen könne, besonders durch viele Interaktionsanreize im Netz.

Das Perfide: Den größeren Erfolg garantiert Hass. 2013 werteten zwei Forscher an der Carnegie Mellon University in Pennsylvania 75.000 Leser:innenkommentare auf südkoreanischen Nachrichtenseiten aus, unter anderem auch danach, welche User:innenkommentare die meisten Likes bekamen. Auf vielen Seiten, so auch auf deutschen, kann man Kommentare mit »Daumen hoch« oder »Daumen runter« bewerten, mit einem »Like« oder mithilfe anderer Skalen. Das Ergebnis: Kommentare, die Schimpfwörter enthielten, bekamen mehr Likes.[81] Je emotionaler, je empörender und empörter also ein Tweet, ein Post, der Text unter einem Bild ist, desto mehr Leute heben virtuell den Daumen. Und desto höher wird der Beitrag dank der Algorithmen gelistet, übersetzt: desto mehr Leute bekommen ihn zu sehen und reihen sich – Herdentrieb – ein in die »Gefällt mir«-Fraktion. Je mehr es sind, desto niedriger ist die Hemmschwelle des oder der Einzelnen, auch »Gefällt mir« bei einem hasserfüllten Kommentar anzuklicken: In der Masse fühlt man sich verborgen und gleichzeitig von ihr bestätigt. So funktioniert die Spirale der Niedertracht.

Und niemand ist davor gefeit, egal wie reflektiert und/oder hochintelligent. Social Media und seine Mechanismen zielen auf unsere niedersten und archaischsten Instinkte. Der Netzpionier Jaron Lanier, Erfinder des Begriffs »virtuelle Realität«, beschreibt in seinem Buch *Zehn Gründe, warum du deine Social Media Accounts sofort löschen musst*, wie er recht erfolgreich für das Onlineportal der US-amerikanischen *Huffington Post* arbeitete. »Für eine Weile war ich einer der Top-Blogger der Huffington Post, immer auf der Startseite. [...] Schon bald stellte ich fest, dass ich Sachen schrieb, die ich nicht einmal selbst glaubte, nur um meine Leser auf die Palme zu bringen. Manchmal schrieb ich das, was die Leute hören wollten, ein andermal das genaue Gegenteil, weil ich wusste, dass sie sich darüber aufregen würden. Verdammt! [...] – ich wurde zum Arschloch, wegen dieser blöden Technologie! Also bin ich ausgestiegen.«[82]

Auf Instagram tummeln sich besonders die, an die alle ranwollen: die jungen Leute. Die Plattform wächst kontinuierlich in dieser Zielgruppe: 65 Prozent der 14- bis 29-Jährigen gaben 2020 an, Instagram mindestens wöchentlich zu nutzen, und damit überdurchschnittlich viele. Insgesamt liegt die Nutzungsrate laut ARD/ZDF-Onlinestudie 2020 bei 20 Prozent.[83] Instagram ist ein junges und leicht zugängliches Medium: Fotos erfordern keine komplizierten Gedankengänge.

Dass man über das Netzwerk gut Jüngere erreicht, wissen Unternehmen, Parteien und Bewegungen. »Besonders gekonnt nutzen die technikaffinen 20- bis 30-jährigen – oft männlichen – Identitären das Netz für ihre Zwecke«, schreiben die Autoren des Buchs *Das Netzwerk der Neuen Rechten*: »Sie gehören zu einer Generation, die mit dem Internet aufgewachsen ist und es in all seinen Spielarten und dunklen Nischen kennt. Sie haben sich eine [...] Gegenkultur aus Grenzüberschreitungen und mit Hacker-Taktiken gekapert, die der Neuen Rechten weltweit jugendliche Energie verleiht.«[84] Sie sind dort nicht leicht auffindbar: Für Künstliche Intelligenz ist es schwieriger, Hassinhalte in Bildern zu erkennen als in Wörtern.

Die »IB« und ihre führenden Köpfe wie etwa der Österreicher Martin Sellner sind zwar inzwischen auch bei Instagram gesperrt; aber sie sind nur für einen kleinen Teil des Hasses verantwortlich – und sie sind erfahren und in einschlägigen Kreisen etabliert genug, um zu anderen Diensten weiterzuziehen und ihre Follower:innen mitnehmen zu können.

YouTube

Das Videoportal YouTube wird in manchen Erhebungen zu den sozialen Medien nicht aufgeführt. Aufgrund seiner Kommentarfunktion und vor allem des Gebrauchs als Suchmaschine – der weltweit zweitgrößten nach Google – und aufgrund des Radikalisierungspotenzials, das es laut der *New York Times* zu einem der »mächtigsten Instrumente des 21. Jahrhunderts«[85] macht, gehört es aber unbedingt hierher.

Auch YouTube wird von vielen jungen Leuten genutzt. In der jährlich erscheinenden JIM-Studie zur Mediennutzung von Kindern und Jugendlichen zwischen zwölf und 19 liegt YouTube 2019 auf Platz Nummer eins.[86]

YouTube ist ein Bewegtbildmedium. Man muss des Lesens nicht mächtig sein, um die Inhalte zu verstehen, man muss eine fremde Sprache nicht unbedingt beherrschen, um Inhalte zu verstehen, wenn sie optisch gut umgesetzt sind, und Videos emotionalisieren stärker als Texte und Bilder. Wie alle anderen sozialen Plattformen lechzt YouTube danach, dass die Nutzer:innen möglichst lange bleiben. Also macht man es ihnen so bequem wie möglich. Sie sollen keinen Finger rühren müssen. Das Zauberwort lautet »Autoplay«: Hat man ein Video zu Ende geschaut, startet automatisch das nächste. Welche Art von Video – darüber entscheiden auch bei YouTube Algorithmen. Sie zeigen Inhalte an, die dem bisherigen Sehverhalten nach den oder die User:in ebenfalls interessieren könnten. Also auch hier: wenig Hoffnung auf Pluralität und Diversität.

Und ebenso wie Facebook steht YouTube sich selbst und dem Kampf gegen den Hass mit seinem Erfolg im Weg: Schon 2014 verkündete das Netzwerk, pro Minute würden mehr als 400 Stunden Videomaterial hochgeladen – jeden Tag, rund um die Uhr, sieben Tage die Woche, 365 Tage im Jahr.[87] Tendenz seitdem: steigend. Auch nur die radikalsten Auswüchse zu löschen, ist unmöglich.

In der erwähnten Studie über Fake News in den sozialen Medien stützt sich die Rechercheorganisation *Correctiv* auf über 1800 Hinweise durch Leser:innen und kommt zu dem Schluss: »In der Corona-Krise ist YouTube die von Nutzern am häufigsten gemeldete Plattform für fragwürdige Informationen. Rund 46 Prozent der Links, die uns mit der Bitte um einen Faktencheck geschickt wurden, führen zu der Videoplattform.«[88] Immerhin: YouTube beziehungsweise die YouTube-Mutter Google sei deutlich kooperativer als etwa Facebook bei der Zusammenarbeit zwecks Strafverfolgung, erzählt Staatsanwalt Christoph Hebbecker, auch wenn Facebook sich zunehmend kooperativer zeige.

Wie Instagram scheitert die Künstliche Intelligenz beim Aussieben von Hetze oft an sehr komplexen Problemen, etwa an der Erkennung von Zitaten oder Ironie. Immer wandeln die Plattformen dabei auf einem Grat zwischen der berechtigten Sorge, dass zu viel gelöscht werden könnte, Sorge vor »Overblocking« also, und der, dass zu viel stehen bleibt. Im Jahr 2020 beginnt YouTube jedoch konsequenter zu löschen als zuvor. Laut Google-Transparenzbericht werden von April bis Juni 2020 11,4 Millionen Videos entfernt. In Deutschland löscht die Plattform inzwischen beherzter: Im ersten Quartal 2020 nimmt sie 106.239 Videos aus dem Angebot, zwischen April und Juni dann 124.738. Die Gründe sind vielfältig: Schutz von Kindern führt die Liste an, gefolgt von Spam, dann Nacktheit. Das im Vergleich zu den Vorjahren rigorosere Löschregime begründet das Unternehmen im Transparenzbericht zum Teil mit der Coronakrise: Um Mitarbeiter:innen zu schützen, setze man seit Beginn der Pandemie verstärkt auf die automatische Erkennung von Regelverstößen. »Das hat zur Folge, dass wir mehr Inhalte entfernen, die möglicherweise nicht gegen unsere Richtlinien verstoßen«, heißt es.[89]

Eine Besonderheit YouTubes sei noch genannt: der »Dislike-Button«. Während Instagram, Facebook und Twitter lediglich vorgefertigte Optionen haben, mit deren Hilfe die User:innen Gefallen ausdrücken können, fährt YouTube den entgegengesetzten Kurs. Hier ist auch das Nichtmögen programmiert, man ermuntert sogar noch dazu.

Wegen des teilweise sehr aufgeheizten Klimas auf sozialen Plattformen eine umstrittene Option.

Twitter

Twitter ist der Exot unter den Plattformen: Lediglich fünf Prozent der Deutschen nutzen Twitter wöchentlich, wie aus der ARD/ZDF-Onlinestudie 2020 hervorgeht; täglich sogar nur zwei Prozent.[90] Doro Bär, Digitalstaatsministerin im Kanzleramt, fasste die Nutzerschaft in einem Interview mit der *Welt* wie folgt zusammen: Auf Twitter seien »nur Politiker, Journalisten und Psychopathen unterwegs«[91]. Fraglos eine kolossal zugespitzte Beschreibung, völlig verkehrt ist sie aber nicht. Ein Punkt in ihrer Aufzählung ist dabei wichtig, denn auf den ersten Blick wirkt Twitter ja wirklich verschwindend klein im Vergleich mit den anderen Plattformen. In seinem Buch *Gefolgt von niemandem, dem du folgst* beschreibt der TV-Moderator und Twitter-Vielnutzer Jan Böhmermann die Relevanz so: Twitter habe sich im Laufe der Zeit entwickelt »zu einem mächtigen Werkzeug, um die öffentliche Debatte entscheidend zu verändern, zu beeinflussen oder zu bestimmen. [...] Twitter ist das Plenum für die, die das Sagen haben oder es gerne hätten. Die Plattform vernetzt alle politischen, kulturellen und gesellschaftlichen Wortführer*innen und Gruppen, macht sie sichtbar und sorgt dafür, dass sie miteinander in Kontakt treten können.«[92]

Einer, der vier Jahre lang im Weißen Haus das Sagen

hatte, erschütterte Twitters ohnehin lädierten Ruf, der im Laufe der Zeit genauso gelitten hat wie der aller anderen sozialen Netzwerke, noch zusätzlich: Während der vier Jahre seiner Präsidentschaft nutzte Donald Trump Twitter als sein persönliches Lieblingsmedium. Warum Trump Twitter so gern mochte, liegt auf der Hand: keine kritischen Nachfragen von Journalist:innen oder Berater:innen, keine komplexen Erörterungen. Nichts muss in mehr als 280 Zeichen erklärt werden. Trump trug mit seinen Tweets dazu bei, eine Art der Kommunikation auf höchster politischer Ebene salonfähig zu machen, wie man es sich vor wenigen Jahren noch nicht hatte vorstellen können. Trump nutzte den Kurznachrichtendienst nicht nur für die Verächtlichmachung politischer Gegner:innen, zur Veröffentlichung kruder Vorwürfe gegen ihm unliebsame Vertreter:innen der Presse – er verkündete auch politische Entscheidungen mit enormer Tragweite über Twitter. Nur ein Beispiel: Nach dem G7-Gipfel in Kanada im Juni 2018 sprengte Trump die unter Mühen abgeschlossene Gipfelerklärung. Diese hatte er vor seiner Abreise noch unterschrieben, es sich dann aber spontan wieder anders überlegt. Und blieb sich selbst treu, indem er ebendiesen Entschluss in einem Tweet verkündete.

Eine Zeit lang kursierte unter Berliner Journalist:innen gar das Gerücht, bei der Nachrichtenagentur *dpa* gäbe es eine »Er ist wach«-Schicht – einen Posten, von dem aus der Twitter-Account von Trump beobachtet werde. Die Geschichte klang nicht unwahrscheinlich, aber sie stimmte nicht: »Gemeint ist damit, dass wir so zwischen sechs und neun Uhr Washingtoner Zeit sowohl in unseren

US-Büros selbst als auch am Politik-Ausland-Desk im Berliner Newsroom mit besonderer Spannung das erste digitale Aufwach-Recken und -Dehnen des US-Präsidenten beobachten – weil er in dieser Zeit erfahrungsgemäß auf Twitter ja am aktivsten ist«, stellt *dpa*-Nachrichtenchef Froben Homburger klar.

Einer Auswertung der *Washington Post* zufolge sind falsche oder zumindest irreführende Aussagen typisch für Trump. Seit seinem Amtsantritt am 20. Januar 2017 bis Ende Januar 2020 habe er 16.000 getätigt, schrieb das Blatt.[93] Aber erst zum Ende seiner Amtszeit begann Twitter, darauf zu reagieren.

Im Mai 2020 diskutierten die von Corona schwer gebeutelten USA die Option der Briefwahl für die im November anstehenden Präsidentschaftswahlen als Vorsichtsmaßnahme gegen Ansteckung mit dem Coronavirus. Einige Bundesstaaten wie zum Beispiel Kalifornien entschieden, allen dort registrierten Wähler:innen automatisch Briefwahlunterlagen zuzuschicken und ihnen so anzubieten, möglichst kontaktlos zu wählen.

Traditionell nutzen mehr Anhänger:innen der demokratischen Partei Briefwahlen als die der republikanischen, für die Amtsinhaber Donald Trump erneut antrat und sich zur Wiederwahl stellte. Am 26. Mai dann suggerierte Trump in einem Tweet, Briefwahl würde Manipulation Vorschub leisten, und schrieb, es gebe »keine Chance, dass die Briefwahl [in Kalifornien] etwas anderes wird als groß angelegter Betrug. Briefkästen werden geplündert, Wahlscheine gefälscht und jede:r wird einen geschickt kriegen, egal, wer er ist.«[94] Da reichte es Twitter: Das Unternehmen versah Trumps Tweet mit einem Link, der zu einem Faktencheck führte – und der Behauptung des Präsidenten widersprach, sie gar als »unbegründet« bezeichnete.[95] In den kommenden Monaten sollte Twitter immer wieder auf diese Art und Weise auf Tweets von Trump reagieren, bis es nach dem Sturm aufs Kapitol im Januar 2021 die Reißleine zog und Trumps Account sperrte: Das Risiko »weiterer Gewaltaufrufe« durch den noch amtierenden Präsidenten sei zu hoch, begründete Twitter seinen drastischen Schritt.[96]

Aber auch weniger prominente User:innen als Donald Trump sind ein Problem auf Twitter. Denn auch der Kurznachrichtendienst, dessen Gründer Jack Dorsey sich so gut wie nie öffentlich zu Wort meldet, hat mit Hass und Hetze zu kämpfen. Twitter ist nämlich offener als Facebook: Man kann jedem Menschen dort antworten, egal ob man ihm oder ihr folgt oder nicht – es sei denn, der Account ist auf »Privat« geschaltet. Dann ist man aber auch nur für diejenigen lesbar, die einem folgen – ergo ist die Reichweite beschränkt.

2018 erklärte Dorsey, sein Netzwerk habe »die negativen Folgen in der realen Welt nicht vollständig vorhergesehen oder verstanden. Wir erkennen das jetzt an und sind entschlossen, ganzheitliche und faire Lösungen zu finden.«[97] Viel passiert ist seitdem allerdings nicht, wie in der im Herbst 2020 veröffentlichten Amnesty-International-Nachfolgestudie zur 2018 vorgelegten namens *Toxic Twitter* nachzulesen ist.[98]

In puncto Zusammenarbeit mit Strafverfolger:innen existieren zwischen Facebook und Twitter keine nennenswerten Unterschiede. Der Kurznachrichtendienst ist stellenweise sogar noch weniger zur Kooperation mit deutschen Behörden bereit. »Wir machen, zumindest was das Auskunftsverhalten angeht, schlechte Erfahrungen mit Twitter«, resümiert der Kölner Staatsanwalt Christoph Hebbecker 2020. »Das Löschverhalten ist besser geworden, aber wir bekommen eigentlich nie Daten.«

Auch bei Twitter versucht man sich, ähnlich wie bei Instagram, mit kleineren Eingriffen zu behelfen. So können Nutzer:innen dort bestimmen, wer auf ihre Tweets antworten darf: entweder alle oder nur die, denen sie selbst folgen, oder aber die, die sie in ihren Tweets erwähnen. Das schränkt den potenziellen Kreis von Menschen ein, die per Beleidigung reagieren können. Außerdem steht User:innen die Option zur Verfügung, Antworten auf ihre Tweets auszublenden. Pragmatisch betrachtet ist das eine gute Option. Allerdings verlagert sie den Umgang mit Hass und Hetze von der Plattform auf die Nutzer:innen. Im Grunde ist sie ein Eingeständnis, dass die Netzwerke selbst es nicht schaffen.

Die Verantwortungslosigkeit der Plattformen

Hinter alldem steht die bereits in Kapitel 2 aufgeworfene Frage, wie der Hass in die Welt gekommen ist. Spiegeln die sozialen Netzwerke nur die Polarisierung der Gesellschaft wider?[99] Oder polarisieren die sozialen Netzwerke so sehr, dass ihretwegen Unverständnis und Hetze immer weiter zunehmen[100]?

Die sozialen Medien sind Verstärker der Polarisierung. Zugrunde liegt ihr die Anonymität der Nutzer:innen: dass diese einander nicht sehen, nicht kennen. Von allein wird der Hass nicht mehr zurückgehen. Deshalb müssen die, die mit Hetze gegen Gesetze verstoßen, gefunden und bestraft werden.

Die Realität sieht anders aus: »Aus meiner Sicht sind wir immer noch nicht in der Lage, das effektiv verfolgen zu können. Deshalb ist auch der Satz ›Das Internet ist kein rechtsfreier Raum‹ nur bedingt richtig. Das schmerzt einen relativ stark als Strafverfolger, wenn man das so eingestehen muss«, sagt Christoph Hebbecker. Eine niederschmetternde Aussage. Ein Vertreter des Rechtsstaats räumt unumwunden ein, dass dieser Rechtsstaat in einem wichtigen und immer wichtiger werdenden Bereich unseres Miteinanders weitgehend machtlos ist. Und das nicht nur punktuell, sondern strukturell.

Das zu ändern, die Netzwerkverantwortlichen dahin zu bekommen, ihre Pflichten einzuräumen und ihnen nachzukommen; zu kooperieren und strikt umzugehen mit denjenigen, die Missbrauch treiben mit dem hehren Gut der Freiheit, der Meinungsfreiheit, ist Aufgabe der Politik. Umso mehr, als die Plattformbetreiber in den vergangenen Jahren deutlich gemacht haben, wie wenig in dieser Hinsicht von ihnen zu erwarten ist.

4

Wo Horst Seehofer schon in den Achtzigern surfte – Was die Politik über die sozialen Medien weiß

Wir schreiben das Jahr 2008. Die USA stecken mitten im Präsidentschaftswahlkampf. Für die Republikaner:innen kandidiert John McCain, Senator aus Arizona, sein Kontrahent aus der demokratischen Partei heißt Barack Obama. Der Senator aus Illinois will als erster Man of Color ins Weiße Haus einziehen. Und setzt Maßstäbe: Das Netz allgemein und Social Media speziell spielen darin eine bedeutende Rolle. Obama nutzt unter anderem Facebook, YouTube, Podcasts und Twitter dermaßen intensiv, dass Vergleiche gezogen werden mit der medialen Pionierarbeit von Franklin D. Roosevelt und John F. Kennedy, die viele Jahre zuvor das Radio und das Fernsehen in ihren jeweiligen Wahlkämpfen als neue, erfolgreiche Instrumente erkannt und genutzt haben.[1]

Als ein ausschlaggebender Faktor für Obamas innovative Art der Kampagnenführung gilt Chris Hughes: Der Mitgründer von Facebook ist dort ausgestiegen, um Obamas Kampagne zu unterstützen und sein Wissen über soziale Plattformen einzubringen.[2] Vor allem Obama-Wähler:innen, analysiert das Pew Research Center 2009, engagierten sich im Netz, teilten dort politische Inhalte. Allen voran die Jüngeren: 49 Prozent der 18- bis 29-Jährigen engagierten sich demzufolge in den sozialen Netzwerken politisch, 22 Prozent der 30- bis 49-Jährigen, sieben Prozent der 50- bis 64-Jährigen und zwei Prozent der Menschen ab 65.[3] Als »sich engagieren« definiert das Pew Research Center das Weiterleiten oder Kommentieren politischer Inhalte.

Obama erreicht auf diesem neuen Weg viele junge Leute. Er gilt als der erste Social-Media-Präsident.[4] Bis heute dient sein Wahlkampf 2008 als Blaupause für die Nutzung der sozialen Medien in der Politik. Und bis heute gehört sein Twitter-Account weltweit zu denen mit den meisten Follower:innen: Am 25. November 2020 sind es über 126 Millionen. Zum Vergleich: Dem zu diesem Zeitpunkt noch amtierenden Präsidenten Donald Trump, der Twitter exzessiv nutzte, folgten bis zur Löschung seines Twitter-Accounts knapp 90 Millionen Menschen.

Auch deutsche Politiker:innen haben die sozialen Medien für sich entdeckt. Allerdings erst später als etwa die US-amerikanischen – und nicht mit der gleichen Leidenschaft.

Berlin, 25. März 2011, das Haus der Bundespressekonferenz. Vorn auf dem Podium im Konferenzsaal sitzen die Sprecher:innen aller Ministerien, unten auf den Stühlen Hauptstadtjournalist:innen. Als Mitglieder des Bundespressekonferenz e. V. laden sie dreimal pro Woche die Sprecher:innen ein und stellen Fragen zu aktuellen oder auch weniger aktuellen Themen. Beschlüsse aus der allwöchentlichen Sitzung des Kabinetts – in der Regel trifft es sich immer am Mittwoch – werden hier verkündet oder auch Reisepläne der Kanzlerin.

Um genau einen solchen Plan geht es hier an diesem Tag – und um jemanden, der gar nicht dabei ist: Steffen

Seibert. Er ist seit 2010 Pressesprecher der Bundesregierung und Chef des Presse- und Informationsamtes der Bundesregierung. Und seit Neuestem ist er zusätzlich auch noch Twitterer. Oft sitzt Seibert oben auf dem Podium, heute aber sein Stellvertreter Christoph Steegmans. Dieser muss sich gereizte Fragen gefallen lassen, denn erstens hat Seibert nicht angekündigt, bei »diesem« Twitter mitzumachen, sondern einfach losgelegt – und das relativ neue Medium dann auch direkt genutzt, um eine Reise der Kanzlerin zu verlautbaren. Als einen »verhängnisvollen Tweet« wird die *Frankfurter Allgemeine Zeitung* Seiberts Aktivität später spöttisch bezeichnen[5], dabei liest er sich ziemlich harmlos: »#Kanzlerin reist Anfang Juni zu offiziellem Besuch nach Washington zu Gesprächen mit Präs. #Obama und Verleihung der Medal of Freedom.«[6] Trotzdem: Manche in der Bundespressekonferenz sind sauer an diesem Freitag. *Der Spiegel* wird später – ebenfalls spöttisch – von einem »Eklat« schreiben: Die Wut der Anwesenden sei weniger auf Seiberts Aktivitäten als vielmehr auf die eigene Inkompetenz in Sachen soziale Medien zurückzuführen.[7]

18 Minuten lang muss Steegmans bohrende Fragen beantworten. Es geht vor allem darum, welches Medium nun relevant ist für die Vertreter:innen der Hauptstadtpresse; wo sie Informationen als Erste erhalten – und als Mittelsleute dann weitergeben. Neben der tatsächlich bis heute immer wieder aufgeworfenen Frage, welche Rolle den klassischen Medien zukommt, wenn sie umgangen werden können durch Social Media, spielt hier auch Kränkung eine Rolle. Nicht nur, weil man sich seiner Position

und Funktion beraubt sieht, sondern sich zum Teil auch outen muss als nicht allzu versiert: »Hat Herr Seibert das gemacht, weil er ein junger tougher Typ sein will?«, fragt ein Journalist. [8]

Diese und andere Spitzen scheinen Steffen Seibert nicht weiter angefochten zu haben. Er ist immer noch dabei, und inzwischen gehört Twitter auch in der deutschen Politik zum Alltag. Wir Journalist:innen haben uns zwangsläufig daran gewöhnt. Die meisten von uns jedenfalls – doch dazu später mehr.

Im Februar 2019 lag der Anteil twitternder Bundestagsabgeordneter bereits bei 77 %, nach einem Wert von 64 % zu Beginn der Legislaturperiode zwei Jahre zuvor. Führend war dabei die FDP-Fraktion mit einem Twitter:innen-Anteil von 95 %. Darauf folgten die Grünen, aus deren Fraktion 94 % der Mitglieder einen Twitter-Account besaßen. Platz drei ging an die AfD (92 %), gefolgt von der Linken (87 %), dann die SPD mit 80 % Twitter-Anteil, gefolgt von der CSU-Fraktion mit einer Twitter-Quote von 61 %. Schlusslicht: die CDU mit 54 %.[9]

Auch die Bundesminister:innen twittern in der Mehrzahl, und einige haben sich im Laufe der Zeit eine beachtliche Follower:innenzahl erarbeitet: Außenminister Heiko Maas (423.650) ist dabei, Bundeswirtschaftsminister Peter Altmaier (285.050), Bundesgesundheitsminister Jens Spahn (201.809), Verteidigungsministerin Annegret Kramp-Karrenbauer (117.737), Bundesfinanzminister Olaf Scholz (105.426), Bundesarbeitsminister Hubertus Heil (82.652), Bundeslandwirtschaftsministerin Julia Klöckner (71.697), Bundesverkehrsminister Andreas Scheuer

(59.042), Kanzleramtsminister Helge Braun (24.556), Bundesumweltministerin Svenja Schulze (20.900), Bundesforschungsministerin Anja Karliczek (11.320).[10] Es twittern nicht: Bundesinnenminister Horst Seehofer, Bundesfamilienministerin Franziska Giffey, Bundesentwicklungsminister Gerd Müller und die Kanzlerin.

Angela Merkel hat sich bei Twitter nie angemeldet, dafür aber bei Facebook. Ende Januar 2019 löschte sie ihr Konto dort jedoch wieder, zu der Zeit folgten ihr mehr als 2,5 Millionen Menschen. Dafür ist sie bei Instagram vertreten, wo ihr inzwischen – Stand 25. November 2020 – immerhin 1,5 Millionen Leute folgen.

Die Abkehr von Facebook hat Merkel mit mehreren Politiker:innen gemeinsam, unter anderem mit Sachsen-Anhalts Ministerpräsidenten Reiner Haseloff. Während bei Merkel gerätselt wurde, warum sie Facebook verlassen hat – die offizielle Begründung in einem Video, das sie auf ihrer Facebook-Seite veröffentlichte und das nun logischerweise nicht mehr existiert: Sie sei keine CDU-Vorsitzende mehr[11], fanden viele nicht überzeugend –, nicht aber Instagram, ließ Haseloff keinen Zweifel für seine Beweggründe: »Mein persönlicher Aufwand für eine sinnvolle Pflege einschließlich Kontrolle von beleidigenden und rechtswidrigen Inhalten stand für eine eigene Plattform nicht mehr im Verhältnis zum Nutzen«, begründete er seinen Schritt.[12]

Kein Einzelfall. Dass der teilweise brutale Ton in den sozialen Netzen auch für Politiker:innen zum Alltag gehört, belegt eine Umfrage unter 217 Bundes- und Landtagsabgeordneten aus dem Frühjahr 2019: »97,5 Prozent der teilnehmenden Abgeordneten haben schon persönliche Anfeindungen erhalten, jeder vierte sogar viele bis sehr viele (25,3 %). Sich im Netz ohne Anfeindungen, Hass und Hetze zu bewegen, scheint für die meisten Politiker heute nicht mehr möglich.«[13]

2019 erarbeitete das Bundeskriminalamt ein vertrauliches Papier mit dem Titel »Politisch motivierte Kriminalität – rechts – und Hasskriminalität«, aus dem die *Zeit* zitierte: »Erleichtert und beschleunigt durch soziale Medien und das Internet allgemein besteht die Gefahr der Entwicklung eines gesellschaftlichen Klimas, in dem radikale Einstellungen, Hetze oder gar Befürwortung von Gewalt als zunehmend hinnehmbar oder gar mehrheitsfähig erscheinen.« Und weiter: »Das Internet ist inzwischen die zentrale Diskussions- und Mobilisierungsplattform für Rechtsextremisten.«[14]

Die Hamburger Wissenschaftler Maik Fielitz und Holger Marcks, Autoren des Buchs *Digitaler Faschismus,* erklären dieses Phänomen so: »Die Beschleunigung, Personalisierung und Emotionalisierung der öffentlichen Kommunikation spielt den Rechten in die Tasten. Drama und Provokation, die Klicks versprechenden Inhalte, werden in sozialen Medien algorithmisch gefördert. Rechtsextreme Akteure erstellen damit eine wirkungsvolle Collage der Realität, die zu ihren Erzählungen passt. So beschwören sie etwa bürgerkriegsähnliche Zustände in Deutschland, obwohl die Statistik der Kapitalverbrechen das nicht hergibt.«[15]

Das Herzstück der Versuche der deutschen Politik, des Hasses Herr zu werden und endlich die Plattformen beim

Bemühen in die Pflicht zu nehmen, ihn aus den sozialen Medien wenn nicht zu tilgen, dann ihn dort doch wenigstens zu reduzieren, ist das Netzwerkdurchsetzungsgesetz, auch »Facebook-Gesetz« genannt. Denn dort breitete sich der Hass am schnellsten und extremsten aus.

Das Netzwerkdurchsetzungsgesetz

Bereits seit 2007 sind die sozialen Plattformen durch das Telemediengesetz dazu verpflichtet, strafbare Inhalte zu löschen. Nur: Nirgendwo im Gesetz ist die Rede von einer permanenten und systematischen Überprüfung der Inhalte: »Diensteanbieter [...] sind nicht verpflichtet, die von ihnen übermittelten oder gespeicherten Informationen zu überwachen oder nach Umständen zu forschen, die auf eine rechtswidrige Tätigkeit hinweisen.«[16] Das heißt erstens: Facebook und andere übernehmen die Rolle von Richter:innen und entscheiden, was ihrer Ansicht nach potenziell illegal sein könnte, und löschen dies. Das aber auch nur, zweitens, sollte ihnen auffallen, dass so etwas auf ihren Seiten existiert, etwa durch Hinweise von Nutzer:innen. Eine weitere problematische Passage im Telemediengesetz: »Auf Anordnung der zuständigen Stellen darf der Diensteanbieter im Einzelfall Auskunft über Bestandsdaten erteilen, soweit dies für Zwecke der Strafverfolgung, zur Gefahrenabwehr durch die Polizeibehörden der Länder, zur Erfüllung der gesetzlichen Aufgaben der Verfassungsschutzbehörden des Bundes und der Länder, des Bundesnachrichtendienstes oder des Militärischen

Abschirmdienstes oder zur Durchsetzung der Rechte am geistigen Eigentum erforderlich ist.«[17] Der Diensteanbieter *darf* Auskunft über Daten erteilen. Er *muss* es nicht. Das soll sich in Zukunft jedoch ändern: Deutsche Gerichte sollen, so sieht es die Reform des NetzDG vor, die Anbieter dazu künftig verpflichten können.[18]

Im Laufe der Jahre wurde deutlich: Diese Regeln sind nicht scharf genug, der Hass bahnt sich seinen Weg durch das Netz und die sozialen Netzwerke. 2017 nahm sich die deutsche Politik der Problematik erneut an. Das »Gesetz zur Verbesserung der Rechtsdurchsetzung in sozialen Netzwerken – Netzwerkdurchsetzungsgesetz«, kurz: NetzDG – geht zurück auf den damaligen Bundesjustizminister Heiko Maas (SPD). 2017 beschlossen, trat es im Januar 2018 nach einer Übergangsphase vollständig in Kraft. Das NetzDG verpflichtet Internetplattformen mit mindestens zwei Millionen User:innen dazu, gegen Hass vorzugehen. »Offensichtlich rechtswidrige« Inhalte, wie es im Gesetzestext heißt, sollen innerhalb von 24 Stunden nach Eingang einer Beschwerde gelöscht werden, »rechtswidrige« innerhalb einer Woche.

Für Nutzer:innen existieren nun zwei mögliche Meldeformen. Sie können etwas melden, was ihrer Meinung nach gegen die sogenannten »Community-Standards« verstößt, also gegen die von den Netzwerken eigenständig definierten Richtlinien. Oder aber (dank des NetzDG) das, was ihrer Ansicht nach gesetzeswidrig ist.

Ganz praktisch sieht das so aus: Will ich einen Inhalt auf Facebook melden, klicke ich ihn an und wähle die Option »Beitrag melden«. Im nächsten Fenster erscheinen mehrere Optionen, die ich anklicken kann, unter anderem »Nacktheit«, »Falschmeldung« oder auch »Hassrede«. Klicke ich »Hassrede« an, erscheinen wieder mehrere Optionen: »Ethnische Zugehörigkeit«, »Nationale Herkunft«, »Religionszugehörigkeit«, »Kaste«, »Sexuelle Orientierung«, »Geschlecht oder Geschlechtsidentität«, »Behinderung oder Krankheit« oder »Etwas anderes«. Wähle ich beispielsweise »Ethnische Zugehörigkeit«, kann ich auf »Weiter« klicken, und es erscheint ein neues Fenster. Dieses sagt mir: »Gib bitte, bevor du diesen Beitrag meldest, an, ob er gegen unsere Gemeinschaftsstandards zu Hassrede verstößt. Wir entfernen nur Inhalte, die Personen basierend auf geschützten Merkmalen direkt angreifen. Zu direkten Angriffen zählt Folgendes: Gewalttätige und menschenverachtende Sprache, z. B. das Vergleichen aller Personen einer bestimmten ethnischen Herkunft mit Insekten oder Tieren, Aussagen zu Minderwertigkeit, Verachtung oder Abscheu, z. B. Aussagen, dass alle Personen eines bestimmten Geschlechts verabscheuend sind, Aufrufe zu Ausgrenzung und Diskriminierung, z. B. Aussagen, dass es Personen, die einer bestimmten Religion angehören, nicht erlaubt sein sollte, wählen zu gehen.« Nun habe ich zwei Möglichkeiten: Entweder klicke ich »Ich weiß es nicht, ich würde gern andere Schritte sehen, die ich unternehmen kann« an oder aber »Ja, ich möchte mit dieser Meldung fortfahren«.

Entscheide ich mich für Option Nummer eins, nach der ich es nicht weiß und andere Schritte aufgezeigt bekommen möchte, erscheint ein Fenster, das mir vorschlägt, die Person hinter dem Post zu blockieren, sodass wir einander nicht mehr »sehen« können, das heißt unsere Beiträge, und auch nicht mehr kontaktieren. Ich kann der Person aber auch einfach nicht mehr folgen. In dem Fall bleiben wir auf Facebook zwar befreundet, ich bekomme aber ihre Beiträge nicht mehr angezeigt. Oder aber ich »entfreunde« den Menschen. Dann können wir einander noch kontaktieren, unsere Beiträge aber nicht mehr sehen.

Klicke ich hingegen auf »Ja, ich möchte mit dieser Meldung fortfahren«, werde ich im darauf erscheinenden Fenster darüber informiert, dass Facebook den Bericht erhalten hat und nun prüft. Sobald eine Entscheidung getroffen sei, werde man mich benachrichtigen. Bei Twitter und Instagram läuft es nach einem ähnlichen Prozedere.

Nun also hat Facebook Zeit, sich meine Meldung anzusehen und darüber zu entscheiden, ob es sich beim von mir beanstandeten Inhalt um einen Verstoß gegen die Gemeinschaftsregeln oder gegen deutsche Gesetze handelt. Bei Letzterem ist es vom deutschen Gesetzgeber verpflichtet, den Post zu löschen.

Darunter fallen die Straftatbestände »Verbreiten von Propagandamitteln verfassungswidriger Organe«, »Verwenden von Kennzeichen verfassungswidriger Organe«, »Vorbereitung einer schweren staatsgefährdenden Straftat«, »Anleitung zur Begehung einer schweren staatsgefährdenden Straftat«, »Landesverräterische Fälschung«, »Öffentliche Aufforderung zu Straftaten«, »Störung des öffentlichen Friedens durch Androhung von Straftaten«, »Bildung krimineller Vereinigungen«, »Bildung terroristischer Vereinigungen«, »Kriminelle und terroristische

Vereinigungen im Ausland; Einziehung«, »Volksverhetzung«, »Gewaltdarstellung«, »Belohnung und Billigung von Straftaten«, »Beschimpfung von Bekenntnissen, Religionsgesellschaften und Weltanschauungsvereinigungen«, »Verbreitung, Erwerb und Besitz kinderpornographischer Schriften« in Verbindung mit »Zugänglichmachen pornographischer Inhalte mittels Rundfunk oder Telemedien; Abruf kinder- und jugendpornographischer Inhalte mittels Telemedien«, »Beleidigung«, »Üble Nachrede«, »Verleumdung«, »Verletzung des höchstpersönlichen Lebensbereichs durch Bildaufnahmen«, »Bedrohung« sowie die »Fälschung beweiserheblicher Daten«.

Die Plattformen müssen jedes halbe Jahr einen Transparenzbericht vorlegen, aus dem hervorgeht, wie viele Beschwerden nach dem NetzDG bei ihnen eingegangen sind. Also nicht Meldungen, die gegen die Gemeinschaftsstandards verstoßen, sondern eben gegen die oben genannten Gesetze.

Verstößt ein Netzwerk gegen diese Regelung, löscht es also einen solchen Beitrag nicht binnen der Fristen oder versperrt den Zugang dazu, oder aber kommt es der Transparenzpflicht nicht nach, alle sechs Monate unter anderem die Zahl der Beschwerden, deren Inhalt und den Umgang damit offenzulegen, drohen Bußgelder von bis zu fünf Millionen Euro.[19]

Über das NetzDG wurde, wie erwähnt, schon während seiner Entstehungsphase heftig diskutiert. Zwar erkennen auch Kritiker:innen durchaus den Versuch an, Hass und Hetze ernsthaft zu bekämpfen und dabei auch die Internetriesen in die Pflicht zu nehmen. Im Prinzip richtig, so der Tenor der Kritik, in den Details aber höchst problematisch. Der Deutsche Journalistenverband kritisierte unter anderem die Praxis, dass die Prüfung der gemeldeten Inhalte den sozialen Netzwerken vorbehalten bleibt: »Das NetzDG schiebt die Macht über das Grundrecht der Presse- und Meinungsfreiheit an Privatunternehmen wie Twitter und Facebook ab«[20], hieß es in einer Pressemitteilung direkt eine Woche nach Inkrafttreten des NetzDG. Anlass war ein Tweet des Satiremagazins *Titanic*, den Twitter nicht als Satire erkannt hatte.

Am Silvesterabend 2017 twitterte die Kölner Polizei Informationen zum Silvesterabend auch in arabischer Sprache. Daraufhin reagierte die damalige Berliner Landesvorsitzende der AfD, Beatrix von Storch, mit einem Tweet in Anspielung auf die Vorkommnisse in Köln zwei Jahre zuvor. Damals hatte es in der Silvesternacht vor allem im Bereich um den Kölner Dom und den Kölner Hauptbahnhof zahlreiche sexuelle Übergriffe auf junge Frauen gegeben, maßgeblich vonseiten junger nordafrikanischer Männer.

Am Neujahrstag 2018 nahm von Storch den Tweet der Polizei zum Anlass, noch einmal auf diese Nacht hinzuweisen, und twitterte: »Was zur Hölle ist in diesem Land los? Wieso twittert eine offizielle Polizeiseite aus NRW auf Arabisch? Meinen Sie, die barbarischen, muslimischen, gruppenvergewaltigenden Männerhorden so zu besänftigen?« Daraufhin sperrte Twitter ihr Konto vorübergehend. Wenig später allerdings auch das der Zeitschrift *Titanic*: Nach Angaben des Satiremagazins stand in dem Tweet, der die Sperrung auslöste: »Wisst Ihr, was Twitter auf Arabisch heisst, liebe @polizei_nrw_k? Ja? Pfui! Ich weiß es nicht – denn das letzte, was ich haben will, sind besänftigte barbarische, muslimische, gruppenvergewaltigende Männerhorden! (bvs).«

Entweder hatte ein:e Moderator:in bei Twitter die Satire nicht erkannt oder die Künstliche Intelligenz, die dort wie bei allen sozialen Netzwerken zunehmend bei der Sichtung von Inhalten eingesetzt wird. Der Journalistenverband sah seine bereits im Vorfeld geäußerten Bedenken bestätigt, das NetzDG könne die Meinungsfreiheit gefährden. Diese Sorge wächst nun mit Blick auf die ersten autoritären Regime, die das NetzDG in Ansätzen bereits übernommen haben, unter ihnen die Philippinen, Belarus und Russland. Staaten, die schon vor 2018 mit »drakonischen Restriktionen« gegen die Redefreiheit im Netz vorgegangen seien. Das NetzDG habe ihnen nun »sowohl die Rechtfertigung als auch das Grundmodell für rasches und entschlossenes Handeln geliefert«, schreiben die Autorinnen der 2019 veröffentlichten Analyse *The Digital Berlin Wall: How Germany (Accidentally) Created a Prototype for Global Online Censorship* – übersetzt: *Die digitale Berliner Mauer: Wie Deutschland (aus Versehen) einen Prototypen für globale Onlinezensur schuf*.[21]

Privatwirtschaftliche Unternehmen werden zu Richter:innen – und dabei nicht von echten Richter:innen kontrolliert. Das heißt: Die Unternehmen, die man mit einem Gesetz an die Kandare nehmen und dazu zwingen will, ihrer Verantwortung nachzukommen und gegen Hass, Hetze und Extremismus vorzugehen, sollen beurteilen, was unter diese Kategorien fällt, und dann handeln. Sie kontrollieren sich also de facto selbst. Die Wissenschaftler:innen Carolina Ferro und Ben Wagner nennen diese Regelung in ihrer Studie im Auftrag der Bertelsmann Stiftung zu der Frage, wie die Politik in Europa die Digitalisierung handhabt, ein »regulatory paradox« – ein regulatorisches Paradoxon[22].

Ein weiteres Problem, vor dem neben dem Deutschen Journalistenverband auch *Reporter ohne Grenzen* gewarnt hatten: das sogenannte Overblocking. Aus Sorge vor den hohen Bußgeldern, die drohen, falls nicht schnell und nicht radikal genug gelöscht wird, würden die Plattformen lieber zu viel als zu wenig löschen. Diese Gefahr sah die Journalist:innenorganisation ein halbes Jahr nach Inkrafttreten des Gesetzes bestätigt, als die Plattformen die ersten Transparenzberichte vorlegten.[23]

Das grundlegendste Problem aber nennt der Kölner Staatsanwalt Christoph Hebbecker, der sich ausschließlich mit Hassrede im Netz beschäftigt. Überspitzt gesagt brauchte es seine Stelle gar nicht, würde das NetzDG lückenlos funktionieren – was man ja, um fair zu bleiben, von keinem Gesetz auf dieser Welt behaupten kann.

Hebbecker ist die Anlaufstelle für Strafanzeigen nach dem NetzDG, wenn es Beschwerden über die unterlassene Löschung von Posts gibt. Das kommt seiner persönlichen Auffassung und dem Motiv dafür, seine Arbeitsstelle zu schaffen, sehr entgegen. Schließlich wurde sie, wie im zweiten Kapitel schon erwähnt, eben gerade geschaffen, damit Hasspostings nicht lediglich gelöscht werden, sondern auch strafrechtlich verfolgt. Viele Vertreter:innen von Medienaufsicht, Medienhäusern und Strafverfolgungsbehörden halten den Ansatz des NetzDG für nicht ausreichend. So auch Hebbecker: »Es wird viel übers Löschen in dem Gesetz geredet, das Thema Strafverfolgung findet aber nur an untergeordneter Stelle statt. Wenn man das Problem angehen möchte, stellt man eben sehr, sehr schnell fest, dass das Ganze eine strafrechtliche Komponente hat. Da ist Löschen sicherlich ein guter Ansatz, aber das Verfolgen sollte man da nicht völlig außen vor lassen.«

Es gebe zudem, fügt er an, eine Begleiterscheinung des NetzDG, das die Schieflage im Verhältnis zwischen den Plattformen und der Politik auf spektakuläre Weise verdeutliche: Beim Verdacht einer Straftat stellen Strafverfolger:innen bei den Tech-Riesen eine Anfrage und bitten um die Herausgabe von Nutzer:innendaten. Dieses Prozedere ist von Plattform zu Plattform unterschiedlich und nicht immer ganz unkompliziert. Um den Ermittelnden ihre Arbeit zu erleichtern, werden sie geschult – und zwar von Mitarbeiter:innen der Plattformen. Hebbecker findet das kurios: »Es müssen doch wir als Strafverfolgungsbehörden sein, die vorgeben, wie so was aussieht. Es kann doch nicht sein, dass uns amerikanische Großkonzerne hier vorschreiben, wie deutsche Staatsanwälte und Richter unsere Anfragen zu formulieren haben, damit wir Daten bekommen. Das kann nicht richtig sein. Das müsste so sein: Ich frage an – und die müssen lernen, mit meiner Anfrage umzugehen. Und wenn sie dieser Anfrage nicht nachkommen, dann muss ich die nötigenfalls zwangsweise durchsetzen können. Und das kann ich nicht.«

Unglücklich ist das Signal, das vom NetzDG ausgeht: Wer die Löschung von Strafrelevantem der – zugegeben: manchmal komplizierten und aufwendigen – Ahndung und Verurteilung der Täter:innen vorzieht, räumt bereits vor dem Versuch das Scheitern ein. Das NetzDG ist die in Gesetzesform gegossene Hilflosigkeit der deutschen Politik.

Wie viel weiterhin durchrutscht, wie viel falsch eingeschätzt wird, ist schwer zu sagen. Facebook-Mitarbeiter:innen, mit denen ich vertrauliche Gespräche führen konnte, schätzen, man mache in zehn Fällen weiterhin neun Fehler. Zudem lieferten die im NetzDG vorgeschriebenen halbjährlichen Berichte nicht immer das, was man sich von ihnen erhofft: eine transparente Übersicht darüber, wie groß der Schaden eigentlich ist.

Von User:innen gemeldete Inhalte bei Facebook zum Beispiel werden erst mal darauf überprüft, ob sie gegen die Gemeinschaftsstandards verstoßen – also Regeln, die Facebook selbst definiert hat. Verstoßen sie dagegen, werden sie gelöscht – auf intransparente Weise; und eine Überprüfung nach dem NetzDG findet dann gar nicht mehr statt. Ein geschickter Schachzug, will man die Statistik schöner erscheinen lassen: Darin tauchen diese Fälle nicht auf. So wirkt Facebook nicht ganz so durchdrungen vom Gift, das bis in unser aller Alltag durchsickert. Zum Vergleich: Im ersten Transparenzbericht schrieb Facebook, dass Nutzer:innen in den ersten sechs Monaten des Jahres 1.704 Inhalte nach dem NetzDG gemeldet hatten. YouTube meldete für denselben Zeitraum mehr als 215.000 Meldungen nach dem NetzDG. Das in Deutschland weit weniger genutzte Twitter meldete sogar rund 260.000 Meldungen nach dem NetzDG. Das zuständige Bundesamt für Justiz prüfte die Berichte – und kam zu dem Schluss, dass Facebook gegen das NetzDG verstoßen hatte: Dadurch, dass die User:innen auf den alternativen Beschwerdepfad gelenkt würden und umständlich suchen müssten, um Verstöße zu melden, die ihrer Ansicht nach gegen das NetzDG verstießen, entstehe ein verzerrtes Bild über das Ausmaß der rechtswidrigen Inhalte und über die Art und Weise, wie das soziale Netzwerk mit ihnen umgehe.[24] Das Bundesamt verhängte deshalb im Juli 2019 ein Bußgeld von zwei Millionen Euro, gegen das Facebook sich wehrt und das noch nicht rechtskräftig ist, so Stand Dezember 2020. Diese Summe ist die höchste bisher verhängte. Sollte Facebook zahlen müssen, wären es jedoch nur Peanuts für das Unternehmen.

Insgesamt erweist sich die Zusammenarbeit mit den Plattformen als kompliziert. Rund 1300 Bußgeldverfahren verhängte das Bundesamt für Justiz in den ersten beiden Jahren nach Inkrafttreten des NetzDG. Dabei ging es oft um die Meldewege für Beschwerden, aber auch um die Kooperation mit Behörden, wenn sie die Herausgabe von Daten forderten. Erwartet hatte die Regierung etwas weniger, nämlich 500 Bußgeldbescheide pro Jahr.[25]

Nicht beziffern lässt sich naturgemäß, wie viele User:innen sich wegen des Gesetzes zurückhalten. Es ist schwierig zu sagen, wie viel Hass ohne das NetzDG zusätzlich auf den Plattformen zu finden wäre. Klar ist aber: Die Bundesregierung, immer noch die GroKo, sah bereits nach kurzer Zeit Nachbesserungsbedarf. Schon im Herbst 2019 schlug sie Änderungen am NetzDG vor. Anlass: der antisemitische Anschlag auf eine Synagoge in Halle an der Saale und der Mord an Walter Lübcke.

NetzDG – nächster Versuch

Halle an der Saale, 9. Oktober 2019. Es ist Jom Kippur, der höchste jüdische Feiertag. In der örtlichen Synagoge im Paulusviertel sind aus diesem besonderen Anlass an diesem Mittwochmittag mehr als 50 Menschen zum Gebet zusammengekommen. Um 11.54 Uhr stellt ein Mann sein Auto auf einem Parkplatz ab. Mit im Wagen: vier Schusswaffen, Sprengstoff und ein Smartphone. Er startet dessen Kamera, befestigt es an einem Helm, setzt ihn auf und fährt weiter zur Synagoge. Die folgenden Minuten wird er live ins Netz streamen – das Verbrechen, das er nun vorhat, hat er zuvor dort angekündigt. Er steigt aus, läuft zu dem Gotteshaus und versucht, hineinzugelangen. Vergeblich: Die Tür hält stand. Ehe der Mann später festgenommen wird, erschießt er auf der Straße eine Passantin und in einem Dönerimbiss einen Mann.[26]

Die Ankündigung im Netz, der Livestream – beides weist Parallelen zum Terroranschlag im Frühjahr 2019 auf zwei Moscheen im neuseeländischen Christchurch auf: Auch dieser Täter hat seine Tat vorher im Netz angekündigt und sie anschließend live gestreamt auf Facebook. Eine weitere Gemeinsamkeit: Auch der Attentäter von Halle stellt sich als Rechtsextremist heraus. Ebenso wie der Mörder von Walter Lübcke.

Bereits nach dem Mord an dem Kasseler Regierungspräsidenten hatte die Bundesregierung Maßnahmen
angekündigt: Es gebe Nachholbedarf in der Bekämpfung von Rechtsextremismus, sagte Bundesinnenminister Horst Seehofer kurz darauf, und die Statistiken geben
ihm recht: Laut Polizei erreicht die Zahl rechtsmotivier-
ter Straftaten 2016 einen neuen Höhepunkt.[27] In den beiden Jahren darauf verharren sie auf einem niedrigeren
Niveau – das aber höher war als vor 2016 – und steigen
2019 wieder.[28]

Inzwischen hat sich das Netz dermaßen deutlich als
Brandbeschleuniger entpuppt, dass dort verübte Hassverbrechen vom BKA erfasst werden. So sind der Statistik zufolge »73 Prozent der Hasspostings dem Phänomenbereich
PMK [politisch motivierte Kriminalität] – rechts – zuzuordnen.« Und weiter: »Das Internet dient der rechten
Szene u. a. als Echokammer, die die Verbreitung von entsprechenden Inhalten erheblich vereinfacht und als Plattform für grenzüberschreitende Kommunikation und Vernetzung dient. Als Tatmittel kommt dem Internet und
seinen virtuellen Kontaktmöglichkeiten in sozialen Netzwerken und rechten Foren eine hohe Bedeutung für Propaganda, Radikalisierungsprozesse, Rekrutierung und Mobilisierung zu.«[29]

Dass die Zahlen 2016 hochgehen, ist kein Zufall – seit
Beginn der sogenannten Flüchtlingskrise im Jahr zuvor
hat sich die deutsche Gesellschaft polarisiert.

Sommer 2015. Syrien befindet sich im Krieg, ein Ende ist
nicht in Sicht. Zehntausende fliehen vor Bomben und Gift-

gasangriffen. Flüchtlingsunterkünfte im Libanon und in Jordanien füllen sich. Immer mehr Menschen machen sich auf. Das Ziel: die Europäische Union. Ihre Route führt sie über das Mittelmeer, die meisten erreichen die EU via Griechenland. Dort treffen sie auf ebenfalls flüchtende Iraker:innen und Afghan:innen. Die wenigsten wollen dort bleiben, denn das griechische Asylverfahren gilt bereits vor dem harten Sparkurs, das dem unter der Eurokrise ächzenden Land auferlegt worden ist, als miserabel, Griechenland hat mit sich selbst genug zu tun. Laut der Dublin-Verordnung steht aber der erste EU-Staat, den Flüchtende erreichen, in der Verantwortung. Durch ihre geografische Lage sind es vor allem Italien, Spanien und eben Griechenland. Laut Dublin haben EU-Länder das Recht, Asylsuchende zurückzuschicken in das Land, in dem sie erstmals in der EU registriert wurden. Die Verhältnisse in Griechenland sind aber dermaßen schlecht, dass diese Praxis seit 2011 ausgesetzt ist.[30]

Die überwiegende Mehrheit der Menschen zieht also weiter, über die sogenannte Balkanroute: via Mazedonien und Serbien in Richtung Deutschland. Dort schließen sich weitere Menschen an, Mazedonier:innen, Albaner:innen, Kosovar:innen und Montenegriner:innen. Der Weg führt auch über Ungarn. Hier will man diese Menschen nicht haben. Man sei ein christliches Land, sagt Präsident Victor Orbán immer wieder, kein muslimisches. Orbán lässt einen Zaun an der Grenze zu Serbien errichten. Niemand soll mehr kommen.

Währenddessen zeigen sich viele Deutsche solidarisch. Sie organisieren Kleiderspenden, verbringen Stunden in

Turnhallen, um Essen auszugeben, organisieren privaten Deutschunterricht, helfen bei der Registrierung und Unterbringung. Aber es gibt auch Kritik; Nachfragen, ob Deutschland wirklich so viele Menschen aufnehmen und vor allem langfristig integrieren kann. Und es gibt allein im ersten Halbjahr 2015, so das Bundesinnenministerium, 200 Angriffe auf Flüchtlingsunterkünfte – so viele wie im gesamten Vorjahr. *Die Zeit* titelt »Es brennt in Deutschland«.[31]

Auf ihrer alljährlichen Sommerpressekonferenz am 31. August sagt Angela Merkel an die Adresse der Zweifler:innen und Kritiker:innen ihrer Flüchtlingspolitik den schon heute legendären Satz: »Wir schaffen das.« Das mediale Echo darauf spiegelt den Stand der Debatte in Deutschland wider: »Der Zaun, den Ungarn zu Serbien errichtet hat, ist [...] nicht der eiserne Vorhang, zu dem er gemacht wird, sondern allenfalls der Limes, der dazu dient, der Erstaufnahme Herr zu werden – und damit ein Symbol für die Frage an Deutschland: Wenn nicht einmal die Deutschen zurechtkommen, warum sollten dann wir? Solange die Deutschen darauf keine Antwort haben, wird es aus der EU heißen: Ihr schafft das, wir nicht«, zielt die *Frankfurter Allgemeine Zeitung* auf die offenen Fragen nach den kulturellen und ökonomischen Folgen der deutschen Hilfs- und Aufnahmebereitschaft.[32] Die *Bild* hingegen jubelt: »Endlich macht die Kanzlerin den Deutschen Mut!«[33]

Zwei Tage später geht das Foto von Aylan Kurdi um die Welt. Der dreijährige Junge liegt in der verdrehten Haltung, in der viele Kinder seines Alters schlafen, am Strand der türkischen Stadt Bodrum. Aber der Junge im roten T-Shirt mit der kurzen Hose und den dunklen Haaren schläft nicht. Das Meer hat ihn angespült. Der kleine Aylan, Syrer kurdischer Abstammung, ist bei einem Bootsunglück ertrunken, beim Versuch, von der Türkei aus in die EU zu gelangen.

Zu dieser Zeit sammeln sich Flüchtlinge und Migrant:innen in Ungarn. Trotz des Zauns an der ungarisch-serbischen Grenze kommen jeden Tag neue dazu. Zehntausende sitzen fest, die Unterkünfte sind überfüllt, die Bedingungen schlecht. Am Bahnhof von Budapest treffen immer mehr Menschen ein, unter furchtbaren Bedingungen: Mütter, Babys sind darunter, sie sitzen auf Steinfliesen, haben kaum zu essen oder zu trinken, von Hygiene ganz zu schweigen, werden von Freiwilligen versorgt, die die Situation kaum aushalten. Ein Korrespondent der *Deutschen Welle* schreibt von dort: »Der Bahnhofsplatz ist zu einem weiteren Symbol der dysfunktionalen europäischen Flüchtlingspolitik und der Herzlosigkeit mancher europäischer Länder gegenüber Fremden geworden. Aber die Mauer des Keleti-Bahnhofes – da sind wir uns sicher – ist nur ein weiteres Hindernis, das diese Menschen auf ihrem Weg nach Deutschland früher oder später auch noch überwinden werden. Vielleicht das letzte.«[34] Irgendwann winken die ungarischen Beamten die Menschen einfach durch, lassen sie Züge besteigen und weiterreisen.

Am Abend des 4. September informiert der österreichische Kanzler Werner Faymann seine deutsche Amtskollegin: Flüchtlinge seien auf dem Weg zur Grenze. Die Kanzlerin entschließt sich, diese nicht zu schließen, sondern die Menschen hineinzulassen, ohne Kontrollen, ohne

Registrierung. Dafür wird sie in den folgenden Jahren viel Anerkennung ernten, aber auch viel Kritik bis hin zu offenem Hass.

Diese angebliche »Grenzöffnung« spielt bis heute eine zentrale Rolle in der Politik der AfD. Der damalige Vorsitzende Alexander Gauland, dessen Partei 2015 kurz vor dem Ende steht, nämlich in Umfragen in der politischen Todeszone bei vier Prozent[35], wird die Ereignisse des Sommers in einem Interview mit dem *Spiegel* im Dezember 2015 als »Geschenk« bezeichnen und sagen: »Natürlich verdanken wir unseren Wiederaufstieg in erster Linie der Flüchtlingskrise.«[36] Die AfD setzt von nun an auf das Thema, ihre Umfragewerte steigen, und sie wird bei Landtagswahlen in manchen ostdeutschen Ländern sogar zur ernsthaften Gefahr für die etablierten Parteien.

Der Kölner Sonderermittler Christoph Hebbecker nennt das Flüchtlingsthema eine Zäsur in den sozialen Netzwerken: Der Ton habe sich seit damals spürbar verschärft. »Der Mord an Walter Lübcke hat mich zwar entsetzt – überrascht aber nicht.«

Vielerorts ist nach dem Tod Lübckes im Juni 2019 von einem »Weckruf« die Rede; nach der Tat von Halle vier Monate später zieht die Politik dann Konsequenzen: Am 30. Oktober 2019 stellen Bundesinnenminister Horst Seehofer, Bundesjustizministerin Christine Lambrecht und Bundesfamilienministerin Franziska Giffey einen Entwurf für die »Bekämpfung des Rechtsextremismus und der Hasskriminalität« vor. Darin enthalten: geplante Änderungen am NetzDG und eine klare Bezugnahme auf die beiden Taten: »In der derzeitigen Kommunikations- und Diskussionskultur im Netz ist nicht selten ein vergifteter und hasserfüllter Ton festzustellen, der wiederum andere Nutzer davon abhält, ihre Meinung frei und offen zu äußern aus Angst, Opfer von Anfeindungen oder Bedrohungen zu werden. Das große Potenzial von sozialen Netzwerken, eine breite Diskussion zu ermöglichen, kehrt sich damit ins Gegenteil um. Die große Breitenwirkung, die einer Anfeindung oder Bedrohung im Netz zukommt, verstärkt deren Wirkung und hat das Potenzial, nicht nur auf die Betroffenen selbst, sondern auch auf Dritte einschüchternd zu wirken. Ein anderes Risiko besteht darin, dass öffentlich ausgesprochene Drohungen dazu beitragen, dass die Hemmschwelle zur Tatausführung beim Verfasser des Inhalts oder bei Dritten, die die Drohung wahrnehmen, sinkt. Wie real dieses Risiko ist, zeigen in der Bundesrepublik Deutschland die Ermordung des Kasseler Regierungspräsidenten Walter Lübcke sowie die Ermordung zweier Menschen im Rahmen des Attentats auf die Synagoge in Halle.«[37]

Die grundlegende Veränderung für das NetzDG durch das Gesetz zur Bekämpfung des Rechtsextremismus und der Hasskriminalität lässt sich auf eine Formel bringen: Melden statt Löschen. Die Plattformen sollen »verpflichtet werden, bestimmte strafbare Inhalte an das Bundeskriminalamt (BKA) zu melden, damit von dort aus die Strafverfolgung durch die zuständigen Strafverfolgungsbehörden veranlasst werden kann«.[38]

Das Bundeskriminalamt soll zur zentralen Prüfstelle umgebaut werden: Die Plattformen reichen, so der Plan, betreffende Posts dort ein. Gelangt man dann beim BKA ebenfalls zu der Einschätzung, es mit strafrechtlich relevanten Inhalten zu tun zu haben, wandern die einzelnen Fälle weiter an die zuständige Landespolizei. Dafür soll das BKA personell aufgestockt werden.

Der neuralgische Punkt im ursprünglichen NetzDG bleibt allerdings auch in der neuen Fassung bestehen: Weiterhin obliegt die Erstbewertung den Plattformen. Sie entscheiden, was an die Behörden weitergegeben wird. Ein weiteres, weitaus pragmatisches Argument gegen die geplante Neufassung des NetzDG: Es gibt zu wenig Personal in Staatsanwaltschaften und Gerichten. Aus Angst vor hohen Strafen, wenn sie ihrer Meldepflicht nicht ausreichend nachkommen, werden die Plattformen wohl eher mehr melden als weniger. Im Gesetzentwurf stehen 250.000 jährlich zu erwartende Fälle.[39] »Für Gerichte und Staatsanwaltschaften, die schon heute am Limit arbeiten, wird das neue Gesetz ein Kraftakt«, sagt der Bundesgeschäftsführer des Deutschen Richterbundes und fordert mehr Personal für die Justizbehörden.[40]

Parallel zum Gesetz zur Bekämpfung des Rechtsextremismus und der Hasskriminalität hat das Ministerium von Bundesjustizministerin Lambrecht eine Novelle des NetzDG erarbeitet. Die noch immer teilweise komplizierten Beschwerdeverfahren sollen vereinfacht werden, die Vergleichbarkeit von Transparenzberichten optimiert und sichergestellt, dass die Internetkonzerne die Identität der Urheber:innen von Hassbotschaften preisgeben, wenn Nutzer:innen wegen Bedrohungen oder Beleidigungen Anzeige erstatten. Und es soll für die User:innen einfacher werden, die Plattformen zur Wiederherstellung irrtümlich gelöschter Inhalte zu bringen.[41]

Es ist also etwas in Bewegung, es gibt sichtbare Bemühungen der politisch Handelnden, dem Hass und der Hetze im Netz etwas entgegenzusetzen. Doch die hier angeführten Punkte sowie die Tatsache, dass ein Gesetz wie das NetzDG nicht einmal zwei Jahre nach Inkrafttreten bereits reformiert wird, deuten an, wie schwer es der Politik fällt, den Hass einzudämmen. Expert:innen unterschiedlicher Fachrichtungen fällen teilweise vernichtende Urteile: In einer Studie im Auftrag der Bertelsmann Stiftung von 2020 resümieren die Autor:innen: »Akteuren des öffentlichen Sektors auf subnationaler, nationaler, internationaler und supranationaler Ebene fehlt es häufig an der Fähigkeit oder der Bereitschaft, bestehende Gesetze umzusetzen und somit sicherzustellen, dass die Regulierungen effektiv durchgeführt werden. Es besteht ein offensichtliches Defizit im Hinblick auf das Verständnis der Funktionsweise von Technologie, ein ständiges Unterschätzen des Umfangs und Ausmaßes des Problems.«[42]

Auch die *Reporter ohne Grenzen* schreiben der Politik keine allzu hohe Kompetenz zu. Ein Papier, in dem die Journalist:innenorganisation die Regulierung der Plattformen diskutiert, enthält folgenden Satz: »Voraussetzung dafür ist jedoch, diese Systeme genau zu verstehen – das drängendste Problem derzeit.«[43]

Nun verfassen Minister:innen Gesetze natürlich nicht selbst. Dennoch ist auch der persönliche Umgang und Zugang der Akteur:innen wichtig. Denn daraus wird deutlich, welchen Stellenwert Verantwortliche Twitter, Facebook und anderen einräumen. Das hat sowohl eine Signalwirkung in ihre berufliche Umgebung hinein als auch eine in die Gesellschaft. Deshalb soll der nächste Teil zeigen, wie sehr Parteien und Politiker:innen noch immer mit »diesen sozialen Medien« fremdeln. Denn auch wenn sie mitmischen, heißt das noch lange nicht, dass sie dies erfolgreich tun. Der Politikberater Martin Fuchs gehört zu den Autoren einer von der SPD-nahen Friedrich-Ebert-Stiftung in Auftrag gegebenen Studie, die die Social-Media-Aktivitäten der im Europäischen Parlament vertretenen Parteien vor der Europawahl 2019 auswertet. Eine eindeutige Aussage der Analyse: »Die Dialogfähigkeit der Parteien und Spitzenkandidat:innen war sehr unterschiedlich ausgeprägt. Die Potentiale des Dialoges im digitalen Raum sind bei weitem noch nicht ausgeschöpft«[44], dabei lebe Social Media davon: »Die Dialogfähigkeit gehört zu den wichtigsten Erfolgsfaktoren der Kommunikation auf Facebook.«[45]

Am schlechtesten schneiden in der Gesamtanalyse die Parteien der Großen Koalition ab: »Die vorliegende Studie zeigt deutlich, dass sich insbesondere die Volksparteien CDU, CSU und SPD im digitalen Wahlkampf zur Europawahl schwergetan haben mit der erfolgreichen Verbreitung ihrer Inhalte, dem Aufbau relevanter Communitys, der gezielten Ansprache und Mobilisierung konkreter Zielgruppen und dem Setzen von Themen auf die digitale Agenda.«[46] Also im Grunde allem, was es braucht.

Wenn aus David Goliath wird:
Rezo und die CDU

18. Mai 2019, ein Samstag, nur noch wenige Tage bis zur Europawahl. Ein junger, noch nicht mal 30-jähriger Youtuber namens Rezo lädt ein Video hoch.[47] Bis dato hat er zwar eine eingeschworene Internet-Fangemeinde, allerdings als Musiker und Unterhaltungskünstler. Der Clip aber, den er nun heute auf seinen Kanal stellt, ist hochpolitisch. Er beschäftigt sich mit Klimapolitik, dem transatlantischen Verhältnis, der Einkommensverteilung in Deutschland. Neuland für Rezo.

Zu den wenigen Regeln für erfolgreiche Videos gehört der Leitsatz »Du sollst nicht langweilen!«. Übersetzt ins Visuelle bedeutet das: optische Reize durch Abwechslung, schnelle Schnitte, gern ein Mix aus Elementen wie Grafiken und anderen Bildern – und all das am besten so kurz wie möglich. Rezos Video tritt all diese Kriterien mit Füßen: 55 Minuten ist es lang, angehängt ist ein 13-seitiges Quellenverzeichnis, und zu sehen ist zu 99 Prozent der Zeit lediglich der Autor. Man hört Musik, ab und zu wird ein Originalton eingeblendet, immer wieder tauchen Grafiken oder Texteinblendungen neben Rezos Kopf im Bild auf. Unter dem Cap, das er trägt, lugt eine schlumpfblaue Haarsträhne hervor. Der Youtuber sitzt an einem Schreibtisch, hinter ihm zwei Keyboards, ein Festnetztelefon – im iPhone-Zeitalter optisch das wohl Überraschendste – und drei Gitarren, an der Wand hängt ein Flipboard. Erstaunlich, dass sich der Webvideoproduzent nicht mehr für sein Publikum hat einfallen lassen. Inhaltlich und atmosphärisch hat Rezo jedoch einiges zu bieten: fast eine Stunde lang harte Kritik an allen Bundestagsparteien außer den Grünen und den Linken. Seine Vorwürfe: Lügen, Inkompetenz und eine Politik sozialer Ungerechtigkeit. Sein Vorgehen: wütend, polemisch und einseitig, aber informativ und unterfüttert von Statistiken und Videoausschnitten. Vor allem den Unionsparteien wirft er eine Mitschuld an der immer weiter auseinanderklaffenden Schere zwischen Arm und Reich vor, am Klimawandel. Und er kritisiert ihre bedingungslose Solidarität mit den USA in deren kriegerischen Auseinandersetzungen.

Mehr braucht es nicht, wird sich herausstellen, um ein mittleres politisches Erdbeben auszulösen. Das Video verbreitet sich wie ein Lauffeuer. Schon in den ersten Tagen wird es millionenfach angesehen. Es wird in Deutschland der meistgesehene YouTube-Clip des Jahres werden. Bis Dezember 2020 wird es 18 Millionen Klicks verzeichnet haben. Mit dieser Wucht löst dieses Video fast das aus, was es in der Überschrift trägt, nämlich »Die Zerstörung der CDU«. Bereits am Anfang führt Rezo aus, was er damit meint: »Das wird diesmal wirklich ein Zerstörungsvideo. Nicht, weil ich aktiv versuche, jemanden zu zerstören, sondern weil die Fakten und Tatsachen einfach dafür sprechen, dass die CDU sich selbst, ihren Ruf, und ihr Wahlergebnis damit selbst zerstört.«

Zerstört wird die CDU zwar nicht, aber gewaltig erschüttert – weniger wegen der präsentierten Fakten, sondern wegen der Art, wie sie mit dem Video umgeht. Vor den Augen einer wachsenden, interessierten, erstaunten und zum Teil fassungslosen Öffentlichkeit entfaltet sich eine

Tragikomödie in mehreren Akten und mit mehreren Protagonist:innen.

21. Mai. Das Rezo-Video verzeichnet nach drei Tagen bereits 1,5 Millionen Aufrufe und hält Einzug in die Berichterstattung der etablierten Medien. Die *Frankfurter Rundschau* schreibt von »Aufregung« bei der CDU[48], allerdings ohne weitere Details. Von dieser Aufregung dringt zunächst erst mal nichts nach außen. Das Konrad-Adenauer-Haus, die CDU-Parteizentrale, schweigt. Als die Abrufe weiter steigen, wechselt man die Strategie und schaltet auf Angriff.

22. Mai: Der CDU-Generalsekretär Paul Ziemiak spricht mit dem *Redaktionsnetzwerk Deutschland* und sagt: »Rezo verbreitet Falschbehauptungen.« Der Youtuber habe »keine Hemmungen, Dinge im Internet einfacher darzustellen, als sie tatsächlich sind«. Er habe »von seinem Recht auf freie Meinungsäußerung Gebrauch« gemacht. Journalismus aber sei das nicht.[49] Noch am selben Tag knackt das Video die Vier-Millionen-Marke, und die Anzeichen mehren sich, dass man es bei Ziemiaks Reaktion, die sich laut *Welt* »zwischen Verachtung und Ignoranz«[50] bewegt, nicht belassen will: Die CDU arbeite nun ihrerseits an einem Video, berichten Journalisten übereinstimmend auf Twitter[51], Mitwirkender solle der 26-jährige Bundestagsabgeordnete Philipp Amthor aus Mecklenburg-Vorpommern sein.

Paul Ziemiak hat das Amt als Generalsekretär zu diesem Zeitpunkt noch nicht lange inne; erst im Dezember ist er gewählt worden, ebenso seine Chefin, die Partei-vorsitzende Annegret Kramp-Karrenbauer. Neben dem üblicherweise in Parteien sehr sorgfältig zu berücksichtigenden Proporz von Geschlecht, Strömung und Landesverband habe für ihn gesprochen, so heißt es in der CDU, dass er die sozialen Medien beherrsche. Denn die braucht man, das weiß auch die Union, weil man dort die jungen Leute erreicht. Also die Wähler:innen von heute oder zumindest von morgen.

Ziemiak ist bei Amtsantritt Mitte dreißig. Seine Generation wuchs mit dem World Wide Web auf. Er nennt das Zauberwort »Digitalisierung« als Politikschwerpunkt und ist tatsächlich seit vielen Jahren auf Twitter unterwegs. Dort kommuniziert er in den ersten beiden Jahren seiner Amtszeit in nüchterner und oft etwas geschäftsmäßig wirkender Sprache, verkündet Beschlüsse, gratuliert der Bundeskanzlerin zum Geburtstag und postet Gastbeiträge von oder Interviews mit ihm. Keine Frage: Ziemiak bewegt sich im Netz harmlos und eckt nicht an, auch nicht in der eigenen Partei; nicht ganz unwichtig, wenn man noch was werden will. Es ist nur dadurch leider auch langweilig, auch wenn er mit der Zeit etwas auftaut. Kein Wunder, dass er nur 39.200 Follower:innen hat. Zum Vergleich: Sein Vorgänger im Amt, Peter Tauber, hat 185.600. Dafür hat dieser sich mit seinem teilweise sehr offensiven Verhalten in den sozialen Netzwerken allerdings nicht nur Freund:innen in seiner Partei gemacht. Die Aufregung war groß, als er Anfang 2016 einem Dauerpöbler auf Facebook antwortete: »Sie sind ein Arschloch.«

23. Mai: Aus dem Video der CDU wird doch nichts. Stattdessen veröffentlicht die Partei einen offenen Brief an Rezo auf ihrer Website, in dem sie begründet, warum sie zu einem anderen Entschluss gelangt sei: »Wir hatten uns für eine Antwort auf derselben Ebene entschieden – für ein Video. Wir haben ein klasse Produkt erarbeitet, in dem das steckt, was die Mitarbeiter der CDU wie die Wahlkämpfer im Europawahlkampf, Landtagswahlkampf in Bremen und im Kommunalwahlkampf in zehn Ländern derzeit jeden Tag geben: Herzblut, Einsatz und Kreativität. [...] Auf eine steile These folgt bei uns nicht die hastige Antwort, auf eine kühne Interpretation von Statistiken reagieren wir unsererseits nicht mit vereinfachenden Schlüssen. Antworten zu geben, die über den Tag hinaus tragen, das erfordert Zeit, das erfordert Maß und Mitte. Die Währung von Youtubern sind Klickraten. Die Währung einer Volkspartei wie der CDU ist Vertrauen. Wir bleiben uns deshalb treu und suchen die politische Auseinandersetzung mit unterschiedlichen Argumenten, Analysen und Schlussfolgerungen.«[52] Am Ende dieses Briefs dann findet sich ein Link. Er führt zu einem elfseitigen Papier[53], mit dem die Partei versucht, dem Video etwas entgegenzusetzen.

Noch am selben Tag ändert auch Paul Ziemiak seine Strategie und lädt Rezo nun unter anderem via Facebook zum Gespräch ein und klingt sehr viel versöhnlicher als noch wenige Tage zuvor: »Wir machen nicht alles richtig. Du hast Kritikpunkte benannt, die berechtigt sind«, schreibt Ziemiak, »lass uns über Deine Kritik an der CDU sprechen, aber bitte höre auch uns zu, wie wir die Dinge sehen.«[54] Inzwischen haben mehr als fünf Millionen Menschen Rezos Video gesehen. Die Hilflosigkeit der CDU bei der Suche nach einer Antwort darauf ist mittlerweile so offensichtlich, dass sie von den großen Medien kommentiert wird. Die *Welt* macht vor allem Paul Ziemiak verantwortlich für das Desaster: »Die CDU rätselt darüber, wie sie die jüngeren Wählerschichten erreichen kann. Doch der Generalsekretär, der nur sieben Jahre älter ist als Rezo, liefert nur Belege dafür, warum sie von dieser Generation heute und wohl auch in Zukunft nicht (mehr) gewählt werden wird. Mit solchen Reaktionen leistet die Partei der Entfremdung von der Jugend Vorschub, sie offenbart, dass ihr das Gefühl für deren Themen und deren Art, sich zu präsentieren, fehlt.«[55] Auch die *tagesthemen* kommentieren: Durch das Herumlavieren mit dem Antwortvideo und Ziemiaks Zickzackkurs im Umgang mit Rezo sei »aus Sprachlosigkeit im Netz auch noch ein gewaltiges Kommunikationsdesaster geworden«.[56]

24. Mai. Rezo legt nach: Zusammen mit anderen Youtuber:innen veröffentlicht er ein neues Video.[57] Diesmal nur knapp drei Minuten lang, aber mit einer zentralen Botschaft, die in dem kurzen Film unmissverständlich ausgesprochen wird: »Wählt nicht die CDU/CSU, wählt nicht die SPD.« Die etablierten Medien berichten nun immer zahlreicher. Die *FAZ* schlägt sich auf die Seite der CDU und fragt, ob es wirklich Recherche sei, »wie Rezo uns glauben machen will, oder auch nur ›Beschäftigung‹ mit Politik, wenn Politiker pauschal als dumm, inkompetent, korrupt und verlogen dargestellt werden? Es ist pure Demagogie, die Methode der AfD, nur eben linksherum.«[58] Die

Süddeutsche kommentiert differenzierter: »Ja, es stimmt, es wird hier polemisiert gegen das politische Establishment. Es wird Selbstgewissheit und Verkrustung angeprangert. Dass Demokratie nur mit Kompromissen am Leben bleibt, wird in Rezos Video flott unterschlagen. [...] Statt sich jetzt aber beleidigt in die Wagenburg zurückzuziehen und auf korrektere Zitierweise zu pochen, sollten die Routiniers des Politikbetriebs endlich zugeben: Es stimmt. Es werden täglich Entscheidungen auf Kosten nachwachsender Generationen gefällt, im Privaten wie in der Politik. Sie betreffen nicht nur den rücksichtslosen Verschleiß des Planeten, sondern auch Renten, Bildung, globale Gerechtigkeit. Eine Jugend, die da ungemütlich wird, gehört nicht verächtlich gemacht. Das Land sollte stolz auf sie sein.«[59]

25./26. Mai: Europawahlen. Die großen Verlierer in Deutschland heißen CDU und SPD: Die CDU büßt 7,5 Prozentpunkte im Vergleich zur Europawahl 2014 ein und erzielt ein Ergebnis von 22,6 Prozent. Die SPD stürzt gar um 11,4 Prozentpunkte ab auf 15,8 Prozent. Die Grünen hingegen legen um 9,8 Prozentpunkte auf 20,5 Prozent zu. Die Linke verliert 1,9 Prozentpunkte und fährt ein Ergebnis von 5,5 Prozent ein. Die AfD schneidet mit elf Prozent ab, was einen Zugewinn von 3,9 Prozentpunkten bedeutet, die CSU legt um einen Prozentpunkt zu auf 6,3 Prozent, und die FDP kann 2,1 Prozentpunkte dazugewinnen: 5,4 Prozent.[60]

27. Mai. Die Pressekonferenz im Konrad-Adenauer-Haus an diesem Montagmittag ist fast vorbei. Viele zum Teil

quälende Fragen zu dem katastrophalen Wahlergebnis lässt die CDU-Vorsitzende Annegret Kramp-Karrenbauer geduldig über sich ergehen und beantwortet sie tapfer und durchaus selbstkritisch. Doch dann sagt sie noch etwas zu Rezo und seinem drei Tage zuvor veröffentlichten zweiten Video. »Was wäre eigentlich in diesem Lande los«, fragt Kramp-Karrenbauer auf dem Podest vor der versammelten Berliner Berichterstatter:innenriege, »wenn eine Reihe von, sagen wir, 70 Zeitungsredaktionen zwei Tage vor der Wahl erklärt hätten, wir machen einen gemeinsamen Aufruf: Wählt bitte nicht CDU und SPD? Das wäre klare Meinungsmache vor der Wahl gewesen.«

Die CDU-Chefin ist jetzt in Fahrt: Man müsse sich fragen, welche Regeln »mit Blick auf das Thema Meinungsmache« im »analogen Bereich« gelten und welche »im digitalen«. Die Frage sei eine, »über die wir uns unterhalten werden, und zwar nicht wir in der CDU, mit der CDU, sondern, ich bin mir ganz sicher, in der gesamten medienpolitischen und auch demokratietheoretischen Diskussion der nächsten Zeit wird das eine Rolle spielen«.

Mit diesen Worten zettelt Annegret Kramp-Karrenbauer eine Diskussion an, die ihr selbst gefährlich werden wird. Hat die Chefin der größten Regierungspartei an diesem Montag am hohen demokratischen Gut der Meinungsfreiheit gerüttelt? In Anwesenheit Dutzender Journalist:innen? Vor laufenden Kameras?

Noch am selben Nachmittag wird ein Zettel, ohne Überschrift, ohne Parteilogo, unter Journalist:innen verteilt. Die Hütte brennt, jetzt soll schnell wieder eingefangen werden, was da in dieser Pressekonferenz rausgerutscht ist. Der erste Satz lautet: »In der aktuellen Debatte geht es nicht um Einschränkung der Meinungsfreiheit.« Noch am selben Abend versucht Kramp-Karrenbauer weiter, Schadensbegrenzung zu betreiben, und erklärt sich in zwei Tweets: »Es ist absurd, mir zu unterstellen, Meinungsäußerungen regulieren zu wollen. Meinungsfreiheit ist ein hohes Gut in der Demokratie. Worüber wir aber sprechen müssen, sind Regeln, die im Wahlkampf gelten. #Rezo #Youtuber«[61], und weiter: »Wenn einflussreiche Journalisten oder #Youtuber zum Nichtwählen oder gar zur Zerstörung demokratischer Parteien der Mitte aufrufen, ist das eine Frage der politischen Kultur. Es sind gerade die Parteien der Mitte, die demokratische Werte jeden Tag verteidigen. #Rezo«.[62]

Aber da ist es schon zu spät. Die Parteichefin hat aus einem Problem für ihre Partei eins für sich selbst gemacht, mehr noch: Diejenige, die eigentlich als Krisenmanagerin agieren sollte, wird nun selbst zum Krisenherd. Denn Journalist:innen suchen nicht mehr nur nach den Gründen für die mangelnde Internetkompetenz von CDU/CSU und SPD, sondern stellen nun auch die neue CDU-Chefin selbst infrage: »Kramp-Karrenbauer ist als Vorsitzende der CDU die aussichtsreichste Anwärterin auf die Nachfolge Angela Merkels. Aber die CDU-Chefin macht inzwischen einen Fehler nach dem anderen«[63], schreibt die *Süddeutsche Zeitung*. Die *Leipziger Volkszeitung* zitiert einen Kommunikationsforscher: »Frau Kramp-Karrenbauer versteht wenig von Medien und Journalismus, sie versteht wenig von unserer Meinungsfreiheit und noch weniger davon, wie das Internet funktioniert«, und auf die Nachfrage, ob sie das für ihr Amt disqualifiziere, antwortet er: »Ich persönlich würde sagen: Ja – auch wenn sie das sofort zurückgenommen hat und ich ihr glaube, dass sie das nicht im Sinne einer Beschränkung der Meinungsfreiheit gemeint hat. Trotzdem frage ich mich, ob sie dem Amt gewachsen ist.«[64]

Seit Monaten taucht in den Medien immer wieder die Frage auf, ob Kramp-Karrenbauer wirklich die Richtige ist als Parteichefin und womöglich gar Unions-Kanzlerkandidatin. Sie hätte qua Amt und nach Abstimmung mit der Schwesterpartei CSU schließlich den ersten Zugriff auf die Kandidatur für das Bundestagswahljahr 2021. Die ersten Zweifler:innen melden sich bereits im Februar 2019. Da tritt Kramp-Karrenbauer im Karneval in ihrer Heimat, dem Saarland, als Putzfrau Gretel auf – eine Tradition. Seit Jahren zieht sie dort mit Kittelschürze und Kopftuch Politiker:innen spaßhaft durch den Kakao. 2019 nun, als CDU-Chefin, sagt sie: »Guckt euch doch mal die Männer von heute an. Wer war denn von euch vor Kurzem mal in Berlin, da seht ihr doch die Latte-macchiato-Fraktion, die die Toiletten für das dritte Geschlecht einführen. Das ist für die Männer, die noch nicht wissen, ob sie noch stehen dürfen beim Pinkeln oder schon sitzen müssen. Dafür – dazwischen – ist diese Toilette.«[65] Dafür erntet sie massive Kritik: Sie habe sich über Intersexuelle lustig gemacht, diese diskriminiert.[66] Dann passiert Rezo – und es folgen weitere Pannen: Erst wechselt Kramp-Karrenbauer entgegen allen Beteuerungen doch ins Kabinett, als Verteidigungsministerin Ursula von der Leyen EU-Kommissionspräsidentin wird. Zuvor hatte Kramp-Karrenbauer wiederholt beteuert, die Aufgabe als CDU-Vorsitzende sei zu fordernd, zu wichtig, um auch noch einen Posten als Bundesministerin anzunehmen.[67] Kritiker:innen werten das als Angst vor der Macht, die ihr ein solcher Schritt sichern würde. Als sie dann doch zugreift, wird ihre vorherige Ablehnung dieses Schritts als Lüge beargwöhnt – oder aber als Beleg dafür betrachtet, dass ihr Ruf inzwischen dermaßen ramponiert sei, dass sie diesen Posten brauche, um sich zu rehabilitieren.[68] Dann bringt Kramp-Karrenbauer in einem Zeitungsinterview Mitte August einen Parteiausschluss des ehemaligen Bundesverfassungsschutzpräsidenten Hans-Georg Maaßen ins Spiel[69] und muss diese Äußerungen wieder einfangen lassen.[70] Der letzte Sargnagel: Die Thüringenwahl am 5. Februar 2020. Der FDP-Politiker Thomas Kemmerich lässt sich zum Ministerpräsidenten wählen – mit den Stimmen der AfD – und der CDU. Ein Tabubruch, doch Parteichefin Kramp-Karrenbauer kann sich mit ihren Interventionen nicht durchsetzen. Als die Kanzlerin sich daraufhin aus aus dem fernen Südafrika öffentlich mit einem Machtwort einschaltet und verlangt, die Wahl rückgängig zu machen, und damit gleich zwei ihrer Grundregeln bricht – keine Äußerungen zur Innenpolitik aus dem Ausland und keine Einmischung in CDU-Interna, schließlich ist sie ja nicht mehr Parteivorsitzende –, kündigt Kramp-Karrenbauer am 10. Februar ihren Rücktritt an.

Das Rezo-Video ist eine von vielen Pannen in einer langen Reihe. Nicht der einzige Grund ihres Scheiterns – aber ein wichtiger. Und bisher die offenkundigste Demonstration für die Überforderung der meisten Parteien mit dem sozialen Netz. »In der CDU hatten sehr lange Menschen das Sagen, die Online, Social Media und irgendwie alles, was im Netz passiert, bestenfalls als Neuland gesehen haben, gern auch als drollige Spielerei oder als völligen Mumpitz«[71], heißt es denn auch in einem *tagesthemen*-Kommentar während der Rezo-Affäre. Das aber reicht nicht als Erklärung. Zur Wahrheit gehört auch: Die mangelnden Kenntnisse des Tons, der in den sozialen Medien herrscht, des Vokabulars, das dort benutzt wird, stehen für viel mehr: für den Verlust des Gespürs für eine Generation und ihr Lebensgefühl, der sich auch im hilflosen Umgang mit *Fridays for Future* zeigt.

Das Karussell und der Schwindel – Robert Habeck und der Jahrmarkt der Eitelkeiten

Die Grünen sind eine gut alternde Partei, die bei den Jüngeren gut ankommt, schrieb 2017 die Bundeszentrale für politische Bildung: »Waren im Jahre 1980 fast 80 Prozent der Grünen-Wähler jünger als 35, so liegt deren Anteil heute unter 10 Prozent. Wahlforscher sprechen mit Blick auf diese Entwicklung vom ›Ergrauen‹ der Grünen. [...] Dieser Generationeneffekt wird allerdings durch ein lebenszyklisches Muster überlagert, das den Grünen in den nachwachsenden Alterskohorten der Jungwähler bis heute überdurchschnittliche Ergebnisse sichert [...] Auch bei der Bundestagswahl 2017 erfuhr die Partei die prozentual größte Unterstützung mit knapp 15 Prozent in der – zahlenmäßig allerdings überschaubaren – Gruppe der 18- bis 24-jährigen Wähler; hier konnte sie gegenüber 2013 zugleich am stärksten hinzugewinnen.«

Und die Grünen, die ehemaligen Öko-Revoluzzer:innen, sind inzwischen eine bürgerliche Partei: »Infolge des Generationeneffekts hat sich die Grünen-Wählerschaft in der sozialen Zusammensetzung stark verändert. Die Jungwähler aus den 1980er-Jahren sind heute beruflich, familiär und gesellschaftlich arriviert. Die ›Verbürgerlichung‹ der Grünen ist daran ablesbar, dass ihre Wähler nicht nur über die höchsten Bildungsabschlüsse verfügen, sondern auch überdurchschnittlich verdienen.«[72]

2018 dann trat Greta Thunberg auf den Plan – und mit ihr weltweit Millionen junger Klimaaktivist:innen. *Fridays for Future* katapultierte Klima und Umweltschutz, die Urthemen der Grünen, zurück in den Mittelpunkt der Aufmerksamkeit. Und das schlug sich 2019 in den Ergebnissen zur Europawahl nieder: »Die Grünen erzielten ihr bisher bestes bundesweites Ergebnis und wurden zweitstärkste Kraft. [...] Bei den 18- bis 29-Jährigen waren die Grünen mit 29 Prozent die beliebteste Partei. [...] Doch nicht nur bei der Jugend spielte Klimapolitik eine große Rolle. Die Grünen lagen mit 25 Prozent auch bei Wählerinnen und Wählern unter 60 Jahren noch vor der CDU. Erst bei der Generation der über 60-Jährigen konnte die Union mit 39 Prozent wieder punkten. Mittlerweile standen die Grünen für eine ›moderne, bürgerliche Politik‹ und profitierten von ehemaligen SPD- und CDU-Wählerinnen und -Wählern.«[73]

Die Grünen sind erfolgreich in den sozialen Medien. Bei Twitter verzeichnen sie rund 538.000 Follower:innen und damit die mit Abstand meisten, verglichen mit den anderen Bundestagsparteien. Auf Platz zwei liegt die SPD, ihr folgen gut 386.000 Leute. Auch bei Instagram, also einem sozialen Medium, das vor allem bei den Jüngeren erfolgreich ist, sind die Grünen führend: 129.000 Menschen folgen ihrem Profil dort. Bei Facebook (218.000) und YouTube (17.400) liegen sie im guten Mittelfeld.[74]

Seit 2018 stehen Annalena Baerbock und Robert Habeck an der Spitze der Partei. Auch die beiden sind digital unterwegs. Annalena Baerbock hat bei Twitter rund 100.000 Follower:innen, bei Instagram rund 46.000 und bei Facebook gut 29.000 Abonnent:innen. Baerbock ist auf allen Plattformen präsent, zum Debattieren aber nutzt sie sie kaum.

Robert Habeck folgen 85.300 Menschen auf Instagram. Dort ist er seit 2015 angemeldet. Seine Politikkarriere hat er im Jahr 2008 als Umweltminister und stellvertretender Ministerpräsident von Schleswig-Holstein im Kabinett von SPD-Ministerpräsident Torsten Albig begonnen. Den schleswig-holsteinischen Landesverband führt er bereits seit 2004. Schon 2008 handelt seine Partei ihn für höhere Ämter: Er soll den Bundesvorsitzenden Reinhard Bütikofer beerben. Habeck, Vater von vier Söhnen, aber lehnt ab und nennt im Interview mit der *taz* neben anderen Gründen diesen: »Man kann nicht vier Kinder zeugen und sich danach aus dem Staub machen, um Bundesvorsitzender zu werden.«[75] 2018 dann wechselt er nach Berlin. Und kurz drauf, ganz exakt: am 7. Januar 2019, erklärt er, dass er seine Twitter- und Facebook-Accounts gelöscht habe. Was ist passiert?

12. Oktober 2018, ein Freitag. Noch zwei Tage bis zur Landtagswahl in Bayern. Robert Habeck postet ein Video

auf Twitter. Darin fordert er ein Ende der bayerischen CSU-Alleinherrschaft im Freistaat, damit man sagen könne: »Endlich gibt es wieder Demokratie in Bayern.« Und impliziert damit, bei Bayern handle es sich nicht um ein demokratisch regiertes Land. Es folgt Kritik: Der *Welt*-Journalist Robin Alexander twittert: »Bisher hat @RobertHabeck wenig Fehler gemacht. Dieser Wahlaufruf [...] ist ein ziemlich dicker. Demokratie beginnt nicht damit, dass @Die_Gruenen gewählt werden«[76]. Auch der ehemalige ARD-Hauptstadtstudioleiter Ulrich Deppendorf wird deutlich: »Hochmut kommt vor dem Fall! Das sollte Habeck schnell klarstellen.«[77] Habeck entschuldigt sich am nächsten Tag.[78] Die Episode gerät schnell in Vergessenheit.

6. Januar 2019, ein Sonntag. Thüringen wird im Oktober desselben Jahres einen neuen Landtag wählen; um sich schon mal warmzulaufen für den Wahlkampf, lädt die Landespartei ein Video auf ihrem Twitter-Account hoch. Zu Wort kommt der Bundesvorsitzende, der in ein paar Bewegtbildern den Anspruch an diese Wahl formuliert. Habeck sagt: »Wir versuchen, alles zu machen, damit Thüringen ein offenes, freies, liberales, demokratisches Land wird, ein ökologisches Land.«[79]

Er sagt »wird«. Nicht »bleibt«. Und impliziert damit, es handele sich bei dem ostdeutschen Bundesland um kein demokratisches Land. Weder ihm selbst noch sonst jemandem bei den Grünen fällt auf, dass Habeck mit seinen Worten Thüringen aus Versehen beleidigt – dass es sich dabei nicht um Absicht, sondern einen Flüchtigkeitsfehler handelt, ist schon deshalb höchst wahrscheinlich, weil Habecks Grüne seit 2015 in Thüringen mitregieren.

Anderen aber fällt es auf, und zwar sehr schnell. Die ersten Reaktionen lassen nicht lange auf sich warten. So fragt Carsten Schneider, Erster Parlamentarischer Geschäftsführer der SPD-Bundestagsfraktion und gebürtiger Thüringer, ironisch auf Twitter: »Thüringen soll ein demokratisches und freies Land werden. Sagt @RobertHabeck. In welchem Gefängnis habe ich die letzten Jahrzehnte gelebt?«[80] Schneiders Parteikollege, der stellvertretende SPD-Vorsitzende Ralf Stegner, schreibt, ebenfalls auf Twitter: »Ein bisschen überheblich ist dieser Wahlkampfstil schon – ich bezweifle, dass die Thüringerinnen und Thüringer das mögen. Freue mich auf Wahlkampfeinsätze in dem Land, in dem mein Vater geboren wurde und wo ich noch Verwandte in der Sonneberger Ecke habe.«[81]

Die beiden SPD-Politiker, deren Partei den Grünen nicht übel gesinnt ist und zusammen mit ihnen in Thüringen regiert, bleiben nicht die Einzigen an diesem Tag, die auf Habeck reagieren. Viele Nutzer:innen greifen den Parteichef an, es folgt ein Shitstorm, und noch am selben Tag ziehen die thüringischen Grünen die Notbremse und twittern: »Liebe Leute, wir haben @RobertHabeck|s Aufruf vom Netz genommen, weil viele ihn falsch verstanden haben: Nein, wir reden THÜ nicht schlecht. Auch Robert tut's nicht. Wie blöd wären wir denn – nach gut 4J. #r2g?! #Thüringen soll einfach noch grüner & ökologischer werden. That's it.«[82]

Sie löschen also das Video. Habeck aber geht noch einen Schritt weiter. Er löscht gleich seinen Twitter-Account und den bei Facebook direkt mit. »Nach einer schlaflosen Nacht komme ich zu dem Ergebnis, dass Twitter auf mich abfärbt. Dass ich mich bei beiden Videos, auch dem bayrischen – unbewusst auf die polemische Art von Twitter eingestellt habe. Twitter ist, wie kein anderes digitales Medium so aggressiv und in keinem anderen Medium gibt es so viel Hass, Böswilligkeit und Hetze. Offenbar triggert Twitter in mir etwas an: aggressiver, lauter, polemischer und zugespitzter zu sein – und das alles in einer Schnelligkeit, die es schwer macht, dem Nachdenken Raum zu lassen. Offenbar bin ich nicht immun dagegen«, schreibt er am nächsten Tag auf seinem Blog. Da zudem gerade im Zuge eines großen Hacks persönliche Daten von ihm in die Öffentlichkeit gelangt seien, verabschiede er sich von den beiden Plattformen – denn er erkenne ein Muster in seiner Social-Media-Kommunikation: »Wie dumm muss man sein, einen Fehler zweimal zu begehen? Diese Frage hat mich die ganze letzte Nacht nicht losgelassen.«[83]

Nachdem ihm nun ein zweites Mal ein Fauxpas unterlaufen ist, legt er seinen Facebook- und Twitter-Account still, auch auf die Gefahr hin, sich selbst abzuschneiden von Teilen der öffentlichen Kommunikation: »Kann sein, dass das ein politischer Fehler ist, weil ich mich der Reichweite und direkten Kommunikation mit doch ziemlich vielen Menschen beraube.« Habeck versucht, sich als nahbaren, einsichtigen, verantwortungsbewussten Politiker zu inszenieren, der Fehler macht wie wir alle, dann aber auch bereit ist, die Verantwortung dafür zu übernehmen.

Seine Entscheidung entfacht eine breite mediale Debatte. Die *taz* nimmt sie gar zum Anlass für eine Titelgeschichte, die sie in Anspielung auf das Twitter-Logo (ein blauer Vogel) mit »Habeck schießt den Vogel ab« überschreibt und in einem Pro und Kontra diskutiert, ob Habeck sich besser im Griff haben müsse. Die *Neue Zürcher Zeitung* findet, ja, müsse er. Habecks Verhalten werfe die Frage auf, »ob jemand, den ein paar Tweets nach eigenem Bekunden so aggressiv machen, dass er das ganze Medium meiden muss wie ein Trinker die Flasche, politische Verantwortung tragen sollte«[84]. Die *Süddeutsche Zeitung* kommentiert: »Statt sich quasi aus Eigenschutz zurückzuziehen und die Accounts einfach zu löschen, sollte er lieber als Vorbild dienen, besser kommunizieren, sich in Selbstdisziplin üben [...] Die Verantwortung für sein falsches Verhalten kann er jedenfalls nicht einfach den angeblich so ›bösen‹ sozialen Netzwerken anlasten.«[85]

Auf Instagram jedoch bleibt Habeck. Er postet weiterhin Fotos von Wahlkampfauftritten, von Blumen, vom Meer und von sich selbst – etwa, wie er sich während des ersten »Lockdowns« im Frühjahr 2020 selbst im Freien die Haare schneidet. Friseursalons sind aufgrund der Pandemie zu dieser Zeit geschlossen. Aber auch Instagram wird Habeck noch Ärger einbrocken.

Sommer 2020: Robert Habeck ist aufgebrochen, um zu wandern. Mit dabei: der schleswig-holsteinische Regierungschef Daniel Günther von der CDU und eine Fotografin. Solche Bilder transportieren politische Botschaften. Zum Beispiel: So wandert beziehungsweise geht Schwarz-Grün. Ein politischer Aufbruch, quasi.

Am 8. Juli postet Habeck drei Fotos auf Instagram: Eines zeigt ihn neben Günther, beide wandernd im Gespräch; Habeck blickt Günther freundlich an und sagt etwas, Günther schaut lächelnd auf den Boden. Auf den anderen beiden ist Habeck mit Pferden zu sehen. »Koniks«, wie man beim Lesen des Textes erfährt, mit dem er die Bilderreihe versehen hat: »Wenn man eine Herde Koniks trifft und sich still auf den Boden legt, kommen sie manchmal und schnuppern an einem. Das ist so dicht an Magie, wie man kommen kann. Gestern war ich im Naturschutzgebiet #Schäferhaus wandern mit @mp.danielguenther. Ich glaube, für den Fall, dass der Bauernverband oder die CDU wieder von ›Flächenfraß‹ durch Naturschutz redet, hat der Abend gestern ganz viele Bilder geschaffen, die für den Naturschutz sprechen. Was ist euer Lieblings-Naturschutzgebiet?«[86]

In der SPD freut man sich über diese Vorlage: Generalsekretär Lars Klingbeil stellt sich ein paar Tage später vor Alpakas und twittert dieses Foto mit dem Hashtag #MachWasMitPferden[87]. Parteichefin Saskia Esken tut es ihm gleich[88] – und wird von User:innen belehrt: Das hinter ihr seien gar keine Pferde. So ist es nun mal: Ironie verstehen nicht alle. Entweder benutzt man sie und nimmt das in Kauf, oder man verzichtet darauf. Auch die FDP greift den unbeschwerten sommerlich-luftigen Kalauer auf: Die stellvertretende FDP-Parteivorsitzende Marie-Agnes Strack-Zimmermann setzt sich auf eine leere Wiese und versieht den Tweet mit dem Foto davon mit dem Text: »Warten auf die Pferde. Magie ist schon da.«[89]

Dann aber stellt sich heraus: Die Pferde, mit denen Habeck sich hat fotografieren lassen, sind Teil eines gescheiterten Naturschutzprojektes, bei dem einige Tiere verhungert sind, berichtet die *Bild*-Zeitung[90]. Habecks Sprecher erklärt *Spiegel Online* auf Nachfrage zwar, Habeck habe von der Vorgeschichte des Projekts gewusst und das im Gespräch mit Daniel Günther auch thematisiert.[91] Unter das Foto hat Habeck allerdings nichts dazu geschrieben. Nun ist Schluss mit lustigen Reaktionen auf Habeck: Wieder erntet er einen Shitstorm.

Konsequenterweise hätte Habeck nach dieser Episode seinen Twitter- und seinen Facebook-Account reaktivieren können: Denn anders als mit seinen Tweets zu den Landtagswahlen in Bayern und in Erfurt hat er sich in der Pferdegeschichte ja nicht vergaloppiert und trotzdem wieder massig Ärger im Netz abbekommen – neben humorvoller Solidarität. Die Instagram-Episode zeigt, dass selbst ein nichtiger Anlass genügen kann, um Menschen in den sozialen Medien auf die Barrikaden zu bringen – und auch, wie sie sich manipulieren lassen. Denn dass es auch Fotos von besagten Pferden und CDU-Mann Daniel Günther gab, ist *Bild* keine Erwähnung wert.

Zu fragen ist, ob es nicht klüger wäre, die Accounts wiederherzustellen. Denn so überlässt Habeck ein Stück dieser Netzwerke denjenigen, die zu von ihm kritisierten Phänomenen wie »Hass, Böswilligkeit und Hetze« beitragen, statt sich dem entgegenzustellen.

Uploadfilter – oder:
Die verlorene Ehre der SPD

Auch die SPD weiß, dass die sozialen Medien wichtig sind. Die Rekrutierung der aktuellen Social-Media-Chefin wurde gar medial verkündet; ein ungewöhnlicher Vorgang.[92] Dennoch läuft es für die Sozialdemokrat:innen auf den Plattformen durchmischt. Auf Facebook haben rund 191.800 Menschen die SPD-Seite abonniert. Bei Instagram sind es 56.200; nur die CSU hat noch weniger. Bei YouTube, das die Parteien bis auf die AfD sowieso eher stiefmütterlich behandeln, besitzen 17.100 Menschen ein SPD-Kanal-Abo; das ist der vierthöchste Wert unter den Parteien (die Abozahl der CDU lässt sich nicht ermitteln). Nur auf Twitter läuft es gut für die SPD; mit 389.000 Follower:innen belegt sie Platz zwei hinter den Grünen.

Nach vielen Wechseln an der Spitze in den vergangenen Jahren führen seit Dezember 2019 Saskia Esken und Norbert Walter-Borjans die Partei. Walter-Borjans' Social-Media-Engagement geht gegen null: Bei Facebook ist er nicht, bei Instagram meldete er sich am 4. Dezember 2019 an und hat dort seitdem gerade mal acht Fotos veröffentlicht und 3000 Follower:innen gewonnen. Bei Twitter folgen ihm immerhin rund 49.000 Leute, was für einen Parteivorsitzenden allerdings nicht viel ist. Saskia Esken ist aktiver, zumindest bei Twitter und Facebook: Bei Letzterem postet sie ab und an etwas, hat aber nur magere 6500 Abonnent:innen. Bei Instagram hat sie keinen Account. Auf Twitter dafür aber 80.500 Follower:innen. Dort liefert sie sich regelmäßig muntere Debatten mit anderen Nutzer:innen.

Dass das Netz wichtig ist, leben die beiden also sehr unterschiedlich ausgeprägt vor. Die Jüngeren in der Parteispitze dafür umso konsequenter. Generalsekretär Lars Klingbeil ist auf allen Plattformen sehr aktiv (74.400 Follower:innen bei Twitter, 27.400 bei Instagram, 15.200 Abonnent:innen bei Facebook), ebenso wie der Ex-Juso-Chef und stellvertretende Parteivorsitzende Kevin Kühnert (249.000 Twitter-Follower:innen, 49.400 bei Instagram, 46.300 Abonnent:innen bei Facebook). Die Aussage, die von diesem Gesamtbild führender SPD-Köpfe ausgeht: Die Nutzung der sozialen Medien ist Geschmackssache. Alles kann, nichts muss.

Die SPD verliert seit einiger Zeit an Zustimmung. Aus der Bundestagswahl 2017 ging die Partei mit herben Verlusten hervor, 5,2 Prozentpunkte weniger als vier Jahre zuvor. Die Europawahl 2019 dann bedeutete eine Katastrophe für die Sozialdemokrat:innen: Über elf Prozentpunkte stürzte man in der Wähler:innengunst ab und wurde erstmals von den Grünen überholt.[93]

Ein Grund: 2019 war *das* Jahr der Klimabewegung, *Fridays for Future* in aller Munde. Die Grünen, deren Themen und Forderungen plötzlich wieder präsent waren, schnitten bei der Europawahl so gut ab wie nie zuvor in ihrer Geschichte. Die SPD steckt zusammen mit der Union in der Großen Koalition, gegen deren Klimapolitik sich die Bewegung hier in Deutschland klar positioniert.

Bei einem anderen politischen Thema, das ebenfalls besonders den Jüngeren wichtig ist, haben weder Union noch SPD eine gute Figur gemacht: bei Uploadfiltern. Seit 2016 wurde im Europaparlament über eine Reform des Urheberrechts debattiert. Plattformen wie YouTube, Facebook, Twitter, Instagram und andere, so die Annahme, würden massenhaft Urheberrechtsverletzungen zulassen und damit Geld verdienen. Das Ziel war, das geltende Urheberrecht an das digitale Zeitalter anzupassen und die Verbreitung von Inhalten ohne Genehmigung durch ihre Urheber:innen im Netz zu verhindern. Künstler:innen und Kreative, deren Werke im Internet verwendet wurden, sollten bezahlt werden. Die Verantwortung dafür sollte sich von den Nutzer:innen auf die Plattformen verlagern. Bis dato war es so, dass die Nutzer:innen für die von ihnen hochgeladenen Inhalte selbst verantwortlich waren. Gab es Beschwerden, zum Beispiel eben von Urheber:innen, Verlagen oder Sendern, die ihre Arbeit in Videos oder Bildern anderer fanden, mussten die Plattformen aktiv werden und prüfen, ob eine Urheberrechtsverletzung vorlag. Künftig aber sollten diese dazu verpflichtet werden, bei den Rechteinhaber:innen eine Erlaubnis zur Verwendung einzuholen und hierfür Lizenzgebühren zu bezahlen – und schon vor dem Hochladen von Inhalten diese automatisiert auf ihre Rechtmäßigkeit zu prüfen. Journalistische Erzeugnisse, Parodien oder Zitate sollten aber weiterhin legal benutzt werden können. Sollten trotzdem Inhalte hochgeladen werden, die gegen das Urheberrecht verstießen, würden, so der Plan, die Netzwerke – anders als bisher – haftbar gemacht werden.

Das Wort »Uploadfilter« kommt im entsprechenden Artikel 13 des Entwurfs zwar nicht vor; allerdings wäre ein schnelles und effizientes Sichten ohne Einsatz Künstlicher Intelligenz (KI), also Filtern, nicht möglich: Allein auf

YouTube werden pro Minute Hunderte Stunden Videomaterial hochgeladen. Es bedürfte sehr, sehr vieler Mitarbeiter:innen, um all dieses Material zu sichten.

Allerdings unterlaufen auch Maschinen Fehler: Uploadfilter können Parodien schwer erkennen, Satire ebenso wenig. Die Sorge: Es könnte doch viel durchrutschen. Oder – das Gegenteil: Die Plattformen könnten deshalb eher zu viel als zu wenig im Vorfeld löschen, um bloß nicht selbst haftbar gemacht zu werden. Stichwort: »Overblocking«.

Diese Gefahr war Union und SPD bewusst, als sie 2018 ihren Koalitionsvertrag unterschrieben, in dem sie die deutsche Position für die anstehenden Verhandlungen im EU-Gesetzgebungsverfahren definierten. Diese lautete unmissverständlich, in den Zeilen 2212 bis 2214 nachzulesen: »Eine Verpflichtung von Plattformen zum Einsatz von Upload-Filtern, um von Nutzern hochgeladene Inhalte nach urheberrechtsverletzenden Inhalten zu ›filtern‹, lehnen wir als unverhältnismäßig ab.«[94]

Europaweit regte sich Protest, so auch in Deutschland. Prominente Youtuber:innen mit Millionen Follower:innen wie LeFloid veröffentlichten auf der Plattform Videos, die sehr polemisch zum Aufstand gegen die Urheberrechtsreform aufriefen. »Dieser sogenannte Artikel 13 wird das Internet in einer Art und Weise einschränken, wie wir uns in unseren schlimmsten Albträumen das Ganze nicht erträumen könnten«, sagt LeFloid zum Beispiel in einem Video vom 18. Juni 2018. »Artikel 13 öffnet der Internetzensur endlich Haus und Hof. ›Endlich‹, weil sich Regierungen und Firmen natürlich wahnsinnig darüber freuen. Du bist mit einer Berichterstattung nicht einverstanden? Oh, da könnte ja ein Bild oder 'ne Soundspur oder ein File oder ein Videoausschnitt von dir drin sein! Zitatrecht oder öffentliche freie Meinung oder Journalismus? Fuck it all«[95], ging es in der für derlei Formate typischen teils derben Sprache weiter. Man kämpfte mit harten Bandagen: Nicht um die bessere Entlohnung von Künstler:innen würde es gehen, sondern um die Unterdrückung der freien Meinung, so die Behauptung, die nicht nur LeFloid als Argument gegen die Reform ins Feld führte. Der Ton war gesetzt; vor allem junge Leute waren durch reißerische Videos mobilisiert und übernahmen zum Teil auch faktisch nicht belegbare Behauptungen bis hin zu solchen Verschwörungsmythen.

LeFloid und anderen Netzgrößen wiederum wurde vorgeworfen, sich instrumentalisieren zu lassen. Aus nachvollziehbaren Gründen hatten auch die Netzwerke kein Interesse an der Urheberrechtsreform, und am 22. Oktober 2018 veröffentlichte YouTube-Chefin Susan Wojcicki einen Aufruf an die Kreativen auf ihrer Plattform: Sie sollten »der Welt erzählen, wie die Reform sie betreffen würde. Artikel 13 in seiner jetzigen Fassung droht, Millionen von Menschen – von Schöpfer:innen wie Ihnen bis hin zu alltäglichen Nutzer:innen – die Möglichkeit zu nehmen, Inhalte auf Plattformen wie YouTube hochzuladen.«[96] Selbst Gegner:innen von Uploadfiltern aus der Politik wie der SPD-Europaparlamentarier Tiemo Wölken werteten das als einseitige Information und Panikmache.[97] Aber es verfing, in den YouTube-Charts fanden sich nach Wojcickis Appell Videos mit Titeln wie »Mein Kanal wird gelöscht! Das Ende von YouTube«, »Warum es

YouTube nächstes Jahr nicht mehr gibt« oder »YouTube wird gelöscht«[98].

Dabei bestand ja mit Blick auf den Koalitionsvertrag eigentlich kein Anlass zur Sorge. Die GroKo hatte dort klar formuliert, dass sie Uploadfilter ablehne; Deutschland besitzt eine wichtige Stimme in der EU. Dann aber gerieten die Verhandlungen über die Reform ins Stocken. Im Januar 2019 verliehen Kanzlerin Angela Merkel und der französische Präsident Emmanuel Macron dem Prozess neuen Schwung. Mit einem Kompromiss, der exakt das beinhaltete, was die deutsche Bundesregierung in ihrem Koalitionsvertrag ausgeschlossen hatte: Uploadfilter.[99]

Das feuerte die Debatte zusätzlich an. Zu den Argumenten gegen die Uploadfilter kam nun ein neues hinzu, das die Gegner:innen erzürnte: der Bruch des Koalitionsvertrages, der Wortbruch gegenüber Wähler:innen. Eine Generation, die oft als unpolitisch kritisiert worden war und diese These schon durch ihre Aktivitäten in Sachen Klimapolitik widerlegte, politisierte sich nun weiter. Viele junge Menschen fanden, dass SPD und CDU/CSU sie verraten hatten. Ein Datenstick mit rund fünf Millionen Unterschriften gegen die deutsche Zustimmung zur Reform wurde am 18. Februar in Berlin an Bundesjustizministerin Katarina Barley (SPD) übergeben, unter anderem auch von LeFloid. So viele Stimmen hatte man seit Einführung von Onlinepetitionen noch nie für ein Anliegen zusammenbekommen. Der Titel ließ keinen Zweifel daran, wie aufgeheizt die Debatte war: »Stoppt die Zensurmaschine – Rettet das Internet!«[100]

Nur einen Tag später aber machte Merkel ihren Standpunkt auf einer Veranstaltung in Berlin klar: »Die Uploadfilter heißen jetzt schon Merkel-Filter«, sagte sie dort. »Ich habe viele Shitstorms über mich ergehen lassen, Millionen von Klagen – nicht Millionen von rechtlichen Klagen, sondern sozusagen mentale Klagen. Aber ich glaube, die Frage, inwieweit Regeln aus der realen Welt auch in der digitalen Welt gelten müssen, wird uns weiter umtreiben. Ich jedenfalls bin der Meinung, dass auch das Internet kein Raum sein kann, in dem geistiges Eigentum überhaupt nicht mehr geschützt wird. Diesen Kampf müssen wir weiter austragen.«[101]

Am nächsten Tag, am 20. Februar 2019, gab der Ausschuss der Ständigen Vertreter der EU-Mitgliedsstaaten grünes Licht für die umstrittene Reform, mit fünf Gegenstimmen: der Italiens, Finnlands, Luxemburgs, der Niederlande und Polens.[102] Deutschland stimmte zu. Noch am selben Tag twitterte Katarina Barley: »Regierungsintern habe ich mich für eine Streichung eingesetzt – trotz großer Bedenken ist Artikel 13 leider Teil der Urheberrechtsrichtlinie geblieben. Es geht weiter darum, Künstler fair zu vergüten und die Meinungsfreiheit im Netz zu garantieren. #Artikel13 #Uploadfilter«.[103]

Barley war zu diesem Zeitpunkt nicht nur Bundesjustizministerin, sondern auch Spitzenkandidatin ihrer Partei für die anstehende Europawahl. Eine schwierige Position. Obwohl erklärte Gegnerin von Uploadfiltern, hatte sie im Bundeskabinett und im Ministerrat zugestimmt, also gegen ihre eigene Überzeugung, um die Reform, die auch viele andere Vorhaben enthielt, nicht platzen zu lassen –

und auch die Koalition mit der Union nicht, wie die spätere Parteivorsitzende Saskia Esken einige Monate später in einem Zeitungsinterview erklärte: »Man muss nicht wegen jeder Auseinandersetzung mit dem Koalitionsbruch drohen, sondern einfach mal stehen bleiben.«[104]

Eine vertrackte Lage, in die Barley sich manövriert hatte – und aus der sie nicht mehr herauskam, zumal sie sich für keine Richtung entschied. Am 26. März 2019 beschloss das Europaparlament die EU-Urheberrechtsreform – dort stimmte Barleys SPD dagegen. Die Ministerin sprach in einem Tweet absurderweise den Koalitionspartner im Bund an, mit dem sie im Kabinett ja gemeinsam für die Reform gestimmt hatte, und erklärte, sich nun dem Nein der Sozialdemokrat:innen anzuschließen: »Wir halten #Uploadfilter für den falschen Weg. Liebe Union, wenn Ihr einen Funken Glaubwürdigkeit bewahren wollt, unterstützt Ihr unseren Antrag im Europäischen Parlament. So können wir Uploadfilter verhindern. #Artikel13 #EuropaistdieAntwort«.[105] Doch es half nicht: Am 26. März beschloss das EU-Parlament die Reform, und am 15. April gab der Rat der Europäischen Union grünes Licht. Den EU-Staaten wurde zwei Jahre Zeit gegeben, das Gesetz in nationales Recht umzusetzen.

Ein kommunikatives Desaster. Barley hatte den Frieden der Großen Koalition nicht gefährden wollen, ihre eigene Position aber beibehalten – und untergrub nun unter den Augen der Öffentlichkeit die immerhin vom nationalen Kabinett, dem sie selbst angehörte, gefassten Beschlüsse, indem sie dafür warb, diese auf europäischer Ebene zu torpedieren. Gleichzeitig demonstrierte sie die eigene Machtlosigkeit: Sie hatte sich mit ihrer Position nicht durchsetzen können. Doch statt dies nach außen hin einzuräumen, versuchte sie mit ihrem Tweet, die Union unter Druck zu setzen – ausgerechnet mit dem Argument der Glaubwürdigkeit. Die sie aus Sicht vieler gerade verloren hatte. Zumal sie den Eindruck erweckte, auch deshalb zugestimmt zu haben, um ihre Chancen auf einen angepeilten Posten als Abgeordnete im Europäischen Parlament nicht zu schmälern.

Dadurch verlor sie die Unterstützung der Jugend, auch der eigenen Parteijugend: Der einflussreiche Juso-Chef Kevin Kühnert hatte Barleys Wahlkampf bis dahin engagiert unterstützt. Die Jusos waren ausgestattet mit Geld und Möglichkeiten wie nie zuvor in den Wahlkampf gegangen. Doch dieses Bündnis zerbrach an Barleys Zustimmung für die Reform. Barley wäre besser zurückgetreten, statt einen Entschluss zu vertreten, den sie ablehne, hieß es. Und sie habe ein Thema verschenkt, mit dem man sich habe profilieren können – als Partei des digitalen Knowhows und als Partei der Jüngeren.

Diese posteten in den sozialen Medien massenhaft Inhalte versehen mit dem Hashtag #NieMehrSPD. Die CDU, die ja auf Geheiß der Kanzlerin den Koalitionsvertrag ebenfalls gebrochen hatte, wurde mindestens ebenso massiv kritisiert, hier lautete der Hashtag entsprechend #NieMehrCDU – sie war sich aber wenigstens treu geblieben. Einmal den Koalitionsvertrag gebrochen, hatte sie ihre Linie beibehalten. Beide Parteien gingen bekanntermaßen lädiert aus den Europawahlen hervor.

Die gute Nachricht lautet: Das Internet lebt noch, allen

Unkenrufen zum Trotz. Die schlechte: Das Vertrauen in Politik haben Union und SPD nicht gerade gestärkt, und das gilt nicht nur für die jungen Leute.

Christian Lindner, die FDP und die süße Droge Social Media

In den sozialen Medien steht die FDP gut da, vor allem verglichen mit ihrem Abschneiden bei Wahlen und Umfragen seit der Bundestagswahl 2017. Bei Twitter sind die Liberalen mit rund 343.300 Follower:innen die dritt-reichweitenstärkste Bundestagspartei. Auf Instagram belegen sie immerhin den fünften Platz mit gut 66.700 Follower:innen. Bei Facebook sieht es hingegen nicht so gut aus; da liegen sie mit rund 164.600 Abonnent:innen auf dem letzten Platz, bei YouTube mit 11.300 auf dem vorletzten.

Die Bilanz von Parteichef Christian Lindner aber ist beeindruckend: 419.000 Follower:innen bei Twitter, rund 274.000 Abonnent:innen bei Facebook und 169.000 Menschen, die ihm auf Instagram folgen. Damit führt Lindner mit beachtlichem Abstand die Rangliste der Parteichef:innen in fast allen sozialen Netzwerken an – nur bei Instagram ist CSU-Chef Markus Söder noch erfolgreicher.

Es überrascht deshalb nicht, dass die stark auf Lindner zugeschnittene FDP eine Verjüngungskur hinter sich hat: »Deutlich gewandelt hat sich die Wählerschaft dagegen seit Mitte der 2000er-Jahre hinsichtlich ihrer Altersstruktur. Neigten der FDP bis dahin vorwiegend ältere Wähler zu, so ist sie heute in den jüngsten Altersgruppen anteilsmäßig am stärksten vertreten [...] Nachdem sie in der ›Generation Golf‹ der nach 1975 Geborenen bereits 2009 unter [Guido] Westerwelle einen großen Sprung nach vorne gemacht hatte, konnte die FDP in der Gruppe der 18- bis 24-Jährigen unter Lindner 2017 weiter zulegen, während sie in der ältesten Wählergruppe der über 70-Jährigen die größten relativen Verluste verzeichnete.«[106]

2017 führte Lindner die FDP zurück in den Bundestag, nachdem sie 2013 dort hinausgeflogen war. Dieses Meisterstück gelang ihm nicht zuletzt dank der sozialen Medien, die eine bedeutende Rolle in seiner Kampagne spielten. Lindner hatte dabei aus seinen Erfahrungen aus dem nordrhein-westfälischen Landtagswahlkampf 2013 schöpfen können: Vier Prozentpunkte legten die Liberalen damals mit Lindner als Spitzenkandidat zu. Der *Kölner Stadt-Anzeiger* krönte ihn zum »Social-Media-König unter den Politikern«, schrieb von einer möglichen »Blaupause für die Bundestagswahl«[107] – und behielt damit recht.

Instagram, Twitter, Facebook, YouTube: Lindner spielte die gesamte Klaviatur. Er setzte sich zwischen zwei Terminen hinten ins Auto, filmte sich – demonstrativ improvisiert, denn Profis wissen: Das ist die denkbar ungünstigste, weil wenig schmeichelhafte Kameraeinstellung – von schräg unten, plauderte locker und scheinbar spontan über Politik und baute spielerisch Kritik an seiner Partei ein oder sogar Beleidigungen, die von »Jetzt drehen sie durch« bis »Idioten« reichten.[108] Lindner konterte sachlich, aber bestimmt. Er wusste damals schon: Zurückschimpfen ist die falsche Strategie. Man kann Diskussionen im

Netz nicht gewinnen. Aber verliert man die Nerven, verliert man an Ansehen.

Eine weitere nicht zu unterschätzende Schlüsselqualifikation: Lindner verstand den Netzhumor und ließ sich darauf ein, selbst wenn er sich gegen ihn richtete. Machte man sich 2017 lustig über ein Video, das ihn als 18-Jährigen im Anzug zeigte, Business-Weisheiten vortragend, mit hochgegelten Haaren, Aktenkoffer und einer Kuhkrawatte[109], reagierte er gelassen und trug in seinem nächsten Live-Video eine Kuhkrawatte.[110] Es ist eine hohe Kunst, solchen Spott zu ignorieren. Die Variante für Fortgeschrittene ist es, damit zu spielen. In der Regel wird das belohnt. Wer im Internet unterwegs ist, schätzt häufig Selbstironie, auch der indirekte Dialog spielt eine immens wichtige Rolle. Den direkten bediente Lindner mithilfe von Live-Formaten.

Lindner machte 2017 aus der Not eine Tugend. Das Wahlkampfbudget seiner Partei war klein, da sie nicht im Bundestag vertreten war. Soziale Medien boten und bieten die Möglichkeit, Slogans günstig zu verbreiten. Auch und vor allem bei den Jüngeren, die zu dem gewünschten jugendlichen Image passen, das sich Parteien gern verleihen möchten. Läuft es bei Instagram und anderswo gut, schwappt davon etwas in die Berichterstattung der etablierten Medien hinüber, in denen die FDP kaum vorkam. Als angenehmen Nebeneffekt des Social Media-Wahlkampfs heimste die Partei damit auch bei den Medien Lob ein, die sich explizit an die Jüngeren richten, wie zum Beispiel *jetzt.de*, einem Ableger der *Süddeutschen Zeitung*: »Kaum eine andere Partei bespielt das Internet und die sozialen Medien so virtuos wie die FDP. Fast 130.000 Menschen folgen ihr bei Facebook – und das als außerparlamentarische Opposition. Den Großparteien SPD und CDU folgen nicht sonderlich viel mehr. Selfies, Memes und Instagram-Stories – die FDP hat gecheckt, wie das Internet funktioniert, und kommt damit richtig gut an«, schrieb man dort zum Bundestagswahlkampf 2017.[111]

In den zog die FDP konsequenterweise mit der Forderung nach einem Digitalministerium: »Digitalisierung ist eine der zentralen Herausforderungen der Gegenwart. Das macht sie zu einer komplexen Querschnittsaufgabe. Wir wollen das Kompetenzgerangel zwischen fünf Ministerien in Sachen Digitalisierung beenden«, hieß es im Bundestagswahlprogramm.[112] Die spätere Koalition aus Union und SPD entschied sich jedoch dagegen; Digitalisierung sei ein Thema, das praktisch jeden politischen Arbeitsbereich anspreche. Ein Querschnittsthema also, das zwar vom Kanzleramt aus koordiniert, in den Ministerien aber als selbstverständlicher Bereich des täglichen Arbeitens dort betrachtet und behandelt werden solle, fassten es die damaligen Parteivorsitzenden von CDU, CSU und SPD, Angela Merkel, Horst Seehofer und Olaf Scholz, bei der Pressekonferenz zum Koalitionsvertrag 2018 zusammen.[113]

So entschied also die GroKo, die sich 2018 formierte – dabei hatte es nach der Wahl 2017 zunächst so ausgesehen, als würde die FDP künftig mit am Kabinettstisch sitzen: Der Wiedereinzug in den Bundestag glückte. Und nicht nur das: Schnell fanden sich die Liberalen in Sondierungsgesprächen wieder, mit Union und Grünen. Die Regierungsbeteiligung war zum Greifen nahe.

In der Nacht auf den 20. November 2017 aber brach Christian Lindner die Gespräche über eine Jamaikakoalition ab. Diese Entscheidung verfolgt ihn seitdem. Wann immer die Liberalen etwas kritisieren, kommt zuverlässig dieser Konter. Lindner hätte es ja besser machen können, habe sich aber seinerzeit vor der Verantwortung gedrückt und argumentiere nun wohlfeil von der Seitenlinie aus. Sein Zitat aus der Novembernacht 2017 »Es ist besser, nicht zu regieren, als falsch zu regieren«[114] wird ihm regelmäßig um die Ohren gehauen.

Für die FDP lief es in den folgenden Jahren nicht allzu gut. Sie sackte in den Umfragen ab, zwischenzeitlich auch unter die Fünf-Prozent-Marke, also in die politische Todeszone. Hatten seine Parteifreund:innen Lindner anfangs noch als jemanden gefeiert, der mit seinem beherzten Auftritt in der Novembernacht selbst die letzten Zweifler:innen davon überzeugt hatte, dass die FDP keine Umfaller- oder Steigbügelpartei war, wurde die Sorge vor einem erneuten Rauswurf schnell wieder größer – und damit auch die Kritik aus den eigenen Reihen.

Ein fundamentales Problem ist der Verdacht, Lindner habe die Verhandlungen nur geführt, um sie mediengerecht scheitern zu lassen. Dass ihm Show wichtiger war als Substanz. Begründet ist er auch dadurch, dass sich die Liberalen in den sozialen Medien als Meister:innen der Inszenierung erwiesen haben. Kurz nachdem Lindner die Bombe vor der Presse und die Gespräche mit Union und Grünen hatte platzen lassen, meldeten sich die ersten wütenden und erschöpften Mitverhandler:innen zu Wort. Anscheinend waren die anderen Parteien, die mit am Verhandlungstisch gesessen hatten, ebenso überrascht wie die Öffentlichkeit, als die liberalen Verhandlungsführer:innen die Runde verließen und damit das geplante Regierungsbündnis sprengten. Schnell teilte man parteiübergreifend die Theorie von einem lang gehegten Plan – manche auch in den sozialen Medien. Die spätere Landwirtschaftsministerin Julia Klöckner (CDU) bezeichnete Lindners Manöver auf ihrem Twitter-Account als »gut vorbereitete Spontaneität«[115]. Robert Habeck, damals noch Umweltminister in Schleswig-Holstein und Besitzer eines Twitter-Accounts, tobte dort: »FDP, das war von langer Hand vorbereitet!«[116]

»Wir haben gelernt, dass auch durchaus gravierende Unterschiede zwischen CDU und CSU und FDP überbrückbar gewesen wären«[117], so begründete Lindner den Abbruch der Gespräche – de facto also damit, mit den Grünen keine ausreichend große inhaltliche Schnittmenge gefunden zu haben. Dieser These widersprachen an den Gesprächen Beteiligte; beim besonders strittigen Thema »Familiennachzug« hätten sich die Grünen längst bewegt, sagte etwa der damalige CDU-Generalsekretär Peter Tauber.[118]

So weit die übliche mediale Inszenierung: Gesichtswahrung, Schwarzer-Peter-Spiele, Vorwürfe, Rückweisung der Vorwürfe und wieder von vorn. Eine Besonderheit aber brachte diese Episode mit sich: Die FDP hatte die Sondierungsgespräche kurz vor Mitternacht abgebrochen. Schon am nächsten Morgen erschien auf ihren Social-Media-Kanälen das inzwischen berühmte Zitat »Es ist besser, nicht zu regieren, als falsch zu regieren« als gestaltete Texttafel. Zu schnell, so die Schlussfolgerung mancher – Wasser auf die Mühlen derer, die argwöhnten und von einem gut vorbereiteten Szenario sprachen, Lindner die inhaltlichen Argumente also nicht abnahmen.

Die FDP widersprach diesem Verdacht in einer ersten Reaktion. Das Gestalten einer solchen Texttafel sei schnell erledigt. Später aber revidierte sie diese Argumentation. Notgedrungen. Die *Spiegel*-Hauptstadtkorrespondentin Ann-Kathrin Müller hatte nämlich ein interessantes Detail entdeckt: den Dateinamen der Kachel. Diese war vorschriftsmäßig und professionell benannt – aber unprofessionellerweise war auch der gesamte Dateiname veröffentlicht. Inklusive des Datums, an dem die Tafel angefertigt worden war: donnerstags. Und somit drei Tage *vor* dem Abbruch der Gespräche durch die Liberalen. Von Spontaneität hatte das wenig. Die FDP legte als Erklärung nach, es habe für jeden möglichen Ausgang der Gespräche vorbereitete Tafeln gegeben. Das würde in das moderne Social-Media-Konzept der Partei passen. Allein, es bleibt ein Restzweifel.[119]

Und noch ein anderes Manöver, mit dem sich die FDP als innovativer und moderner als die anderen Parteien präsentieren wollte, sollte Lindners Liberalen auf die Füße fallen: Im Bundestagswahlkampf hatte die Partei Plakate mit dem Slogan »Digital first. Bedenken second.« geklebt. Neben dem Slogan zu sehen: Christian Lindner, in der Hand ein Smartphone. Schmissiger Spruch, der sich einprägte, sowohl Englischkenntnisse als auch Humor offenbarte – und Distanz zu der von Bedenken gebremsten politischen Konkurrenz herstellte.

Im Sommer 2018 erlitt dieser Slogan jedoch einen veritablen Realitätsschock. Mit Bekanntwerden des Cambridge-

Analytica-Skandals wirkte die Forderung nicht mehr jung und frisch, sondern naiv und überholt. Auf dem FDP-Bundesparteitag in Berlin musste Lindner einräumen, das Plakat sei »wohl doch etwas im Überschwang gestaltet« gewesen.[120]

Trendsicher hat Lindner inzwischen auch das Medium Podcast für sich entdeckt. Seit Ende 2018 hat er seinen eigenen, in dem er alle paar Wochen mit einer Persönlichkeit aus allen möglichen gesellschaftlichen Bereichen plaudert. Die Gesprächspartner:innen sind vielfältig, nur steht allzu oft eine Person im Vordergrund: Christian Lindner. Lindner ist die Stimme der FDP, Lindner ist das Gesicht der FDP. Lindner *ist* die FDP.

Und genau das ist die Kehrseite von Lindners Medienpräsenz auf nahezu allen Kanälen. Neben ihm bleibt wenig Platz. Die Partei ist eine One-Man-Show geworden. Selbst sein Vize Wolfgang Kubicki, der aufgrund seines Hanges zu markigen Aussagen häufiger in den Medien vorkommt, ist weit abgeschlagen. Wer wie Lindner eine große Follower:innenzahl sein Eigen nennen kann, der erweist chronisch unterbesetzten Redaktionen einen riesigen Gefallen: Einen Tweet zu zitieren oder einen Satz aus dem Podcast zu schneiden, geht schneller und unkomplizierter vonstatten, als ein Interview zu vereinbaren und zu führen. Lindner, so der Eindruck, ist stets greifbar. Mit ihm steht und fällt die FDP.

Die CSU – Wenn er nur wollte,
wie er könnte, und sie nur könnte, wie sie wollte

Einer der erfolgreichsten Slogans der CSU stammt von einem CDU-Politiker: Eine Rede anlässlich der Einweihung der Neuen Messe München am 12. Februar 1998 nutzte der damalige Bundespräsident Roman Herzog, um den Wandel des Freistaats Bayern vom Agrar- zum Hightech-Land zu loben: »Wäre ich nicht selbst Bayer, würde ich sagen: ›Hier sind Lederhose und Laptop eine Symbiose eingegangen.‹«[121] Der damalige Ministerpräsident Edmund Stoiber fand so viel Gefallen daran, dass er »Laptop und Lederhose« direkt für die im selben Jahr in Bayern stattfindenden Landtagswahlen nutzte, für die er als Spitzenkandidat antrat: »Wo immer er aufkreuzt, variiert der Hightech-Fan die gefällige Metapher mit einer Ausdauer und Leidenschaft, daß ihm am Ende der Schweiß in den Hemdkragen läuft«, beobachtete damals der *Spiegel*.[122]

Das ist lange her. Heute ist die CSU nicht mehr die Partei, die bei Laptops den Ton angibt. Letzter Platz bei Instagram mit 42.200 Follower:innen; ebenfalls letzter Platz bei YouTube, wo 3050 Menschen den Parteikanal abonniert haben. Vorletzter sind die Christsozialen auch bei Twitter mit 212.100 Abonnent:innen. Nur bei Facebook läuft es ganz gut: 222.812 Menschen haben die CSU-Seite dort abonniert – dritter Platz. Eigentlich nicht weiter tragisch, könnte man denken, denn die CSU-Klientel ist weder urban noch jung noch hip: »Typische CSU-Wähler sind älter als der Bevölkerungsdurchschnitt, weisen eine größere Nähe zur Kirche auf und leben häufiger auf dem Land.«[123]

Nur: Es läuft auch nicht mehr so gut für die CSU; absolute Mehrheiten wie noch 1998 unter Edmund Stoiber sind keine Selbstverständlichkeit mehr: »Dass die Wahlerfolge der CSU inzwischen deutlich labiler geworden sind, haben zuletzt die Kommunalwahlen im Frühjahr 2020 gezeigt, bei denen sie mit Werten um die 35 Prozent hinter die schlechten Ergebnisse der Landtagswahl 2018 und Bundestagswahl 2017 nochmals zurückgefallen ist.« Auf dem Land machen die Freien Wähler der CSU Konkurrenz, in den Städten die Grünen. Am treuesten bei der Stange bleiben die über 70-Jährigen.[124]

An die Jungen muss man also ran, das verspricht Zukunft. Das weiß Markus Söder, inzwischen bayerischer Landesvater und auch CSU-Vorsitzender. Und zumindest in den sozialen Medien ist ihm das auch schon gelungen. Bei Twitter folgen ihm 195.607 Menschen, auf Facebook haben seine Seite 230.582 Leute abonniert, und bei Instagram hat er sogar FDP-Chef Christian Lindner überholt: 217.000 Follower:innen. Das neue Synonym für Laptop ist »Social Media« – zumindest gilt das für Söder.

Mit Horst Seehofer als Innenminister, Andreas Scheuer als Verkehrsminister und Dorothee Bär als Staatsministerin für Digitales im Kanzleramt hat die CSU zudem gleich drei Digital-Schlüsselressorts auf bundespolitischer Ebene inne. Aber nur Bär kann den Anspruch wirklich erfüllen.

Doro Bär, wie sie sich selbst in den sozialen Netzwerken nennt, wird durch alle Parteien hinweg Expertise in Sachen Digitalisierung zugeschrieben. Bär kennt sich nicht nur in den großen Fragen ihres Bereichs aus, sie bespielt auch privat die sozialen Medien mit Leidenschaft. Sie veröffentlichte schon sogenannte Storys auf Instagram (selbst gestaltete Filmchen, die aus Bildern, Texttafeln oder auch Videos bestehen können), als sich manche Kabinettskolleg:innen wahrscheinlich noch fragten, was denn nun dieser Bilderdienst schon wieder sei. Dort (47.400) und bei Twitter (99.200) folgen ihr viele Menschen, dort trifft sie den Ton. Sie findet eine gute Mischung aus Humor und Lockerheit und geht auch mal Leute offensiv an, die ihr schräg von der Seite kommen.

Dorothee Bär kennt sich aus, ist motiviert – aber sie hat wenig zu sagen und wenig Budget. Die GroKo entschied sich bekanntlich gegen ein eigenständiges Digitalministerium. Stattdessen schuf man den Posten einer »Staatsministerin bei der Bundeskanzlerin und Beauftragte der Bundesregierung für Digitalisierung« und besetzte ihn mit Bär. Mit dem Gerangel zwischen CDU und CSU, wer denn nun den Hut beim Digitalen aufhabe, Kanzleramtschef Helge Braun von der CDU oder CSU-Politikerin Bär, das schon während der Kabinettsbildung begann, räumte dann Angela Merkel endgültig auf der Pressekonferenz zur Vorstellung des Koalitionsvertrages am 12. März 2018 auf: Eine Staatsministerin sei keine Ministerin, und der Kanzleramtsminister sei schließlich auch noch da. »Im Kanzleramt gibt es ja auch noch eine Bundeskanzlerin, und die hat glücklicherweise einen Kanzleramtsminister. Dem helfen Staatsminister, und dazu gehört, als Staatsministerin, Dorothee Bär.«[125]

Wie problematisch es ist, dass dieser Bereich nicht zentral organisiert ist, war bei der Präsentation der heiß erwarteten Corona-App im Juni 2020 zu sehen: Bär leitete die Pressekonferenz. De facto hieß das, dass sie die einzelnen Verantwortlichen aufrief, die sich dann in aller Breite zum Produkt, zur Genese und zu den Erwartungen äußerten. Es wirkte, als wäre Bär die Pressesprecherin der »richtigen« Verantwortlichen, und sie versah den Themenkomplex »Digitales« dadurch einmal mehr mit dem Prädikat »wichtig, aber unwichtiger als andere Ressorts«.

In welche Bredouille sie diese Diskrepanz aus Schein und Sein bringt, lässt sich auch gut beobachten in der ARD-Dokumentation *Neuland – Wer hat die Macht im Internet?*. Der sehenswerte Film begleitet unter anderem Bär mit der Kamera in eine Schule, zu Senior:innen und zu Ruben Ritter, zu dieser Zeit Co-Chef von Zalando Deutschland. Bär ist meistens freundlich, doch erstens lässt sie in keiner Antwort ein stringentes Konzept der Bundesregierung für den Themenblock Digitalisierung erkennen, zweitens setzen die Filmemacher ihren schwammigen Aussagen konkrete Zahlen entgegen, die sie konterkarieren.

Die Reporterin fragt Bär während des Treffens mit dem Zalando-Vorstandsvorsitzenden nach ihrem persönlichen Umgang mit großen Plattformen: »Es gibt ja auch Politiker:innen, gerade in dem Bereich, die sagen eher: ›Ich nehm mir die Unternehmen mal zur Brust. Das ist nicht Ihr Stil?«, hört man die Journalistin aus dem Off. In ihrer Antwort fasst Bär indirekt ihr Dilemma zusammen, in dem sie ohne Budget, ohne genügend Mitarbeiter und ohne Macht steckt: »Ja, das kommt immer in der Bevölkerung total gut an, und das kommt wahrscheinlich auch bei Ihnen total gut an, weil das macht dann Klicks und steigert die Auflage. Jeder, man muss immer wissen, jeder hat so sein eigenes Päckchen zu tragen, jeder ist an der Stelle, an der er steht, auch von gewissen Zwängen umgeben.«[126]

Die Einrichtung einer Stelle einer »Staatsministerin bei der Bundeskanzlerin und Beauftragte der Bundesregierung für Digitalisierung« ist kein Signal, das zeigt, wie wichtig der Großen Koalition die Digitalisierung ist. Die Arbeit von CSU-Politikerin Bär belegt indes, wie es um die strukturelle Netz- und Social-Media-Kompetenz der Parteien bestellt ist: Sie hängt von Einzelpersonen ab. Wer Spaß daran hat, macht halt und hängt sich rein, soweit seine oder ihre Befugnisse und individuelle technische und kommunikative Kompetenz das zulassen. Wer nicht, nicht. Es ist nicht obligatorisch. Der offensichtlichste Beleg dafür ist Horst Seehofer, Bärs Parteifreund, der in puncto soziale Netzwerke ein ganz gehöriges Wörtchen mitzureden hat. Schließlich ist er niemand Geringeres als der Bundesinnenminister.

Man könnte die Geschichte von Horst Seehofer und dem Internet mithilfe einer kurzen Anekdote erzählen. Seehofer sorgte für großes Vergnügen, als er auf einer Pressekonferenz Anfang Januar 2019 zum Thema »Hackerangriff auf deutsche Politiker:innen und Prominente« Auskunft gab zum Ermittlungsstand. Und dabei durchblicken lassen wollte, wie gut er selbst dieses Internet kennt. Dabei stellte sich heraus: Seehofer hat das Netz quasi erfunden! Wörtlich sagte er, er sei selbst im World Wide Web unterwegs: »Nicht so sehr mit Ihnen und mit Twitter und so weiter, aber seit den Achtzigerjahren.«[127] Beeindruckend – besonders, weil das faktisch gar nicht möglich ist. Privatpersonen gelangten erst in den Neunzigerjahren ins Internet.

Es gab aber eine Zeit, in der Horst Seehofer tatsächlich in den sozialen Medien aktiv sein wollte. Anfang August 2018 kündigte er in einer Bierzeltrede in Bayern an, Ende des Monats mit dem Twittern anzufangen. Ein schöner Cliffhanger: Die Republik hatte nun Zeit, sich zu freuen oder das Schlimmste zu befürchten, je nach Standpunkt.

Die Tatsache, dass Seehofer nun bald mitmischen wollte, ohne zwischengeschaltete Pressesprecher:innen, begründete er mit einer zwingenden Notwendigkeit. Es gebe so viel ungerechte Kritik an ihm und seiner Politik, von einer »Kampagne der Medien«[128] sprach er gar, dass er einschreiten und seine Sicht der Dinge schildern wolle: »Ich sehe mich jetzt gezwungen, weil ich manche Wahrheiten sonst nicht unter eine breitere Bevölkerung bekomme«, sagte Seehofer damals.[129] Er hatte es also verstanden: Die sozialen Medien sind ein unverzichtbares Instrument für moderne, bürger:innennahe Kommunikation. Ganz offensichtlich hatte sich Seehofer eine eigene Strategie überlegt. Denn zur Beruhigung wahrscheinlich seiner eigenen Pressestelle, die seit seinem Dienstantritt oft wenig zu lachen hatte, sagte er, er würde »in einem anderen Stil« als US-Präsident Donald Trump twittern.

Seehofers Ankündigung sorgte für ein beachtliches mediales Echo. Die Spannung stieg, vor allem bei Journalist:innen. Plante der Innenminister etwas Großes? Womöglich sah er sich noch um, gewöhnte sich noch ein. Medien wie die *taz*[130] und *zett*[131], das Jugendportal der *Zeit,* malten sich bereits im Vorfeld nicht ganz ernst gemeint mögliche Tweets aus, die der CSU-Politiker twittern könnte. Der Minister hatte hohe Erwartungen geschürt.

Am 11. September dann kam er, der erste Tweet: »Im Gedenken an die Opfer des Anschlags auf das World Trade Center am 11. September 2001 sage ich deutlich: Wir brauchen eine starke #Zivilgesellschaft, starke #Polizei und starke Sicherheitsbehörden im Kampf gegen jeglichen #Extremismus. Dafür werde ich sorgen. (HS)«[132], schrieb Seehofer auf dem offiziellen Twitter-Account seines Ministeriums. Das Kürzel mit seinen Initialen (HS) kennzeichnete, dass der Minister selbst getwittert hatte. Zusätzlich postete Seehofer ein Video, das ihn unter anderem diese Aussage tätigend zeigt: »Mein Ziel ist es, mit Ihnen in einen Dialog zu kommen. Es war von jeher meine politische Leitlinie mit den Bürgern zu reden, auf sie zu hören und die Meinungen der Bürger auch in praktische Politik umzusetzen. Politik ist heute eine Dienstleistung für die Bürger und bei dieser Dienstleistung will ich mich der ganz modernen Methoden bedienen. Jetzt geht's los mit dem Twittern.«[133]

Nun ja, so richtig los ging's dann doch nicht. Seehofer ließ sich Zeit. Erst am 6. Dezember meldete er sich erneut, diesmal von seinem eigenen Account, der »@der_seehofer« hieß, und gratulierte Annegret Kramp-Karrenbauer: »Meine herzlichen Glückwünsche zur Wahl zur neuen Vorsitzenden der CDU. Viel Glück und Erfolg im neuen Amt! Auf gute Zusammenarbeit mit der CSU!«, schrieb er, damals noch Vorsitzender der Schwesterpartei, der CSU. Als er im November 2019 ankündigte, von diesem Posten zurücktreten zu wollen, nahm er dies zum Anlass für seinen zweiten Tweet auf seinem Account.

Und der war dann auch gleichzeitig sein letzter: Nach nicht mal einem Jahr zog sich Seehofer auch schon wieder von Twitter zurück. Mit der von ihm angekündigten modernen bürger:innennahen Kommunikation, dem dringenden Vorhaben, Wahrheiten unter eine breitere Bevölkerung zu bekommen – damit war es schon wieder vorbei, bevor es überhaupt so richtig angefangen hatte. Seehofers medial eifrig begleitete Twitter-Karriere war äußerst kurz und um einiges unspektakulärer gewesen, als seine Ankündigungen es hatten vermuten lassen. Seine Begründung für diesen raschen Abgang nannte Seehofer denn auch konsequenterweise in einem klassischen Zeitungsinterview: »Wir haben hier ein Social-Media-Referat und machen das sehr seriös. Gelegentlich schaue ich mir dann an, wie das kommentiert wird, und was ich da lese, ist oft dermaßen platt und flach, gehässig und bösartig – nein, von so einer Community möchte ich nicht Teil sein.«[134]

Der Chance auf einen Dialog mit den Bürger:innen hatte sich Seehofer selbst beraubt. Anscheinend hatte sich der Bundesinnenminister, dessen Behörden – wie etwa das Bundeskriminalamt – sich den Kampf gegen Hassrede im Netz auf die Fahnen geschrieben hatten, erst persönlich ein Bild davon machen müssen, wie es in den sozialen Netzwerken zugeht. Dass nicht jede:r dort dialogbereit ist. Und sich dann entschieden, sich lieber dort zurückzuziehen, statt mit gutem Beispiel voranzugehen.

Die Könner:innen von der AfD

Vor der Europawahl 2019 wertete der *Spiegel* Daten des
US-Wissenschaftlers und Aktivisten Trevor Davis aus. Ihm
zufolge entfielen auf Facebook seit Oktober 2018 »rund
85 Prozent aller weiterverbreiteten Beiträge deutscher
Parteien auf die AfD. Die verbleibenden 15 Prozent dieser
›Shares‹ teilen sich SPD, Grüne, Linke, FDP und Union, da-
von gehen nur jeweils 2 bis 3 Prozent an die Volksparteien
SPD und CDU/CSU«[135]. 85 Prozent!

Tatsächlich ist die AfD *die* Facebook-Partei. Dort liegt
sie mit 534.000 Abonnent:innen weit vor den anderen im
Bundestag vertretenen Parteien. Auf Platz zwei folgt die
Linke mit 266.000 Abonnent:innen – das ist nicht mal die
Hälfte. Die gleiche Rangfolge gilt bei YouTube: Spitzenrei-
ter ist die AfD mit 94.000 Abonnent:innen, darauf folgt die
Linke mit 37.400.

Parteichef Jörg Meuthen ist ebenfalls recht erfolgreich
bei Facebook: 148.222. Auch die Zahl seiner Twitter-Abon-
nent:innen ist recht stabil mit 70.900. Instagram scheint
ihm nicht so wichtig, dort hat er seit Juli 2020 nichts mehr
gepostet. Sein Co-Vorsitzender Tino Chrupalla hingegen,
anders als Meuthen kein großer Rhetoriker und nicht bekannt dafür, dass er Bühnen welcher Art auch immer sucht
oder gar genießt, setzt nicht auf die sozialen Netzwerke:
2.505 Follower:innen bei Instagram, 11.530 bei Twitter und
18.138 Abonnent:innen bei Facebook.

Es ist nur logisch, dass die AfD gerade bei Facebook
und YouTube so erfolgreich ist. Sie macht Politik mit po-
larisierenden Themen wie etwa Migration und setzt da-

rauf, Politik insgesamt zu emotionalisieren. Ein Beispiel: Ein Post auf der Facebook-Seite vom 4. Dezember 2020 zeigt ein Foto eines imposanten Gebäudes. Darüber ist dieser Text gelegt: »Plattenwohnungen für Hartz-IV-Empfänger – und dann sowas? Flüchtlinge beziehen Villa in Millionärsviertel! Ist das gerecht? Sagen Sie uns Ihre Meinung!«[136] Es klingt, als würden Flüchtlinge nun in der Villa auf der Abbildung leben – die übrigens nicht das Gebäude zeigt, um das es in der Geschichte hinter dem Post geht. Die Wahrheit aber ist: Zwölf bis 14 Asylsuchende sollen in einem Gebäude im Besitz des bayerischen Landkreises Ebersberg untergebracht werden. Für eine vom zuständigen Landratsamt zu entrichtende Miete von rund 2800 Euro. Teilt man das durch die geplante Anzahl der dort unterzubringenden Menschen, relativiert das die Brisanz ebenso wie die Tatsache, dass sie auf 250 Quadratmetern Fläche untergebracht werden sollen. Zumal sie nur so lange dort bleiben sollen, bis sie weiterverteilt werden können. Ein normales Prozedere, wie der *Münchner Merkur* berichtet, der einen Mitarbeiter des Landratsamts mit den Worten »Wir nehmen fast alles, was wir kriegen können« zitiert: Die Behörden vor Ort sind laut der Zeitung »ständig auf der Suche nach Flüchtlingsunterkünften, da sie die im Verteilungsschlüssel festgelegte Anzahl an Plätzen derzeit nicht vollumfänglich zur Verfügung« stellten.[137] Dauerhaft dort leben – davon kann also nicht die Rede sein.

Ein typischer Post der AfD: eines ihrer Kernthemen – Flüchtlinge –, auf emotionale Weise aufbereitet. Eine Neiddebatte angezettelt, in der die einen – Flüchtlinge –

gegen die anderen – Hartz-IV-Empfänger:innen – ausgespielt werden sollen. Das funktioniert bei Facebook aufgrund der in Kapitel drei beschriebenen Mechanismen sehr gut. Korrekturen, Richtigstellungen sind nicht relevant. Wenn etwa jemand klarstellt, was an diesem Facebook-Eintrag alles nicht stimmt, bekommen das viele schon gar nicht mehr mit. »Für rechtspopulistische Parteien sind die sozialen Medien der zentrale Ort, um zu rekrutieren und ihre Botschaft anzubringen. Hier können sie weitestgehend ungestraft behaupten, was sie wollen, und damit für ihre Position werben«[138], fasst die Kommunikationswissenschaftlerin Katharina Kleinen-von Königslöw zusammen.

Ein weiteres typisches Merkmal: Die AfD ruft in dem zitierten Beispiel ihre Anhänger:innen dazu auf, ihre Meinungen zu äußern, sich am Diskurs zu beteiligen. Das tut sie viel öfter als die anderen Parteien. Die AfD pflegt ihre Kanäle und dortigen Anhänger:innen schon sehr lange. Bereits vor ihrem Einzug in die Parlamente nutzte sie Facebook als kostengünstiges Verbreitungsinstrument. Dieses frühe Engagement spiegelt sich noch heute in den Zahlen wider. »Die Postings der AfD waren mit Abstand die ›erfolgreichsten‹ Postings auf Facebook, wenn man die Interaktionsrate und damit die potentiellen Reichweiten als Bewertungsgrundlage heranzieht. Unter den hundert reichweitenstärksten Facebookpostings waren 60 von der AfD; bei den Spitzenkandidat:innen stammten 81 der einhundert erfolgreichsten Postings von Jörg Meuthen«, schreiben die Autoren der Studie der Friedrich-Ebert-Stiftung zur Europawahl 2019.[139]

Unterstützung erhielt die AfD im Bundestagswahlkampf 2017 laut der ARD-Doku namens *Lösch Dich: so organisiert ist der Hass im Netz* von einer Trollarmee. Dabei handelt es sich um zum Teil riesige Netzwerke aus mehreren Tausend Menschen, die sich zusammentun, um Manipulation im Netz zu betreiben. So schildert zum Beispiel der *Zeit*-Journalist und Mitautor des Buchs *Das Netzwerk der Neuen Rechten,* Christian Fuchs, wie er selbst Opfer einer solchen konzertierten Aktion wurde, nachdem er über ein rechtes Magazin getwittert hatte: »Als wir uns nach einer Besprechung nach einer Stunde wieder an den Rechner setzen, ist unser Post über das *Arcadi*-Magazin geflutet worden. Uns unbekannte Accounts mit Namen wie <<Feuerifrit>> und <<Köterrasse Nr. 32>> beleidigen uns, manche bedanken sich sarkastisch für den Kauftipp.« Einige Stunden später, schreibt Fuchs weiter, habe er dann einen Tipp von einer anonymen Quelle bekommen: »›Der Tagesbefehl vom 1. Dezember: Volle konstruktive Kritik gegen Christian Fuchs feuern!‹ Daneben steht der Link zu unserem Tweet. Jetzt wissen wir auch, woher die vielen Besucher auf dem Twitterprofil kommen. Die rechte Trollarmee im Netz hat uns zum Feind erklärt. Plötzlich sind wir mittendrin im Info-Krieg der Neuen Rechten.«[140]

Bei dieser konkreten Trollarmee handelte es sich um *Reconquista Germanica,* die nach Einschätzung der Bundesregierung seit 2019 aufgelöst ist[141]. Ein sogenannter Oberbefehlshaber von *Reconquista Germanica* – wie es sich für eine Armee gehört, ist auch diese streng hierarchisch organisiert – sagt in der ARD-Doku, man verstehe sich als Verbündete der AfD, »weil wir sie als den parlamen-

tarischen Arm des patriotischen Widerstands ansehen«.[142]
Man habe mit einer riesigen Zahl von Posts, Kommentaren
und Retweets im Sinne der AfD die Wahlen zu ihren Guns-
ten beeinflussen wollen. »Das Netz ist zu einem der wichtigsten Gefechtsfelder der organisierten Neuen Rechten
geworden«, heißt es denn auch in *Das Netzwerk der Neuen
Rechten*.[143] Wie groß der Anteil der rechten Trolle am AfD-
Wahlergebnis 2017 war, lässt sich nicht messen. Geschadet haben dürfte es der Partei jedenfalls nicht, sie schaffte
2017 aus dem Stand den Sprung in den Bundestag mit
12,6 Prozent und übertraf damit »das bis dahin beste Ergebnis einer Rechtsaußenpartei aus dem Jahre 1969 (NPD:
4,3 Prozent) auf Anhieb um fast das Dreifache«[144]. Nachdem die FDP aus den Jamaika-Sondierungsgesprächen
ausgestiegen war und daraufhin Union und SPD aber-
mals eine Große Koalition bildeten, wurde die AfD zudem
Oppositionsführerin im Bundestag: Ihr Ergebnis war besser als das von FDP, Grünen und Linkspartei.

Nicht nur Parteichef Meuthen ist in den sozialen Medien
sehr erfolgreich, sondern auch viele andere AfD-Funktio-
när:innen. Einem von ihnen, und zwar einem der mächtigsten innerhalb der Partei, dienen die sozialen Netzwerke
inzwischen sogar als fast einziges Bindeglied zur breiten
Öffentlichkeit. Die Rede ist von Björn Höcke, der zentralen Figur des rechtsextremistischen, offiziell seit Frühjahr
2020 aufgelösten »Flügels« der AfD.

Der ehemalige Lehrer ist kein Typ fürs Bierzelt. Der
Thüringer Politiker wirkt stets kontrolliert und distanziert, dennoch gelingt es ihm, Wähler:innen zu begeis-
tern. Woher kommt seine Popularität? Anders als etwa

Jörg Meuthen, oder andere prominente Köpfe der Partei wie Alexander Gauland, Tino Chrupalla oder Alice Weidel, wird er in Talkshows so gut wie nicht mehr eingeladen. Der Umgang mit der AfD bleibt für Redaktionen eine schwierige Frage, die immer wieder auftaucht, so wie etwa nach Alexander Gaulands Äußerung, Hitler und die Nazis seien »nur ein Vogelschiss in über tausend Jahren erfolgreicher deutscher Geschichte« im Juni 2018 beim Bundeskongress der AfD-Jugendorganisation Junge Alternative. Der Moderator der ARD-Talkshow *Hart aber fair,* Frank Plasberg, kündigte daraufhin an, Gauland werde nicht mehr in seine Sendung eingeladen: Wer die Verbrechen des Nationalsozialismus relativiere, könne kein Gast bei ihm sein. Andere Vertreter:innen der AfD würden aber durchaus weiterhin eingeladen.[145] In anderen Talkformaten war der damalige Parteichef jedoch auch anschließend noch zu Gast.[146]

Bei Björn Höcke haben die meisten Redaktionen schon vor seiner Einstufung als Rechtsextremist durch den Bundesverfassungsschutz im März 2020 entschieden, ihn nicht mehr einzuladen. Er gilt vielen Journalist:innen als zu offensichtlich und zu weit jenseits des freiheitlich-demokratischen Konsenses agierend und argumentierend, um ihn zur Tagespolitik zu befragen und ohne Einordnung dazu antworten zu lassen. ZDF-Chefredakteur Peter Frey sagte in einem von der *Zeit* moderierten Gespräch im Dezember 2019, Höcke könne kein Gast mehr in einer ZDF-Talkshow sein. Zwar dürften Medien niemanden »erziehen«, jedoch müssten sie zeigen, »wo die Grenzen demokratischer Gesinnung verlaufen«.[147]

Und trotzdem verfügt Höcke über eine enorme Reichweite, nämlich in den sozialen Medien. Er bespielt Twitter – 43.500 Follower:innen – und, AfD-typisch, vor allem Facebook – 80.100 Abonnent:innen – mit Erfolg. Seine Reden auf Marktplätzen, parteiintern umstrittene Auftritte bei den Islamhasser:innen von Pegida, teilt er auf seinen Kanälen, von wo aus sie weiterverbreitet werden. Er beherrscht das Spiel perfekt: Er kann darauf bauen, so gesehen zu werden, wie er das möchte. Keine Gegenrede, keine kritischen Nachfragen, keine redaktionelle Einordnung.

Gab es in den vergangenen Jahren Streit um seinen »Flügel« oder um Aussagen von ihm, die den sogenannten Gemäßigten in der AfD zu weit gingen, schlug er bis dato noch eingehende Anfragen von Medien zwar aus, antwortete aber ausführlich mit kleinen Videos auf seinen Kanälen. Traditionelle Medien verwendeten diese Schnipsel wiederum teilweise für ihre Berichterstattung.

Am Beispiel Höcke zeigt sich, welche wichtige Funktion die sozialen Medien für die AfD übernehmen. Höcke gilt als Strippenzieher in der Partei. Dabei taucht er nur noch selten als Interviewgast in den traditionellen Medien auf. Und auch auf Parteitagen zieht er es vor, nicht selbst ans Mikrofon zu treten. Er bekleidet keinen Posten im Vorstand. Das hat einen nicht zu unterschätzenden Vorteil: Er macht sich auf diese Weise fast unangreifbar, weil er sich keinen öffentlichen Dialogen, keiner Widerrede aussetzt und keine Kompromisse verantwortet. Er kann seine Positionen über die sozialen Medien bekannt geben und erreicht damit diejenigen, die sich von den klassischen Medien abgewendet haben, geriert sich als einer der ihren.

Greifen diese die von ihm in den Netzwerken veröffentlichten Äußerungen auf, erreicht er auch die anderen. Für ihn eine Win-win-Situation.

Auch der stellvertretende AfD-Chef und Bundestagsabgeordnete Stephan Brandner nutzt die sozialen Netzwerke für seine Zwecke und ist ein anschaulicher Beleg dafür, warum die sozialen Medien eine dermaßen gewichtige Rolle für die AfD spielen. Brandner gilt als »Flügel«-nah und enger Vertrauter Björn Höckes im Bundestag, für den Höcke 2017 selbst nicht kandidiert hat. Da aber enden die Gemeinsamkeiten auch schon. Höcke tritt distanziert auf, packt seine Gedanken in feine Sprache und ließ sich für einen Imagefilm anlässlich der regelmäßigen Zusammenkunft des Flügels, dem »Kyffhäusertreffen«, beim Laufen drehen. Ein Sportler, diszipliniert, ausdauernd – das ist das Bild, das so transportiert wird.

Stephan Brandner tritt laut und extrovertiert auf, baut auf derben Humor und spielt mit jüd:innen- und fremdenfeindlichen Klischees. Zum Beispiel auf Twitter. Dort ging er so weit, dass er seinen Posten als Vorsitzender des Rechtsausschusses im Bundestag verlor.

Der Grund für Brandners Rausschmiss: seine Entgleisungen nach dem versuchten Massaker in Halle an der Saale am 9. Oktober 2019.

Am folgenden Tag bezeichnete Brandner den jüdischen Publizisten und ehemaligen stellvertretenden Vorsitzenden des Zentralrats der Juden in Deutschland, Michel Friedman, der sich im ZDF zu den Ereignissen in Halle geäußert hatte, als »deutschen Michel«[148]. Dieser Tweet wurde bis Dezember 2020 allein mehr als 80-mal weiterverbreitet, knapp 200 Twitter-Nutzer:innen gefiel er. Kurz drauf teilte Brandner einen Tweet, in dem es hieß, Politiker würden »in Moscheen und Synagogen lungern«, obwohl in Halle »eine Deutsche, die gerne Volksmusik hörte«, und »ein Bio-Deutscher« umgekommen seien.[149] Daraufhin forderten der Deutsche Anwaltsverein und der Deutsche Jurist:innenbund Brandners sofortigen Rücktritt als Vorsitzender des Rechtsausschusses.[150] Brandner ist selbst Rechtsanwalt.

Am 27. Oktober erzielte die AfD mit Björn Höcke als Spitzenkandidat beachtliche 23,4 Prozent bei der Landtagswahl in Thüringen. Das kommentierte der Sänger Udo Lindenberg auf Facebook unter anderem mit den Worten, man brauche keine »rückwärtsgewandten Rassisten, Hetzer und menschenfeindliche Brandstifter«[151]. Daraufhin nannte Brandner das Bundesverdienstkreuz, das Lindenberg wenige Wochen zuvor verliehen bekommen hatte, einen »Judaslohn«[152]. Nun reichte es auch den Bundestagsparteien, sie forderten Brandner zum Rückzug vom Rechtsausschussvorsitz auf. Als er das ablehnte, wurde er dazu gezwungen. Damit brüstet er sich in seiner sogenannten Twitter-Biografie, der kurzen Selbstbeschreibung über jedem Account: »Vors. Rechtsausschuß b. 13. 11. 2019 (abgesetzt v. Altparteien)« steht da zu lesen.

Interessant ist, dass Brandners Tweets nach dem versuchten Anschlag auf die Hallenser Synagoge zwar für viel Aufsehen und für viel Ärger sorgten – seiner Partei aber keinen sichtbaren Schaden zufügten. Björn Höcke erzielte zwei Wochen später bei den Wahlen in Thüringen trotzdem ein ziemlich gutes Ergebnis – oder vielleicht sogar deswegen? Brandner selbst hat diese Episode innerparteilich womöglich geholfen. Auf dem Parteitag in Braunschweig Ende November 2019 stieg er auf zum stellvertretenden Parteivorsitzenden. Und rief den Delegierten dort zu, er sei »stolz« auf seinen Rausschmiss aus dem Bundestagsausschuss. Eigentlich gebe es »nichts Schöneres«: »Jetzt kann ich wieder richtig – ›wie von der Kette gelassen‹, sagte jemand – meine Meinung im Deutschen Bundestag sagen«, so Brandner.[153] Man kann davon ausgehen, dass sein Verhalten exakt das ist, was viele Wähler:innen der AfD schätzen. Es nährt das Narrativ von der angeblich abgeschafften oder zumindest eingeschränkten Meinungsfreiheit.

Tatsächlich gehört diese Behauptung zur DNA der Partei. 2015 etwa rief der Thüringer Beamtenbund seine Mitglieder zum Boykott der AfD auf. Björn Höcke erklärte dies in einer Rede auf einer von seiner Partei organisierten Kundgebung gegen die Flüchtlingspolitik zu einem »Anschlag auf die Meinungsfreiheit«.[154] Höcke gehört zu denjenigen in der Partei, die dieses Narrativ regelmäßig nutzen. Eine eigens vor den Landtagswahlen in Thüringen, Sachsen und Brandenburg im Herbst 2019 geschaltete Website, überschrieben mit »Werde Bürgerrechtler«, enthielt die Behauptung: »Es gibt weder eine Gleichheit der Lebensverhältnisse in West und Ost noch eine wirkliche Meinungsfreiheit. Wer heute ›anders‹ denkt, wird genauso unterdrückt, wie es einst die Stasi tat.«[155] Der Name des Spitzenkandidaten für Thüringen und des Zugpferds für alle drei Wahlen: Björn Höcke. Bei einem Treffen des »Flügels« der AfD im sachsen-anhaltinischen Schnellroda sagte er laut *Frankfurter Allgemeiner Zeitung* vor Anhänger:innen, es gebe Positionen, »›die für uns nicht verhandelbar sind‹ [...] Zum nicht Verhandelbaren gehöre die Meinungsfreiheit, die werde die AfD sich ›zurückholen‹.«[156]

Auch andere hochrangige Parteifunktionäre:innen streuen die Mär vom nicht mehr oder nur noch teilweise existenten Grundrecht auf Meinungsfreiheit. Am 19. Juni 2019, rund drei Wochen nach dem Mord an Walter Lübcke, erschien ein Kommentar in der *Frankfurter Allgemeinen Zeitung*, in dem der AfD eine Mitverantwortung an der Aufheizung des gesellschaftlichen Klimas, am Sinken der Hemmschwellen zugeschrieben wurde, die diese Tat begleiteten: »Verrannt haben sich die Gaulands, Meuthens und Weidels, weil sie nicht wahrhaben wollen, dass die Blase, in der sie sich bewegen und die sie rhetorisch aufgepumpt haben, die Szene mitumfasst, in der Gewaltphantasien und Extremismus zum Alltag gehören. Das kommt davon, wenn Grenzen überschritten, Tabus gebrochen und Anstandsregeln missachtet werden, die nicht im Grundgesetz stehen«, schrieb der Kommentator. Die AfD wolle das »Unsägliche sagbar machen«, und dieses Unsägliche, das sagbar gemacht werden solle, begleite »auch den Mord an Walter Lübcke«.[157] Die FAZ räumte dem mitgenannten Alexander Gauland, damals noch AfD-Parteivorsitzender, in ihrer drei Tage später erscheinenden Ausgabe Platz für eine direkte Reaktion auf diesen Text ein. Unter anderem behauptete Gauland dort: »Das Grundrecht auf Meinungsfreiheit, seit jeher eingehegt durch das Strafrecht, soll nicht mehr gelten.«[158]

Alice Weidel, gemeinsam mit Gauland seit 2017 Fraktionsvorsitzende der AfD im Bundestag, sagte dort im Dezember 2019, die Regierung führe »Krieg gegen die Meinungsfreiheit«. Es ging um die Pläne zur Weiterentwicklung des NetzDG.[159] Dass die Meinungsfreiheit, wie von Gauland ja korrekterweise in seiner Replik erwähnt, in Deutschland seit jeher durch das Strafgesetzbuch eingeschränkt wird und sich das NetzDG auf dort angeführte Delikte stützt – das ließ Weidel unerwähnt.

Die Behauptung, die Meinungsfreiheit sei eingeschränkt, soll mehrere Funktionen erfüllen: So wird Kritik an Aussagen von AfD-Funktionär:innen delegitimiert. Vorstöße der Landes- und Bundesverfassungsschützer:innen werden als politische Manöver abgetan.

Der Aufschrei, die Meinungsfreiheit werde beschränkt, lenkt die Aufmerksamkeit von Entgleisungen von AfD-Funktionär:innen wie »Messer-Einwanderung«, von Weidel gern benutzt als Synonym für »Massen-Einwanderung«, um Flüchtende und Migrant:innen als kollektiv kriminell zu denunzieren,[160] weg auf die angeblich illegitime Kritik daran. Die AfD stilisiert sich zum Opfer einer Politik, die sich anders gegen den vermeintlich unaufhaltbaren Aufstieg der AfD nicht mehr zu wehren weiß.

Das Narrativ vom angeblichen Ende der Meinungsfreiheit schafft außerdem ein »Wir gegen die«-Gefühl. Es schweißt zusammen und bindet diejenigen, die sich schon lange nirgendwo mehr zugehörig fühlen. Die drei Spitzenkandidaten für die Landtagswahlen in den drei Ostländern Thüringen, Sachsen und Brandenburg 2019 machten sich diesen Mechanismus zunutze, spielten in diversen Reden immer wieder darauf an, nie mehr in solche Verhältnisse zurückfallen zu wollen. Sei noch angefügt, dass zwei von ihnen im Westen geboren wurden und erst nach dem Fall der Mauer in den Osten gingen.

Das angebliche Ende oder zumindest die Einschränkung der Meinungsfreiheit – eine Debatte, die die AfD anheizt, um selbst davon zu profitieren: Sie »inszeniert sich als Opfer und macht mit dem Vorwurf der Denk- und Sprachverbote Politik. Die absurde Klage darüber, dass es in Deutschland angeblich ›keine Meinungsfreiheit und keine Demokratie‹ mehr gebe [...] darf in kaum einer Rede eines AfD-Politikers fehlen«[161], schrieb 2019 *Die Zeit,* »Wie steht es um die Meinungsfreiheit in unserem Land? Seit Jahren gibt es Mahner, meist von rechts, die sagen: nicht gut. Man müsse Angst haben, seine Meinung zu äußern, werde diffamiert, ausgegrenzt. Von Gesinnungsterror ist die Rede. Vor allem die AfD hat sich schon seit langem das Ziel gesetzt, das zu ändern, die Grenzen des Sagbaren wieder zu verschieben« 2020 die *Frankfurter Allgemeine Zeitung.*[162]

Die AfD hat die Mechanismen der sozialen Medien besonders gut verstanden. Es geht immer wieder um Emotionalisierung, Skandalisierung, Simplifizierung. Wähler:innen, die darauf ansprechen, werden über die sozialen Medien besonders einfach, schnell und günstig erreicht. Natürlich bedeuten viele Follower:innen, eine hohe Reichweite und viele Reaktionen in den sozialen Medien nicht automatisch Erfolg. Wie die bereits erwähnte Studie im Auftrag der Friedrich-Ebert-Stiftung zusammenfasst, erzielte die AfD in den sozialen Medien zum Europawahl kampf 2019 mit Abstand die höchsten Interaktionsraten. Allerdings gelang es ihr trotzdem nicht, über die ohnehin bestehende Stammwählerschaft hinaus zu mobilisieren. Aber sie band ihre Kernklientel enger an sich und motivierte sie zum Wählen.[163] Ein nicht zu unterschätzendes Pfund. Und sie prägte und prägt durch Behauptungen in den Netzwerken die Politik der anderen Parteien mit.

Die Linke – So erfolgreich und doch auch wieder nicht

Dieses Kapitel steckt voller Überraschungen. Überraschung Nummer eins: Die Linke ist im Netz eine überaus erfolgreiche Partei: Bei Facebook liegt sie auf Platz zwei hinter der AfD mit 266.900 Follower:innen, ebenso bei YouTube mit 37.400 Abonnent:innen. Auch bei Instagram belegt die Linke Platz zwei hinter den Grünen mit 92.600 Leuten, die ihr folgen. Nur bei Twitter sind sie etwas hintendran, Platz fünf mit 310.700 Follower:innen. Die Parteichefinnen Janine Wissler und Susanne Hennig-Wellsow hingegen lassen wenig Begeisterung für die sozialen Medien spüren: Wissler folgen bei Twitter 21.804 Menschen, bei Instagram 7881 und bei Facebook 11.469. Da ist noch Luft nach oben, zumal eine der Vorgänger:innen der beiden, Katja Kipping, über eine große Reichweite in den sozialen Netzen verfügt. Die Zahl der Follower:innen von Hennig-Wellsows liegt bei 22.810 (Twitter) beziehungsweise 6.386 (Instagram). Bei Facebook ist sie nicht. Alle Zahlen stammen vom 9. März 2021, wurden also kurz nach der Wahl der beiden zum neuen Führungsduo der Linken erhoben. Womöglich bauen sie ihre Aktivitäten nun, da sie der Partei vorsitzen, weiter aus.

Die Partei war dort und auf anderen Kanälen schon unterwegs, bevor es die AfD gab. Sahra Wagenknecht, lange Ikone der Linken, erzielte nach einer Studie der Werbeagentur Scholz & Friends im Jahr 2017 sogar die höchsten Viralitätswerte mit Posts und Tweets – und lag damit vor Angela Merkel, immerhin Bundeskanzlerin, und Martin Schulz, immerhin SPD-Kanzlerkandidat, sowie Alice Weidel, immerhin AfD und damit Mitglied einer Social-Media-affinen Partei. Wagenknechts Beiträge wurden so oft geteilt und kommentiert wie keine anderen.[164]

Auf Twitter lag die Linke mit der Zahl ihrer Follower:innen gar vor der AfD, bestätigt die Studie der Friedrich-Ebert-Stiftung zur Europawahl 2019. Das galt auch für Instagram. Das begründen die Autoren der Studie damit, dass die auf Zuspitzung angelegten sozialen Medien einfacher zu bedienen sind für kleinere Parteien: »[M]it spitzeren Zielgruppen, klareren Profilen und in der Organisation flacheren Hierarchien tun sie sich leichter mit der Social-Media-Kommunikation sowohl innerhalb als auch außerhalb von Wahlkämpfen.«[165]

Ein weiterer Grund für diese erfolgreiche Präsenz der Linken auf den Plattformen offenbart eine grundlegende Gemeinsamkeit mit – Überraschung Nummer zwei – der AfD und der FDP: Alle drei Parteien hatten Schwierigkeiten, in den klassischen Medien vorzukommen, wenn auch aus unterschiedlichen Gründen. Die FDP, weil sie von 2013 bis 2017 nicht *mehr* im Bundestag vertreten war. Die AfD, weil sie vor 2017 *noch* nicht im Bundestag vertreten war. Auf die Linke trifft beides nicht zu. Und trotzdem war sie immer wieder in den Medien unterrepräsentiert, seit PDS und WASG 2007 zu ihr verschmolzen. So ermittelte das Kölner Institut für empirische Medienforschung für 2018, dass sich nicht ein:e Linken-Politiker:in unter den Top-20-Politiker:innen mit den meisten Auftritten in Magazinen, Talkshows, Dokumentationen und Gesprächsformaten befand. Die Medienpräsenz der Grünen hingegen hatte in den Monaten zuvor teilweise sehr deutlich über ihrem Anteil im Plenarsaal gelegen, ebenso die FDP. Die Linke hingegen war im Vergleich dazu klar unterrepräsentiert.[166] Dafür wiederum gibt es mehrere Gründe. Studien belegen, dass man in den Redaktionen lange nicht wusste, wie man mit der Linken umgehen sollte. Wie viel Stasi steckte noch in der SED-Nachfolgepartei PDS, in den Reihen der Linken? Was bedeutete die – bis heute ja noch laufende – Beobachtung von Teilen der Partei durch den Verfassungsschutz?

Auf diese Zeit der Unsicherheit folgten Jahre mit weitreichenden politischen Krisen: Eurokrise, »Flüchtlingskrise«, Klimakrise, nun Corona. Zu der Zeit waren entweder die regierenden Parteien stark in den Medien repräsentiert – so finden sich weder grüne noch FDP- oder Linken-Politiker:innen in der Auflistung der Top-20-Politiker:innen – oder aber der damalige AfD-Vorsitzende Alexander Gauland.[167] Seine Partei fiel auf durch polarisierende Positionen und radikale Äußerungen, wie etwa Anfang 2016 zum Einsatz von Schusswaffen durch Polizisten gegen Flüchtlinge an der Grenze zu Deutschland.[168] Die Linke hingegen suchte vor allem in der Flüchtlingsfrage nach einer einheitlichen Position: Parallel stritten die Unionsparteien über Fragen von Migration und Flucht miteinander, in bis dato unvorstellbarem Ausmaß und enormer Wucht. Gar über das mögliche Ende der Fraktionsgemeinschaft von CDU und CSU im Bundestag wurde ein paar Tage lang in Berlin offen geredet.[169] Die Schwestern zankten sich so laut, da waren andere kaum noch zu hören, bis auf die AfD.

Ein weiterer Grund: Erst 2014 gelang es der Linken, einen Ministerpräsidenten zu stellen: Bodo Ramelow in Thüringen. Bis dato ist er der einzige seiner Art. Und eine Regierungsbeteiligung der Linken im Bund gab es bis jetzt noch nie. Ergo auch noch nie eine:n Bundesminister:in aus ihren Reihen. Auch das führte dazu, dass die Linke seltener vorkam als andere.

Die Linke steckt in einem Dilemma. Ihr Image ist nicht das einer Netzpartei – zumindest nicht, was ihre Themensetzung angeht. Und das, obwohl zum Beispiel die Steuerschlupflöcher, die Facebook und andere seit Jahren für sich nutzen, durchaus an den Markenkern der Linken rührten: soziale (Un-)Gerechtigkeit. Doch die Partei ist hervorgegangen aus der Ablehnung der Agenda 2010, der Ablehnung der Sozialreformen unter der damals noch SPD-geführten Bundesregierung von Kanzler Gerhard Schröder. Hartz IV ist eher ein Thema, das man mit ihr verbindet, als die Ungerechtigkeit im Umgang mit den Tech-Riesen. Und die anzugehen, ist kein Kassenschlager in Wahlkämpfen.

Die sozialen Medien bergen große Chancen für Parteien – aber auch viele Möglichkeiten, sich zu blamieren. Jeder Patzer wird im Netz und manchmal auch außerhalb mit großer Aufmerksamkeit und auch Häme bedacht. Das

Beispiel AfD zeigt, dass auch eine große Reichweite in den sozialen Netzwerken nicht alles ist – aber für den Aufbau einer Stammklientel und für deren Bindung spielt sie eine ebenso wichtige Rolle wie bei der Mobilisierung vor Wahlen. Außerdem offenbart der Umgang einer Partei mit den sozialen Netzwerken die Wertschätzung, die ihre führenden Funktionär:innen den Plattformen entgegenbringen, indem sie dort aktiv sind, Interesse und Kompetenzen. Die hier beispielhaft untersuchten Politiker:innen stehen zwar stellvertretend für ihre Parteien; ihre Erfolge und Misserfolge belegen aber vor allem, wie wichtig der geduldige Erwerb eigener Social-Media-Kompetenzen ist. Wie sollen sie erfolgreich Politik machen können, wenn sie sich mit dem Alltag sehr vieler Bürger:innen nicht auskennen?

Noch besitzen die sozialen Medien bei uns nicht die Bedeutung für Wahlkämpfe wie etwa in den USA. Das wird aber nicht so bleiben; die Zahlen der Nutzer:innen steigen, denn die nachwachsenden Generationen sind alle »Digital Natives«, sie sind mit den Netzwerken aufgewachsen beziehungsweise wachsen damit auf. Will man sie nicht Parteien überlassen, die mit Mechanismen wie Skandalisierung und Emotionalisierung unseriöse Politik betreiben, ist es ratsam, dort mit ihnen zu sprechen, wo sie sich über das informieren und austauschen, was ihnen wichtig ist.

»Wie viele Innovationskongresse wollen wir noch veranstalten? Wie viele Digitalkonferenzen noch mit unserer Anwesenheit beglücken? Und wie viele Keynotes mit dem Thema ›Die Zukunft ist digital‹ noch halten? Wann endlich wollen wir ins Machen kommen?«, fragt die Unternehmerin und Digitalexpertin Verena Pausder in ihrem viel beachteten Buch *Das Neue Land*.[1]

Medienverantwortliche klagen häufiger darüber, dass sie die Zuschauer:innen, Hörer:innen und Leser:innen nicht mehr erreichen. Viele Macher:innen sind ratlos, wenn Umfragen Vertrauensverlust in den Journalismus bezeugen. Rührselige Geschichten werden dann erzählt, wie es früher war, in den goldenen Zeiten: als Journalist:innen die, für die sie arbeiten, auf Sommerfesten trafen und vor allem Dankbarkeit und manchmal Ehrfurcht spürten. Dabei war es niemals einfacher als heute, Kontakte aufzubauen, nahbar zu sein. Nie war es günstiger, finanziell betrachtet. Und womöglich war es noch nie dringender.

Wenn ein Medium nicht ernst genommen wird –
Die ersten Jahre bei *tagesschau.de*

Eine Szene aus dem Jahr 2008. Ich arbeite als Korrespondentin für *tagesschau.de* in Berlin und schlendere über die Gänge des ARD-Hauptstadtstudios. Es ist ein nachrichtenarmer Tag, und von mir aus kann das auch so bleiben: Abends will mein Chef seinen Ausstand geben. Ich freue mich schon auf die Party.

Eine Radiokollegin kreuzt meinen Weg. Im ARD-Hauptstadtstudio arbeiten neben den Onliner:innen auch Fernseh- und Hörfunkjournalist:innen. »Sag mal«, fragt sie mich mit aufrichtigem Bedauern. »Der W. hört auf? Warum denn? Der macht doch einen tollen Job!« Ich erwidere, so sei das ja nun mal leider in der ARD: Im Hauptstadtstudio gelte das Rotationsprinzip. Spätestens nach neun Jahren sei Schluss. Ihre Antwort: »Ach so, bei euch auch? Ich dachte, das gilt nur für die richtigen Journalisten.«

Ich war Geringschätzung schon so sehr gewohnt, dass sie mich nicht mehr traf. Zumal sie hier gar nicht absichtlich geäußert wurde, denn die Kollegin sprach nicht hämisch zu mir, sondern unwissend. Deshalb konnte ich ihr erklären, dass auch wir bei *tagesschau.de* »richtige« Journalist:innen waren, mit Ausbildung und Erfahrung. Zu der Zeit blickten viele im Haus auf uns herab. Ich saß in Konferenzen, in denen wir einfach übergangen wurden. Nicht gefragt, nicht einbezogen, mit leicht spöttisch hochgezogenen Augenbrauen betrachtet, wenn wir uns an Debatten beteiligten oder – je nach Temperament – offen einforderten, ebenfalls gehört zu werden. Man brauchte schon ein gesundes Selbstbewusstsein, um sich nicht zu fühlen wie ein neunmalkluger Vierjähriger, der den Großen die Welt erklären will.

Bevor ich 2006 als Korrespondentin ins Berliner *tagesschau.de*-Büro im ARD-Hauptstadtstudio anfing, hatte ich von 1999 bis 2004 als studentische Hilfskraft bei *tagesschau.de* in Hamburg gearbeitet. 1999 war Bill Clinton US-Präsident, Johannes Rau gerade Bundespräsident geworden und Helmut Kohl seit einem Jahr nicht mehr Kanzler. Damals studierte ich noch und lebte in Hamburg, dem Sitz des NDR und damit der *tagesschau*-Redaktion. Wir studentischen Hilfskräfte waren in den *tagesschau.de*-Anfangsjahren dafür zuständig, die Fernsehsendungen nach ihrer Ausstrahlung ins Netz zu stellen. Eine rein technische, insgesamt eher anspruchslose Aufgabe: Wir kopierten die Moderationstexte, die vor den Beiträgen liefen, aus dem Computerprogramm der Fernsehredaktion in unseres, zerlegten die Sendungen mit einem Schnittprogramm in ihre einzelnen Beiträge und ordneten sie den Moderationstexten zu – fertig. Man markierte einen Text mit der Maus, klickte auf »Kopieren«, wechselte in ein anderes Fenster und klickte auf »Einsetzen«. Eine Arbeit, die nach dreimaligem Erledigen zur Routine wurde. Man musste nicht lange nachdenken, schreiben können musste man nicht, sondern wie bei allen wiederholenden Tätigkeiten vor allem aufpassen, dass man gedanklich nicht abschweifte und dann Fehler machte. Alles in allem etwas, das junge Menschen mit Fachoberschulreife durchaus zu bewältigen vermochten.

Trotzdem kamen nach den Sendungen die jeweiligen

verantwortlichen Fernsehredakteur:innen der aktuellen *tagesschau*-Sendung eine Etage höher in unser Büro und schauten noch mal drüber. Ich erinnere mich an durchaus freundliche, aber auch ein wenig ratlose Kolleg:innen. Sie blickten auf das Geschriebene, das sie bereits kannten, weil sie es bereits zuvor an ihrem eigenen Schreibtisch abgenickt hatten – es war ja derselbe Text, der für die Sendungen geschrieben worden war. Wir durften ihn nicht verändern. Warum auch? Nun nickten sie also noch einmal und verabschiedeten sich dann höflich und ein bisschen peinlich berührt. Denn eines wussten sie genauso gut wie wir: Sie waren nicht hier, weil sie etwas konnten, was wir nicht konnten. Sondern weil sie etwas waren, was wir nicht waren: auf einer Sprosse auf der Hierarchieleiter angekommen. Wir hingegen standen unten auf dem Boden. So sollte es noch viele Jahre bleiben – denn die *tagesschau*, das war ja nun mal Fernsehen, und so hatten die Fernsehleute das letzte Wort, auch im Internet. Uns hier oben kannte ja auch niemand so genau. Wusste man denn, ob man uns trauen konnte, ob wir die ja tatsächlich sehr strengen und wichtigen Qualitätsansprüche der altehrwürdigen Mutter aller deutschen Nachrichtensendungen erfüllten?

Hin und wieder wurden wir freundlich angesprochen. Einer dieser Kontakte mit »den anderen« ereignete sich in der Kantine. Eine Fernsehkollegin steuerte mit einem Kaffee in der Hand auf mich zu. Ich freute mich: ein kleiner Plausch unter Kolleg:innen, bevor wir beide an unseren jeweiligen Arbeitsplatz zurückkehren würden. Dann aber brachte sie ihr Anliegen vor: Sie habe Probleme mit ihrem Drucker. Ich würde doch fürs Internet arbeiten. Ob ich das beheben könnte, ich würde mich schließlich mit Technik auskennen. »Die denken doch alle, wir kämen morgens rein, schrauben erst mal unsere Rechner auseinander und gehen abends wieder nach Hause, wenn wir sie wieder zusammengesetzt haben, ohne dass ein Teil übrig ist«, seufzte unsere Redaktionsassistentin Steffi in solchen Momenten gern.

Der Fisch irrlichtert von oben

Von oben wurde wenig dafür getan, die Wertschätzung für das neue Medium Internet zu steigern. Mitglieder eines Volontär:innenjahrgangs erzählten noch im Jahr 2008 übereinstimmend und unabhängig voneinander, eine damalige Führungskraft habe ihnen zu Beginn ihrer Ausbildung davon abgeraten, auf ihrem Berufsweg eine Onlineredaktion anzusteuern. Das Internet sei eine vorübergehende Erscheinung und nicht die Zukunft. Wohlgemerkt, die Aussage folgte sieben Jahre nach den Terroranschlägen vom 11. September 2001, die das Internet als Nachrichtenquelle unverzichtbar gemacht hatten. »Spätestens im Rückblick gilt der 11. September als ›Schlüsselereignis für das junge Nachrichtenmedium Online-Journalismus‹«[2], heißt es in einer Studie der Universität Leipzig.

Das war er auch für uns, für *tagesschau.de*. In den Tagen danach warfen wir die Dienstpläne um: Von heute auf morgen arbeiteten wir rund um die Uhr. Die Nachtlücke, die bis dato noch existiert hatte – undenkbar heutzutage –, wurde geschlossen und nie wieder geöffnet. Bis dahin war die letzte studentische Hilfskraft so lange geblieben, bis das *nachtmagazin* im Netz verfügbar war, hatte dann das Großraumbüro abgesperrt, den Schlüssel vorn beim Pförtner abgegeben und den Heimweg angetreten. Und dann war ein paar Stunden lang Sendepause.

Jetzt aber war das vorbei: Das Fernsehprogramm bestand aus Sondersendungen am laufenden Band, und die Onlineredakteur:innen ergänzten sie um eigene Texte, Interviews und Analysen. Das Interesse der schockierten Menschen zu Hause an neuen Informationen und Erklärungen für das Unerklärbare, an allem Faktischen, das ein Gegengewicht zum Trauma, zu den erschütternden Bildern aus New York darstellte, war riesig. So riesig, dass unsere Server ständig zusammenbrachen – und unser Dienstplan. Wir schrubbten Überstunden wie noch nie. Der 11. September fiel in die Semesterferien, weswegen nicht alle verfügbaren studentischen Hilfskräfte in der Stadt waren. In reduzierter Besetzung arbeiteten wir und arbeiteten und arbeiteten. Ich weiß noch, wie froh ich darüber war, einen rationalen Zugang zu den Ereignissen finden zu müssen, abgelenkt zu sein vom Grübeln und der Angst, die uns alle überfiel, sobald wir nicht mehr funktionieren mussten. Es war eine Breaking-News-Situation, wie es sie noch nie gegeben hatte. Und ohne Onliner:innen ging es nicht mehr.

Aber manche Entscheider:innen in Sendeanstalten und Verlagen fremdelten weiter mit dem Internet und konzentrierten sich auch in den folgenden Jahren auf die Medien, mit denen sie selbst sozialisiert und in denen sie selbst ausgebildet worden waren. Diese Haltung veränderte sich nur langsam. In meinen Jahren im ARD-Hauptstadtstudio von 2006 bis 2011 ließ sich das gut verfolgen, denn hier arbeiteten Journalist:innen für Fernsehen, Radio und Internet unter einem Dach und – so zumindest die Idee – immer enger zusammen.

Journalist:innen zweiter Klasse

Noch heute sind Onliner:innen oft schlechtergestellt als ihre Fernseh-, Radio- und selbst teilweise die Printkolleg:innen. Auch in Häusern, in denen mehrere Sparten nebeneinander bestehen – und deren Onlineredaktionen zu den renommiertesten und erfolgreichsten Deutschlands gehören. Zum Beispiel beim *Spiegel*.

Erst 2019 einigte man sich dort nach langen Grabenkämpfen darauf, das Einkommen und die Arbeitsbedingungen von Onlineredakteur:innen denen der Printleute »weitestgehend« anzugleichen. Weitestgehend. Bis nämlich alle, die fürs Netz schreiben, zur Mitarbeiter KG gehören, werden beispielsweise noch ein paar Jahre vergehen.[3] Intern schätzt man bis zu zehn. Die Mitglieder der Mitarbeiter KG sind stille Gesellschafter:innen und werden am Gewinn beteiligt.

Auch bei der altehrwürdigen *Zeit* verdienten die fürs Netz zuständigen Redakteur:innen lange weniger als diejenigen, die für das Blatt arbeiteten. Erst 2016 einigte man sich nach harten Verhandlungen darauf, diesen Missstand abzuschaffen.

Wer schon einmal unter Zeitdruck schreiben und den Tag damit verbringen musste, große Geschichten zu aktualisieren, weiß, wie anstrengend so eine Nachrichtenschicht ist. Es handelt sich um eine andere Art der Arbeit, sie verdient aber mindestens ebenso viel Anerkennung wie die der Edelfedern, die für Print zuständig sind. Jede:r kann das nicht. Aber immer mehr müssen es können: Das Finden, Einordnen und Aufbereiten von Informationen in immer kürzerer Zeit ist zu einer Grundanforderung für Journalist:innen geworden. Der Konkurrenzdruck ist hoch, und der Grat ist schmal. Jedes Medium will das schnellste sein – allerdings auch das zuverlässigste mit den wenigsten Falschmeldungen. Trotz der gestiegenen Ansprüche ist die Ungleichbehandlung allerdings nach wie vor noch nicht überall abgeschafft, weshalb weiterhin viele Journalist:innen lieber versuchen, in klassischen Print-Redaktionen unterzukommen.

In Interviews, auf Konferenzen und Podiumsdiskussionen priesen Verantwortliche natürlich die Crossmedialität und bekannten sich zum Internet – wusste man doch, dass das inzwischen zum guten Ton gehörte und vor allem diejenigen abholt, die man so händeringend braucht: die jungen Leute, die »werberelevante Zielgruppe«. Die Zukunft für Quote und Absatz.

Der Medienkonsum ändert sich, wie zuletzt der *Reuters Digital News Report* 2020 zeigte: Während die Printmedien 2013 noch von 63 Prozent der Befragten in Deutschland als Hauptnachrichtenquelle genannt wurden, lag dieser Wert im April 2020 bei nur noch 26 Prozent. Beim Fernsehen sank der Wert von 82 auf 72 Prozent, bei den sozialen Medien hingegen wächst er kontinuierlich: Von 18 Prozent im Jahr 2013 auf 39 Prozent im April 2020.

Die Generation Z setzt inzwischen auf Instagram als Hauptquelle für Nachrichten.[4] Generation Z – das sind die 18 bis 24-Jährigen. Also diejenigen, die mit dem Web aufgewachsen sind. Sie haben sich nicht mal von ARD und ZDF, von den *tagesthemen* und dem *heute journal* verabschiedet – nein, sie waren nie Zuschauer:innen. Sie müssen nicht zurückgeholt werden zu den Marken – sie müssen sie erst einmal kennenlernen und in ihren Alltag integrieren. Wenn ARD und ZDF nicht so attraktiv sind, dass sie diese auch kennenlernen wollen, dann sieht die Zukunft für die Öffentlich-Rechtlichen finster aus.

Und dann kam Social Media – oder auch: Unterschätzung reloaded

Chefredakteur:innen der öffentlich-rechtlichen Sender sind bis heute selten dort unterwegs, wo sich die Generation Z informiert. Schauen Sie mal nach: Wer besitzt einen Twitter-Account, wer ist bei Instagram? Oder Facebook? Wer nutzt diese Kanäle, um Programmentscheidungen oder Schlagzeilen zu erklären oder gar, um in den Dialog zu treten – mit denen, die noch zuschauen, lesen oder hören, beziehungsweise gar mit denen, die all das nicht mehr tun oder auch nie getan haben, weil sie anders sozialisiert wurden, weil sie schon verloren waren, als sie begannen, sich zu informieren? Oder setzen wir auch ruhig eine Stufe niedriger an: Wer ist dabei, auch ohne sich selbst zu äußern, aber wenigstens das Geschehen verfolgend? Wer nimmt teil, wenn auch nur passiv, an der Lebenswelt junger Menschen? Wie will man sonst verstehen, wie sie ticken, wie sie an News kommen? Kurz: Kann man es sich leisten, gerade als Journalist:in, nicht Teil dieser Lebensrealität zu sein und dort nicht zu recherchieren?

Die nachvollziehbare Argumentation, warum so viele wichtige Entscheider:innen nicht dabei sind, lautet oft: Da wird man nur beschimpft, und auf ein gewisses Niveau sollte man sich gar nicht erst herablassen. Spiel nicht mit den Schmuddelkindern. Es gibt aber ebenso gute Gegenargumente. So hätte zumindest ein Teil der Entfremdung zwischen Medien und Bürger:innen womöglich aufgefangen werden können, wären die Vertreter:innen der klassischen Medien frühzeitig in den sozialen Medien präsent und aktiv gewesen. Und wären vor allem auch die Medienmacher:innen bis hinauf auf die höchste Ebene dort präsent. Denn es macht einen bedeutenden Unterschied, ob eine Sendung wie die *tagesschau* von anonymen Social-Media-Teams bespielt wird oder ob wirklich ein Name, ein konkreter Mensch kommuniziert und signalisiert: Ich habe Anteil an dem, was hier veröffentlicht wird, und ich bin interessiert an Ihren Erfahrungen und Meinungen und an Ihrem Lob oder Ihrer Kritik.

Zwar hat die Corona-Pandemie das Vertrauen in »die Medien« gestärkt. Das Meinungsforschungsinstitut Infratest dimap etwa veröffentlichte im Oktober 2020 dazu eine Umfrage: Mehr als zwei Drittel der rund 1000 Befragten hielten demnach die Berichterstattung der Medien in Deutschland für glaubwürdig – ein Anstieg um sechs Prozentpunkte im Vergleich zum Vorjahr. Besonders gut schnitten dabei die öffentlich-rechtlichen Sender ab: 70 Prozent der Befragten gaben an, ARD, ZDF und Deutschlandfunk sehr zu vertrauen – der beste Wert seit 2015. 80 Prozent hielten die Öffentlich-Rechtlichen demzufolge gar für unverzichtbar.[5]

Allerdings müssen großes Medienvertrauen und Entfremdung einander nicht unbedingt ausschließen: Laut einer 2018 veröffentlichten Studie der Universität Mainz fühlten sich immer mehr Deutsche »von den etablierten Nachrichtenmedien nicht mehr gut repräsentiert. Im Jahr 2017 stimmten 18 Prozent der Aussage zu: ›Die Medien haben den Kontakt zu Menschen wie mir verloren.‹ In der aktuellen Erhebung von Ende des Jahres 2018 vertreten nun 27 Prozent diese Auffassung.« Gleichzeitig aber ermittelten die Verantwortlichen der Studie den Wert 44 Prozent – so hoch war der Anteil der Befragten, die den Medien vertrauten. Demgegenüber wiederum stand der Befund, dass sich pauschale Kritik und Polemik gegenüber den Medien verfestigten: »Die ›Lügenpresse‹-Debatte hinterlässt Spuren: [...] Jeder vierte Bürger in Deutschland hält die Medien nicht für vertrauenswürdig und wirft ihnen Manipulation vor.«[6]

Die Behauptung, Medien würden instrumentalisiert und berichteten dementsprechend, ist nicht neu. Sie existierte bereits während der Französischen Revolution und erlebte sowohl im Ersten als auch im Zweiten Weltkrieg eine Renaissance, berichtet der Kölner Literaturwissenschaftler Ralf Klausnitzer in einem Video-Essay zur Historie des Begriffs »Lügenpresse«.[7] Das Rechercheportal *correctiv.org* hat recherchiert, wie es im 21. Jahrhundert weiterging: »Eine Auswertung der deutschen Google-Suchtrends ab 2004 zeigt, dass der Begriff im Netz lange Zeit keine wirkliche Rolle spielte und erst Ende 2014, Anfang 2015 intensiver gesucht wurde – dem Zeitraum, in dem die islamfeindliche Pegida-Bewegung das Wort öffentlichkeitswirksam skandiert.«[8] Die Bundeszentrale für politische Bildung ergänzt: »Seither ist von ›Staatsfunk‹, ›Systemmedien‹ und von ›gekauften Journalisten‹ die Rede, vom ›gleichgeschalteten journalistischen Establishment‹ im Fernsehen, Rundfunk und in den Zeitungen – vor allem dann, wenn es um Themen wie Flucht, Terrorismus und Integration geht.«[9]

Im März 2015 kürten Sprachwissenschaftler:innen den politischen Kampfbegriff zum »Unwort des Jahres« 2014 und bezogen sich in ihrer Begründung direkt auf Pegida: »Bei ›Lügenpresse‹ handelt es sich um einen nationalsozialistisch vorbelasteten Begriff, der im Zuge der Pegida-Bewegung gezielt Verwendung findet, dabei jedoch nicht vollständig reflektiert wird. Die Jury drückt mit der Wahl ihre Kritik an der Sprache dieser Bewegung aus. Dass Mediensprache eines kritischen Blicks bedarf und nicht alles, was in der Presse steht, auch wahr ist, steht außer Zweifel. Mit dem Ausdruck ›Lügenpresse‹ aber werden Medien pauschal diffamiert [...], weil sich die große Mehrheit ihrer Vertreter bemüht, der gezielt geschürten Angst vor einer vermeintlichen ›Islamisierung des Abendlandes‹ eine sachliche Darstellung gesellschaftspolitischer Themen und differenzierte Sichtweisen entgegenzusetzen. Eine solche pauschale Verurteilung verhindert fundierte Medienkritik und leistet somit einen Beitrag zur Gefährdung der für die Demokratie so wichtigen Pressefreiheit, deren akute Bedrohung durch Extremismus gerade in diesen Tagen unübersehbar geworden ist.«[10]

Die AfD suchte vor allem in den Hochzeiten von Pegida den Schulterschluss mit dem fremdenfeindlichen Bündnis, das noch immer vom mehrfach vorbestraften Organisator Lutz Bachmann geprägt und geführt wird. Zwar geht man inzwischen öffentlich auf Distanz, allerdings nur ein Stück weit. 2018 veröffentlichte die Partei in ihrem Mitgliedermagazin *AfD Kompakt* folgende Beschlusslage: »Der Bundesvorstand beschließt, dass AfD-Mitglieder nicht mit Parteisymbolen bei PEGIDA-Veranstaltungen auftreten sollen. Redeauftritte von PEGIDA-Vertretern und PEGIDA-Symbole auf AfD-Veranstaltungen lehnen wir ab.«[11] Trotzdem trat etwa Björn Höcke noch im Februar 2020 anlässlich der 200. Pegida-Kundgebung in Dresden auf.

Die Annäherung suchte die AfD auch in der Sprache – und den Feindbildern. Auf dem Bundesparteitag in Hannover Ende 2015 sagte die damalige Parteivorsitzende Frauke Petry: »In den vergangenen Wochen sind wir häufig darauf angesprochen worden, warum wir so oft das Wort ›Lügenpresse‹ benutzen. Nun, ich kann nicht für jeden in der AfD sprechen, aber ich weiß, dass führende Vertreter, allen voran die Vertreter des Bundesvorstandes und der Länder, mit dieser Vokabel mindestens sehr sparsam, wenn nicht sogar so umgehen, dass sie sie nicht benutzen.« Sie könne, wandte sich Petry an die anwesenden Journalist:innen im Saal, verstehen, dass man von solchen Vokabeln berührt sei. Aber man solle sich doch einmal in die

Lage von Repräsentanten einer »neuen, demokratischen Partei [versetzen], die ihrerseits ständig mit Diffamierungen und Zuschreibungen belegt werden, die sie nicht teilen und die nicht zutreffen«. Der Begriff werde so gut wie gar nicht von der AfD verwendet, sagte Petry da also – um dann zu erklären, warum doch. Und wenig später ein vermeintlich witziges Synonym anzubieten: »Vielleicht sollten wir auch ein bisschen Humor in Anspruch nehmen, und deswegen, liebe Vertreter der Pinocchio-Presse, wir müssen [Lachen, Applaus], wir müssen auch mal über uns lachen können«[12], angelehnt an die Kinderbuchfigur, deren Nase beim Lügen länger wird. Petry blieb bei dieser Formulierung. Andere, darunter der langjährige Parteichef Alexander Gauland, nahmen einen Umweg über Aussagen wie »Die von vielen, so vielen genannte Lügenpresse hat sich ihren Namen redlich verdient«.[13]

Der Verfassungsschutzbericht 2016 nennt die Verwendung des Begriffs »Lügenpresse« als »Taktik rechtsextremistischer Propaganda«. Ziel sei »die Diffamierung der etablierten Medien [...]«. Diese werden – vor allem im Zusammenhang mit der Zuwanderungsdebatte – als verlängerter Arm der gleichfalls verachteten verantwortlichen staatlichen Stellen betrachtet. Die Medien – so der Vorwurf – berichteten einseitig im Sinne der Regierung und wiesen vor allem auf die mit der Einwanderung verbundenen gesellschaftlichen Chancen hin. Nachteile, Risiken sowie die vermeintliche oben geschilderte »Bedrohungslage« für das deutsche Volk würden jedoch verschwiegen.[14]

Die Behauptung von der »Lügenpresse« gehört ebenso fest zum politischen Repertoire der AfD wie das in Kapitel vier erwähnte Narrativ vom Ende der Meinungsfreiheit. Beides soll der Polarisierung dienen, dem »Wir gegen die«-Gedanken. Das stärkt das Zusammengehörigkeitsgefühl, parteipolitisch ausgedrückt: die Wähler:innenbindung. Es entsteht so quasi eine analoge Blase, die verstärkt wird durch das Aufbauen von digitalen Blasen, von Medienblasen. Zudem sollen so diejenigen, die auch die AfD und ihre Politik kritisch beobachten, delegitimiert werden: Kritik wird auf diesem Wege per se als unglaubwürdig dargestellt. Wenn sie von angeblichen Lügenjournalist:innen erhoben wird, die für »Systemmedien« arbeiten, also gelenkt werden von der herrschenden Politik, dann dient die Kritik dem eigenen Selbsterhalt. Sie ist nicht weiter ernst zu nehmen, da sie auf keiner seriösen Grundlage fußt.

Genährt wird diese Verschwörungstheorie etwa durch Vorfälle um den *Spiegel*-Journalisten Claas Relotius: Im Dezember 2018 wurde er der mehrfachen Lüge überführt, viele seiner preisgekrönten Reportagen waren frei erfunden gewesen. Wasser auf die Mühlen der »Lügenpresse«-Theorie-Fraktion. »Relotius-Presse« dient seitdem als verbreitetes Synonym.

Was sich ebenfalls hartnäckig als vermeintlicher Beleg für die angeblich verlogene Presse in Deutschland hält, ist die Berichterstattung über die Kölner Silvesternacht 2015/16. Zur Erinnerung:

Donnerstag, 31. Dezember 2015/Freitag, 1. Januar 2016: Rund um den Kölner Dom und den Kölner Hauptbahnhof kommt es zu zahlreichen sexuellen Übergriffen auf junge Frauen, zumeist durch junge Männer nordafrikanischer und arabischer Abstammung.

Freitag, 1. Januar: Die Kölner Polizei veröffentlicht am Morgen des Neujahrstages eine Pressemitteilung mit der den tatsächlichen Geschehnissen völlig zuwiderlaufenden Überschrift »Ausgelassene Stimmung – Feiern weitgehend friedlich«.[15]

Der *Kölner Stadt-Anzeiger* allerdings zeichnet bereits an diesem Tag ein anderes Bild: Er berichtet auf seiner Website, es habe mehrere Hinweise auf Übergriffe in der Silvesternacht in einer Facebook-Gruppe namens *Nettwerk Köln* gegeben. Allerdings seien diese recht schnell wieder verschwunden: »Der ursprüngliche Post wies eine ausländerfeindliche Tendenz auf, Frauen würden in Deutschland immer mehr zu Freiwild, hieß es darin. Die Netzwerkbetreiber reagierten prompt und löschten den Beitrag. Die Moderatoren der Seite haben auch weiterführende Diskussionen immer wieder entfernt, mit der Begründung, die Diskussion würde nicht sachlich bleiben. Einige Nutzer hatten offenbar fremdenfeindliche Kommentare unter dem Post veröffentlicht.« Auf diese Seiten hatten andere anscheinend nicht geschaut, und offensichtlich verfolgten andere Medien diese erste Spur auch nicht ausreichend.

Man verließ sich eher auf die Informationen vonseiten der Polizei. *Was* der *Stadt-Anzeiger* jedoch an Auskünften von dieser Seite zitiert, klingt ähnlich harmlos wie die Pressemitteilung: »Im Kölner Hauptbahnhof sind mehrere

Frauen von unbekannten Männern belästigt worden. Wie die Polizei mitteilte, wurden die Beamten zum Bahnhof gerufen. Ein Anrufer wollte offenbar Hilfe holen, weil eine 22-Jährige und ihre Freundin (23) massiv bedrängt und unsittlich berührt wurden. Als die Polizisten am Tatort eintrafen, hatte sich die Situation jedoch bereits aufgelöst.«[16]

Samstag, 2. Januar: Auch andere Lokalzeitungen, zum Beispiel der *Express* und die *Kölnische Rundschau,* steigen in die Berichterstattung ein. Sie nennen auch die ethnische Herkunft der mutmaßlichen Täter.[17]

Montag, 4. Januar: Erstmals äußert sich die Kölner Polizei in einer Pressekonferenz: Polizeipräsident Wolfgang Albers distanziert sich von der ersten Pressemitteilung seiner Behörde, in der von einer weitgehend ruhigen Silvesternacht die Rede war. Die *tagesschau* berichtet erst an diesem Tag erstmals über die Ereignisse.

Dienstag, 5. Januar: Nun berichtet auch das ZDF. Der stellvertretende Chefredakteur Elmar Thevessen bezeichnet es in einem Facebook-Post auf der Seite des Senders offen als Fehler, dass dies nicht bereits am Vortag geschah: »Die Nachrichtenlage war klar genug. Es war ein Versäumnis, dass die 19-Uhr-heute-Sendung die Vorfälle nicht wenigstens gemeldet hat. Die heute-Redaktion entschied sich jedoch, den geplanten Beitrag auf den heutigen Tag des Krisentreffens zu verschieben, um Zeit für ergänzende Interviews zu gewinnen. Dies war jedoch eine klare Fehleinschätzung.«[18] Das Krisentreffen war ein Treffen zwischen der amtierenden NRW-Ministerpräsidentin Hanne-lore Kraft, die laut eigenen Angaben erst am Vortag aus der Presse von den Ereignissen erfahren hat,[19] mit Bundes- und Landespolizei.[20]

Mittwoch, 6. Januar: Das Redaktionsnetzwerk Deutschland veröffentlicht Aussagen von Bundesinnenminister Hans-Peter Friedrich, der schwere Vorwürfe gegenüber ARD und ZDF erhebt: »Es besteht der Verdacht, dass die gebüh-renfinanzierten öffentlich-rechtlichen Medien ihrem In-formationsauftrag nur noch unzureichend nachkommen. Mit einem Schweigekartell und Nachrichtensperren lassen sich die Folgen der unkontrollierten Zuwanderung jedoch nicht lösen«, sagt Friedrich.[21] Worauf seine Aussage eines »Schweigekartells« beruht, lässt er offen, auch in weiteren Interviews.[22]

Freitag, 8. Januar: Der Kölner Polizeipräsident wird in den einstweiligen Ruhestand versetzt.

Das ZDF, das offen Versagen einräumt; eine Pressemit-teilung, die belegt, wie falsch die Polizei die Vorfälle an-fangs einschätzte – dem gegenüber steht bis heute der vom damaligen Bundesinnenminister geadelte Vorwurf, es habe etwas unter den Teppich gekehrt werden sollen. In der ohnehin aufgeheizten Stimmung mitten in der soge-nannten Flüchtlingskrise hätten vor allem die Öffentlich-Rechtlichen versucht, die mutmaßliche Täterschaft von mutmaßlichen Flüchtlingen an den Ereignissen zu ver-schweigen.

Diese Theorie hat auch mit einer Studie aus dem Jahr 2009 zu tun, in der die berufliche Situation deutscher Politikjournalist:innen beleuchtet wird. Sie beinhaltet diesen Absatz: »Beschreibt man den typischen Politikjournalisten in Deutschland rein statistisch, so ergibt sich folgendes Bild: Es handelt sich um einen Mann, 46 Jahre alt. Er ist verheiratet oder in einer festen Partnerschaft und hat Kinder. Er hat ein Studium abgeschlossen und arbeitet seit ca. 19 Jahren als Journalist – in Berlin, Bayern oder Nordrhein-Westfalen. Er steht politisch den Grünen nahe.«[23] Da war er, der Beweis: In deutschen Redaktionen arbeiteten überwiegend den Grünen zugeneigte Männer und Frauen. Und deswegen komme es zu einer verzerrten, nicht objektiven Berichterstattung. Aufgegriffen wurden diese Aussagen nicht nur von fremdenfeindlichen Gruppierungen wie Pegida oder von populistischen, in Teilen extremistischen Parteien wie der AfD, sondern auch von bürgerlichen Journalist:innen und Manager:innen wie dem Springer-Vorstandsvorsitzenden Mathias Döpfner.[24]

Allerdings sagt die an der Studie beteiligte Journalismusforscherin Margreth Lünenborg von der Freien Universität Berlin Anfang 2020 im DLF, die Studie werde vielfach missinterpretiert: »Das ist ein Kurzschluss, so funktioniert Journalismus nicht, in Strukturen, in denen eben nicht jeder einzelne Journalist oder Journalistin nur das schreibt, was er oder sie selber denkt.« Von der politischen Einstellung lasse sich nicht auf die Berichterstattung schließen. Zudem seien Chefredakteur:innen oft politisch konservativer als ihre Mitarbeiter:innen. Lünenborg sagt zudem, die Fehlinterpretation der Studie geschehe zumindest teilweise gezielt und mit voller Absicht. Sie spricht von einer manipulativen »Fälschung der Daten«: Bei der Untersuchung der politischen Zuneigung zu bestimmten Parteien derer, die die Studienergebnisse falsch interpretiert hätten, sei man mehrfach auf »Daten gestoßen, die nachvollziehbar von AfD-Akteuren über Social-Media-Kanäle zirkuliert wurden«.[25]

Der Schweizer Journalist Sebastian Haupt, der sich eine eidgenössische Studie angesehen hat, die die Aussagen der deutschen Wissenschaftlerin stützt, wenn sie von einer gezielten Fehldeutung ihrer Ergebnisse spricht, ergänzt: »Wir haben eine ganze Menge eher rechtspopulistischer Medien, die versuchen, eine Frontstellung zwischen Elite und sich selbst zu ziehen. Das heißt, auf einmal werden ganz viele demokratische Selbstverständlichkeiten zu linken Projekten verklärt, um sich eben den Ruch des Freiheitskämpfers zu geben.«[26] Es ist jedoch fraglich, ob die Richtigstellungen und Einordnungen all diejenigen erreichen, die die Schlagzeilen über die Studie gelesen haben. Die Schlussfolgerung war in der Welt.

Selbstverständlich kann und soll nach der Diversität im Journalismus gefragt werden – nur ist die Debatte inzwischen so vergiftet, dass eine sachliche Auseinandersetzung schwierig ist. Dass es dazu gekommen ist, liegt auch an den Medien. Hätten sich Zeitungen, Rundfunk- und Fernsehsender in den Jahren zuvor schon kontinuierlich eine Basis geschaffen in den sozialen Netzwerken, nämlich mit persönlicher Ansprache und der Möglichkeit zum Dialog, hätten sie dort Zuschauer:innen- und Leser:innenbindung betrieben, und zwar auf eine Art und Weise, wie sie dem Netz entspricht – womöglich hätten sie dann ihre Versäumnisse wie die Berichterstattung über die Kölner Silvesternacht denjenigen erklären können, die noch erreichbar waren für Argumente. Womöglich wären es mehr gewesen, weil im Zuge solcher Social-Media-Arbeit größere Transparenz darüber hergestellt worden wäre, wie Journalist:innen arbeiten. Und Nahbarkeit hätte die oben schon belegte Entfremdung, die Zuschauer:innen, Leser:innen empfinden, aufhalten können, in Teilen wohl sogar verhindern.

Hätten sich Medienschaffende bis in die höchsten Hierarchiestufen hinein rechtzeitig und angemessen mit dem Netz und auch dem sozialen Netz beschäftigt, wären gewisse Fehler womöglich nicht passiert. Zum Beispiel das Einräumen von Fehlern, die womöglich gar keine waren, sondern als solche deklariert wurden von interessierten Kreisen. Einen überaus anschaulichen Beweis dafür liefert die »Omagate«-Affäre des WDR Ende 2019/Anfang 2020.

Omagate – Wenn Unkenntnis den Falschen in die Hände spielt

9. November 2019: In der WDR-5-Radiosendung *Satire Deluxe* läuft ein Lied, das den meisten Deutschen im Original bekannt sein dürfte: »Meine Oma fährt im Hühnerstall Motorrad«. Die Zuhörer:innen an diesem Tag bekommen eine – wie der Name der Sendung, *Satire Deluxe,* verrät – umgedeutete, satirische Version präsentiert, in der es heißt: »Meine Oma ist 'ne alte Umweltsau«, vorgetragen

von einem Kinderchor. Die Mädchen und Jungen singen von einer Oma, die Kreuzfahrten unternimmt und deren Motorrad ein Spritfresser ist, und greifen auf diese Weise die aktuelle Klimadebatte auf. Nach Ausstrahlung der Sendung passiert: nichts.

27. Dezember: Der Radiosender WDR 2 spielt das Lied ebenfalls und postet gleichzeitig auf seiner Facebook-Seite ein Video des Kinderchors, wie er das Lied singt. So schafft es der Song erstmals auch auf Twitter – und wird dort von Accounts aus dem rechten Spektrum aufgegriffen, wie es später das NDR-Magazin *Zapp* erläutert und sich dabei auf Angaben des Datenanalysten Philip Kreißel bezieht: »Nur 500 Accounts seien für mehr als die Hälfte aller Interaktionen unter dem Hashtag #Umweltsau zuständig gewesen, manche User hätten mehr als 100 Tweets am Tag retweetet.«[27] Ein inzwischen bekanntes und beliebtes Muster rechter Nutzer:innen, wie Luca Hammer, ebenfalls Datenanalyst, erzählt: »Es gibt User, die tun den ganzen Tag anscheinend kaum was anderes. Die suchen nach Inhalten, die missverständlich sind und politisch so ausgeschlachtet werden können, wie es der rechten Blase gefällt.« [28]

Genauso läuft es auch hier ab. Auf Twitter schreibt jemand mit dem Fantasienamen chris95488191: »Das ist widerlicher, als es Hitler und die DDR tat (sic)!« Ein anderer, der sich hinter dem Namen Marvin19591 versteckt: »Ihr seid zum Kotzen und sowas ist keine Satire, sondern Hetze und Spaltung!«[29] Es gibt so lange Aufregung, bis ein größerer rechtskonservativer Multiplikator das Thema aufgreift und twittert: »Totalitäre #Propaganda will Familienbande aufbrechen, um selbst ihre Ideologie in die Köpfe der Kinder eintrichtern zu können.«[30] Dieser Tweet wird Hunderte Male retweetet, also weiterverbreitet. Durch das Aufspringen der reichweitenstarken Accounts aus dem rechten Spektrum erlangt das Thema plötzlich große Aufmerksamkeit und entfacht einen Shitstorm. Auch völlig unverdächtige kleine Accounts mischen mit.

Die renommierte Kölner Sozialpsychologin Catarina Katzer erforscht seit mehreren Jahren die Beweggründe, die Leute dazu bringt, auf einen solchen fahrenden Zug des Hasses aufzuspringen: Was motiviert Menschen dazu, sich einzuklinken in orchestrierte und nicht orchestrierte Empörung, warum gebärden sich Menschen im Netz plötzlich viel hasserfüllter, als sie es im Alltag tun und der Anlass es gebietet? Katzer führt mehrere Gründe an: Erstens »können wir uns nirgendwo so perfekt von unserer wahren Identität abwenden und in eine fremde Rolle schlüpfen wie im Cyberspace«, schreibt sie. Außerdem tauchen wir geradezu ab in eine große Masse, »wir werden eins mit der Online-Gemeinschaft« und lösen uns so von unseren real gültigen Wertevorstellungen, »können unkontrolliert reagieren und Bewusstsein und Gewissen einfach ausblenden. [...] Wir verlieren hier auch unsere Fähigkeit zur Selbstkontrolle. [...] Wir nehmen uns nicht mehr als rücksichtsvolle Mitbürger wahr, sondern nur noch als Wutbürger, der seinem politischen Frust Luft machen möchte. Wir erleben online also auch eine Art Kontrollverlust. Die realen Hemmschwellen existieren nicht mehr. Wir geben schneller Impulsen nach.«[31]

Noch am selben Abend löscht WDR 2 das Video von seiner Facebook-Seite. Der Programmchef entschuldigt sich für das Lied.

28. Dezember: Auf WDR 2 gibt es eine Sondersendung, in der Zuschauer:innen die Möglichkeit haben, ihrem Unmut Luft zu machen. Auch der WDR-Intendant Tom Buhrow schaltet sich ein. Vom Krankenhausbett seines 92-jährigen Vaters aus ruft er in der Sendung an. Dieser sei keine Umweltsau, erklärt er und bezeichnet das Lied als Fehler – »ohne Wenn und Aber«.

Ein Mitarbeiter des WDR twittert über seinen eigenen Account: »Eure Oma war keine Umweltsau. Stimmt. Sondern eine Nazisau.«[32] Und entfacht damit einen zweiten Shitstorm. Auf den wütenden Tweet eines Mannes, der schreibt »Meine beiden Omas waren weder Umweltsäue noch Nazisäue. Und jetzt ist Feierabend. Ich werde Ihren Drecksladen nicht mehr finanzieren. Sie gehören dringend abgeschafft« und auf den Tweet des WDR-Mitarbeiters verweist, antwortet der WDR: »Der betroffene Mitarbeiter ist kein Redakteur beim WDR, sondern freier Mitarbeiter. Er hat den Tweet von seinem privaten Twitter-Account abgesetzt. Wir distanzieren uns scharf von Form und Inhalt.«[33] Diesen Tweet posten sowohl die Redaktion von WDR *aktuell*, einem Nachrichtenmagazin für Nordrhein-Westfalen, als auch die der *Aktuellen Stunde*, ebenfalls ein WDR-Nachrichtenmagazin. Für diese Aussage gibt es viel Kritik, weil diese Sätze von manchen als Distanzierung von dem Mitarbeiter verstanden werden. Wie der Deutsche Journalistenverband berichtet, marschieren Angehörige der rechtsextremen Szene vor dem Haus des jungen Mannes auf, um ihn einzuschüchtern.[34]

Der WDR schiebt über den Account von WDR *aktuell* einen Tweet hinterher und stellt klar: »Wir haben uns von Form und Inhalt eines Tweets des Kollegen [...] sehr deutlich distanziert. Daran halten wir fest. Das bedeutet nicht, dass wir uns von unserem Mitarbeiter als Mensch distanzieren. Er hat von uns jede Form von Unterstützung angeboten bekommen, die in der aktuellen Situation notwendig ist. Kein verunglückter Tweet rechtfertigt Drohungen, wie sie der Kollege gerade erfahren muss. Gleichzeitig gibt es viel Kritik an unserer Feststellung, dass der Kollege ein freier Mitarbeiter ist. Diese Äußerung ist nur im Kontext zu sehen: Sie bezieht sich auf den Vorwurf, Danny Hollek sei ›verantwortlich für die Social-Media-Arbeit‹ bei uns. Das kann er in seiner Rolle als freier Mitarbeiter im WDR eben nicht sein. Darüber hinaus arbeiten wir bei der *Aktuellen Stunde* als Team auf Augenhöhe. Mitarbeiter zweiter Klasse gibt es bei uns nicht.«[35]

Der nordrhein-westfälische Ministerpräsident Armin Laschet, CDU, in dessen Bundesland der WDR seinen Sitz hat, schaltet sich in die Debatte ein und twittert: »Die Debatte um den besten Klimaschutz wird von manchen immer mehr zum Generationenkonflikt eskaliert. Niemals dürfen Kinder von Erwachsenen für ihre Zwecke instrumentalisiert werden.[36] Der WDR hat mit dem Lied ›Meine Oma ist 'ne alte Umweltsau‹, das die Redaktion den Dortmunder Kinderchor singen ließ, Grenzen des Stil (sic) und des Respekts gegenüber Älteren überschritten. Jung gegen Alt zu instrumentalisieren ist nicht akzeptabel.«[37]

29. Dezember: In den sozialen Netzwerken trenden die Hashtags #Omagate und #Umweltsau – das heißt es ist dort *das* Thema. *Bild.de* heizt die Stimmung zusätzlich an, schreibt von einem »geschmacklosen Oma-Lied«, zitiert Kritiker:innen – aber niemanden, der das Lied verteidigt oder den satirischen Hintergrund zu erklären versucht.[38] Die Recherche- und Informationsstelle Antisemitismus (RIAS) twittert: »Vor dem Gebäude des #WDR in #Köln findet gerade eine rechte Kundgebung (100 TN) wegen der Causa #OmaUmweltsau statt. Vor Ort wird gerade ein Lied mit antisem. Verschwörungen (›Vereinigten Staaten, die in Israels Auftrag die Welt versklaven‹) vorgetragen.«[39] Die *Rheinische Post* berichtet: »Eine Gruppe der Teilnehmer sei höchstwahrscheinlich der rechten Szene zuzuordnen, sagte der Polizeisprecher. [...] Einige der Teilnehmer trugen Jacken der rechtsextremen Gruppierung ›Bruderschaft Deutschland‹.«[40]

30. Dezember: Ein weiterer Auftritt von Tom Buhrow. In einem nun über den Twitter-Account des gesamten WDR verbreiteten Video nennt er das Satirelied »missglückt«. Dann appelliert er an die Zuschauer:innen. Was man jetzt erlebe, sage »Erschreckendes aus über den Zustand in unserem Land. Wir haben Morddrohungen gegenüber mehreren Mitarbeitern.« Kurze Pause. »Morddrohungen.« Es wirkt, als wäre der Intendant der größten ARD-Anstalt vom Ton in den sozialen Medien überrascht. »Wir können doch nicht den Scharfmachern und Rechthabern das Feld überlassen!«, führt Buhrow weiter aus.[41]

Auch nach Entschuldigung und Löschung gab es weiter wütende Proteste vor dem WDR in Köln – laut Polizei unter Beteiligung von Mitgliedern der rechten Szene, die naturgemäß die freie Presse ablehnt. Es ist erkennbar, dass die Verantwortlichen im WDR die Mechanismen der sozialen Medien und die Abläufe von Shitstorms nicht kannten. Andernfalls hätten sie gelassener reagiert, sich nicht dermaßen vom rechten Mob treiben lassen – und sich vor die eigenen Mitarbeiter:innen gestellt. Wie eine mit kühlem Kopf abgestimmte Kommunikationsstrategie wirkt all das nicht.

In dieser Geschichte ging es um den WDR. Aber sie hätte auch in vielen anderen Medienhäusern passieren können. Wer die Macht der sozialen Netzwerke unterschätzt, die Dynamik von Shitstorms nicht versteht und nicht weiß, wer dahintersteckt, *kann* nicht besonnen reagieren.

Das wird auch dann zu einem Problem, wenn etwa politisch Handelnde im Fokus der Aufmerksamkeit stehen. Es gehört zu den Aufgaben der Presse, einzuordnen: Wie groß ist die Aufregung, wie künstlich aufgeblasen ist sie – oder aber wie fundiert? Natürlich riefen in der Zuschauerredaktion des WDR, in der extra anberaumten Radio-Sondersendung nicht nur Neonazis, gewaltbereite Hooligans und Frustrierte an. Natürlich waren dort wie in den sozialen Netzen tatsächlich »normale Leute«, die wirklich empört waren und sich oder Angehörige ungerecht behandelt fühlten. Die das umgetextete Lied nicht lustig fanden. Nur: Wäre die Aufregung tatsächlich auch so groß gewesen und dermaßen eskaliert, wäre sie nicht von interessierter Seite kontinuierlich angeheizt worden?

Überschätzen Redaktionen die Reaktionen, erledigen sie die Arbeit derer mit, die an dieser Aufregung ein Interesse haben. Unterschätzen sie sie hingegen, kommen sie eventuell ihrem Auftrag nicht ausreichend nach, ausreichend kritisch zu berichten. Zwar sind, wie die Organisation *Reporter ohne Grenzen Deutschland* in einer Analyse aus dem Juni 2018 betont, »›traditionelle Medien‹ wie Tageszeitungen oder Rundfunkprogramme in vielen Altersgruppen eine wichtigere Informationsquelle als soziale Netzwerke«[42]. Diese Medien greifen aber eben Debatten auf, die im Netz längst geführt werden – und verzerren sie mitunter, wie im oben genannten Beispiel gezeigt. Deshalb greift auch ein weiterer Satz aus demselben Papier: »Grundlage für eine differenzierte Systemanalyse ist vertieftes Wissen. Unternehmen, Staaten, Wissenschaft und Zivilgesellschaft sind gleichermaßen gefordert, dieses Wissen zu generieren und zu verarbeiten.«[43] Das gilt auch für Journalist:innen. Ihre Aufgabe ist es, Wissen aufzubereiten, einzuordnen und so weiterzugeben, dass es richtig und gleichzeitig verständlich ist. Auch, wenn es um soziale Medien geht.

Zumal wir als Medien und Medien*schaffende* längst selbst im Fokus von Social-Media-Debatten stehen oder zumindest unter ihrem Eindruck und Einfluss unsere Arbeit verrichten, ob wir wollen oder nicht. Die »fünfte Gewalt«, wie sie der Medienwissenschaftler Bernhard Pörksen nennt[44], thematisiert die vierte Gewalt und beeinflusst sie – direkt und indirekt, deutlich und sehr subtil. Dessen müssen wir uns bewusst sein oder werden.

Der Fall Attila Hildmann – oder:
Schreibt das, was wir euch vorschreiben!

Wer twittert, versteht sich gern als schneller, progressiver und besser informiert als die Mehrheit derer, die nicht twittern. Das stimmt mitunter auch. Und gleichzeitig geben aber häufig noch traditionelle Medien Themen und Zeiten vor. Der *Tatort* zum Beispiel führt sonntags regelmäßig die Twitter-Trends an, das bedeutet: Zu diesem Thema werden gerade die meisten Tweets veröffentlicht. In der Regel wird die jeweilige Folge verrissen. Anschließend knöpft man sich *Anne Will* vor. Das Thema, so die Faustregel: so gut wie immer falsch gewählt. Die Gästeauswahl: ganz offensichtlich getroffen von Dilettant:innen. Die Twitter-Gemeinde muss, so der Eindruck an jedem Wochenende, aus erstaunlich zahlreichen Masochist:innen bestehen, die sich ihre Freizeit mit schlimmstmöglichen Fernsehformaten vermiesen.

Warm läuft man sich am Freitagabend, wenn der *Spiegel* erscheint. Er ist ein Objekt der Hassliebe. Ein gutes Beispiel ist ein Porträt von Attila Hildmann im Juli 2020.[45] Hildmann schrieb einige sehr erfolgreiche vegane Kochbücher. Im Zuge der Corona-Krise entdeckte er den Widerständler in sich, der einer angeblichen Verschwörung die Stirn bietet.

Hildmann ließ sich auf Instagram mit einer Waffe ablichten: Er sei zum Äußersten bereit, wollte er damit wohl signalisieren. Als das Bildnetzwerk seinen Account sperrte, zog er um zu Telegram. Mit seinen immer radikaleren Äußerungen machte er den Staatsschutz auf sich aufmerksam, der Ermittlungen wegen Volksverhetzung, Verharmlosung des Holocaust und Morddrohungen einleitete.[46]

Hildmann fand sich zuverlässig in den Twitter-Trends wieder, war also ein viel diskutiertes Thema und wurde auf »Avocadolf« getauft, in Anlehnung an Adolf Hitler. Die Nutzer:innen twitterten über ihn in einer Mischung aus Entsetzen und Belustigung. Der *Spiegel* griff die Debatte auf und veröffentlichte ein Porträt, das auf einem Spaziergang zweier Redakteure mit dem veganen Koch beruhte. Man wollte herausfinden: Wer ist dieser Mann, was treibt ihn an, wie konnte es so weit kommen? Als die Digitalausgabe des *Spiegel* am Freitagabend veröffentlicht wurde, regten sich viele Twitter-Nutzer:innen schnell auf. Es gibt eine starke und hartnäckige Gruppe, die eine klare Forderung gegenüber dem Journalismus erhebt. Er soll sich zu erkennen geben als Aktivist im Kampf gegen das Böse: Rechte, Zweifler:innen am menschengemachten Klimawandel. Diese sollten nicht mehr in Interviews, Kommentaren, Porträts vorkommen, ihnen soll keine Bühne mehr geboten werden. Letztlich sei der Erfolg der Populist:innen auf übergroße Darstellung in den Medien zurückzuführen. Auch hier hieß es nun, der *Spiegel* schreibe jemanden hoch, der das nicht verdiene.

Es ist eine alte Diskussion und womöglich eine, die nie enden wird: Wann ist es richtig, zu berichten, wann sollte man es lassen? Ist es die Aufgabe von Journalismus, zu informieren, einzuordnen, oder ist es Aufgabe von Journalismus, auch durch Auswahl und eben dann im Umkehrschluss durch Weglassen seiner Verantwortung nachzukommen? Ist das »Nanny«-Journalismus, der Leser:innen, Zuschauer:innen bemuttert und meint, für sie entscheiden zu müssen, was er ihnen zumuten kann? Oder ist das Journalismus, der sich als Säule einer freiheitlich-demokratischen Gesellschaft versteht, die er stützen soll? Und: Was ist zuerst da: Die Aufmerksamkeit für einen Menschen, die von Medien aufgegriffen wird? Oder eine durch Medien geschaffene Aufmerksamkeit? Der *tages-themen*-Moderator Ingo Zamperoni wurde 2016 in einem Interview gefragt: »Berichten die Medien trotzdem nicht zu viel über die Gefahr, die womöglich von Trump oder der AfD ausgeht?« – und antwortete: »Der Chef des Fern-sehnetzwerks CBS hat gesagt: ›Trump mag für Amerika schlecht sein, für CBS ist er aber verdammt gut.‹ Trump bringt Quote. Das war eine komplette Bankrotterklärung des Journalismus. Man fragt sich aber: Folgen die Leute Trump, weil er so viel Aufmerksamkeit von den Medien be-kommt? Oder bekommt er so viel Aufmerksamkeit, weil die Leute ihm zuhören?«[47] Eine bemerkenswerte Antwort – denn sie endet mit zwei Fragen.

Diese Debatten hinterlassen Spuren, auch in den Redak-tionen. Die Psychologin Sophie Leisenberg berichtet von einer »Schere im Kopf: Aus Angst vor eben diesem Stress im Netz kommt es bisweilen zur Selbstzensur«.

Lange wurde dieser »Stress« im Netz fast ausschließlich der rechten Ecke zugeordnet. Doch dieser Druck kommt zunehmend auch aus der linken Ecke, wenn auch mit we-niger Wucht und weniger weitreichenden Folgen. Schon heute ist sichtbar, dass die Journalist:innengeneration, die mit den sozialen Medien sozialisiert wurde, empfänglich ist für diesen sich wandelnden Anspruch an Journalismus.

Durch die sozialen Medien, durch die unmittelbare Kritik, die durch sie an uns herangetragen wird, werden wir selbst zum Gegenstand von strukturellen Analysen. Wir sind nicht mehr lediglich die Medien, die gesellschaftliche Konflikte und Entwicklungen abbilden – wir sind selbst Bestandteil der Debatte. Die Journalistin Meredith Haaf fasst zusammen: »Soziale Medien sind nicht nur Treiber von Unsicherheit und Empörung, sondern auch von Debatten über Machtverhältnisse: Wer wen retweetet oder auf seinem Account präsentiert, gilt als relevantes politisches Signal. Unter diesem Einfluss ist insbesondere, aber nicht nur, unter jüngeren Journalistinnen und Journalisten in den letzten Jahren eine Art neues hyperkritisches Bewusstsein dafür entstanden. Dafür, wie mediale Repräsentation und gesellschaftliche Machtverhältnisse sich gegenseitig beeinflussen – und welche Rolle sie selbst dabei spielen.«[48]

Der Mediensoziologe Bernd Blöbaum, der über das Selbstverständnis von Journalist:innen forscht, sagt: »Es kommt tatsächlich eine neue Generation in den Beruf, die durch Studium und andere Einflüsse gelernt hat, ihr journalistisches Selbstverständnis kritisch zu hinterfragen, und die unsichtbaren Leitplanken der Auswahl und Darstellung von Inhalten zu analysieren.«[49]

Haaf skizziert zwei Gruppen: »Die einen wollen die richtigen Leute zu Wort kommen lassen, nämlich vor allem die mit den ›richtigen‹ Ansichten und aus bislang sozial unterdrückten Gruppen, und damit einen Beitrag zum sozialen Fortschritt leisten. Sie achten peinlich darauf, keine Gefühle zu verletzen, vor allem nicht die von Frauen oder Minderheiten, und sind im Zweifel auf dem linken Auge blind. Die anderen wollen fast zwanghaft alle zu Wort kommen lassen, immer auch mit Rechten reden und damit einen Beitrag zur Aufklärung und zum freien Austausch leisten. Sie stehen Mehrheitsmeinungen und Gruppendynamik skeptisch gegenüber – aus prinzipiellen, nicht politischen Überlegungen.«

Anlass für Haafs Artikel war die öffentlichkeitwirksam inszenierte Kündigung der konservativen Meinungsredakteurin Bari Weiss, die im Juni bei der als liberal geltenden *New York Times* ausstieg. Und die damit eine Debatte anzettelte, die, wie Robin Alexander von der *Welt* twitterte, dem deutschen Journalismus noch bevorstehe.[50]

Twitter als ultimativer Herausgeber

Bari Weiss kündigte am 14. Juli 2020 ihren Job mit einem offenen Brief an ihren Verleger, den sie auf ihrer Website veröffentlichte. Den Grund fasste sie so zusammen: »Twitter steht zwar nicht auf dem Impressum der *New York Times*, aber Twitter ist ihr ultimativer Herausgeber geworden.«[51] Die Selbstzensur, beklagte Weiss, sei bei der *Times* inzwischen die Norm. Wenn ein Beitrag »als geeignet angesehen wird, intern oder in sozialen Medien einen Gegenschlag auszulösen, vermeiden Herausgeber:in oder Autor:in es, ihn vorzuschlagen«. Auf Twitter schrieb sie außerdem – etwas martialisch – von einem »Bürgerkrieg« bei der NYT, wie er ihrer Ansicht nach aber auch in anderen Redaktionen und Unternehmen im ganzen Land tobe: Auf der einen Seite stehe die Gruppe der über 40-Jährigen, die sich bei ihrer Arbeit an Prinzipien orientiere, die sich mit »bürgerlichem Libertarismus« zusammenfassen ließen. Dort verorte sie sich selbst auch. Die Mitglieder dieser Gruppe, dieser Kriegspartei, um in ihrer Rhetorik zu bleiben, habe irrtümlich gedacht, die jungen Leute, die sie selbst eingestellt hatten, täten das auch. Was sich jedoch als Fehlschluss erwiesen habe. Denn diese bildeten inzwischen eine andere Gruppe. Sie nennt sie die »wokes«, was sich übersetzen lässt mit Menschen, die sich als sehr wachsam gegenüber Rassismus und Privilegien verstehen. Diese Gruppe würde einen Journalismus betreiben, so Weiss, »in dem das Recht der Menschen, sich emotional und psychologisch sicher zu fühlen, das übertrumpft, was früher als liberale Kernwerte galt, wie die Redefreiheit«.[52] Ein fundamentaler Vorwurf.

Weiss' Äußerungen fielen zusammen mit zwei veritablen Krisen, die die USA im Sommer 2020 erschütterten: zum einen Corona, zum anderen die Rassismusdebatte, erneut entfacht durch den weltweit mit Abscheu und Entsetzen diskutierten Tod von George Floyd am 25. Mai 2020. Riesige Demonstrationen gaben der »Black Lives Matter«-Bewegung gegen Diskriminierung neuen Auftrieb, und gemeinsam mit der noch immer laufenden MeToo-Debatte um Sexismus erfuhr das Oberthema »Gleichbehandlung« neue Aufmerksamkeit.

Weiss' Kündigung wurde auch hierzulande diskutiert. Nicht, weil sie eine besonders prominente Journalistin wäre, deren Ruf bis über den Atlantik reichte. Ihr Schreiben sorgte deshalb für Aufmerksamkeit, weil es eine hier bereits langsam anlaufende Debatte aufgriff, die weit über den Journalismus hinausreicht: die Auseinandersetzung über die sogenannte Cancel Culture. Gemeint ist damit der vermeintliche Aufruf, Menschen, die sich diskriminierend oder beleidigend verhalten, keine Bühne zu geben oder keine Aufmerksamkeit zu schenken. Ein prominentes Beispiel ist die *Harry-Potter*-Autorin Joanne K. Rowling. Rowling war 2019 bei Recherchen für ein Buch auf Twitter einer Frau gefolgt, die als transphob galt, also transsexuellen Menschen gegenüber feindlich. Nachdem Rowling, wie sie sagt, versehentlich einige Monate zuvor einen Tweet eines Mannes gelikt hatte, der durch transphobe Äußerungen aufgefallen war, erntete sie nun fürs Folgen dieser Frau blanken Hass bei Twitter. Mit 14 Millionen Follower:innen kann das schnell gehen. Rowling zog sich zunächst zurück – und meldete sich dann wieder im Juni 2020: In drei Tweets begründete sie, warum »Frau« ihrer Meinung nach ein biologischer Begriff bleiben solle, nicht ausschließlich ein sozialer.[53] Das wurde wiederum von vielen als Kritik am Konzept von Transgender aufgefasst – und hatte weitreichende Konsequenzen für Rowling, die über die sozialen Netzwerke hinausgingen: Zwei der größten *Harry-Potter*-Fanseiten wandten sich von der Bestsellerschriftstellerin ab. In einer gemeinsamen Erklärung kündigten sie an, nicht mehr über die Autorin berichten zu wollen, ebenso wenig über deren Wohltätigkeitsorganisation, nicht mehr auf ihre Website zu verlinken, keine Fotos mehr von ihr zu veröffentlichen.[54]

Die »Cancel Culture«-Debatte bildet die derzeitige gesellschaftliche Polarisierung sehr plakativ ab. Cancel Culture ist umstritten – sogar die Existenz, sogar der Begriff.

Er werde, so heißt es von der einen Seite, als Kampfbegriff der Rechten instrumentalisiert, die auf diese Weise berechtigte Kritik der Linken zu delegitimieren versuche.[55] Niemand werde »gecancelt« – Joanne K. Rowling zum Beispiel findet schließlich weiter ihr Publikum und einen Absatzmarkt. Dem entgegnet die andere Seite, Cancel Culture sei nichts anderes als Zensur; der Versuch, unliebsame Meinungen zu tilgen, die Welt einfacher und konformer zu gestalten und zu betrachten, als sie ist und sein sollte. Außerdem gehe es nicht darum, Äußerungen, Begriffe oder Einstellungen zu verbannen, sondern Personen.[56]

Natürlich wächst auch in Deutschland eine Journalist:innengeneration heran, die mit Social Media sozialisiert wurde und die, um noch einmal Meredith Haaf zu zitieren, »eine Art neues hyperkritisches Bewusstsein dafür [entwickelt hat], wie mediale Repräsentation und gesellschaftliche Machtverhältnisse sich gegenseitig beeinflussen – und welche Rolle sie selbst dabei [spielt]«.[57]

Das lässt sich am Beispiel einer *taz*-Kolumne von Hengameh Yaghoobifarah verdeutlichen, die am 15. Juni 2019 unter der Überschrift »All cops are berufsunfähig« erschien[58], angelehnt an die jahrzentealte Schmähung »All cops are bastards«, »Alle Polizisten sind Bastarde«. Anlass für den Text war die auch hierzulande wieder aufgeflammte Diskussion über strukturellen Rassismus bei der Polizei nach dem Tod von George Floyd.

In dem Text denkt Yaghoobifarah darüber nach, was eigentlich mit Polizist:innen passieren würde, würde man die Polizei abschaffen, nicht aber den Kapitalismus. Wo wäre Platz auf dem Arbeitsmarkt für die rund 250.000

schwer zu vermittelnden Polizist:innen – wo doch, so Yaghoobifarah, »der Anteil an autoritären Persönlichkeiten
und solchen mit Fascho-Mindset in dieser Berufsgruppe
überdurchschnittlich hoch« sei? Die Ausführungen
schießt Yaghoobifarah ab mit den Sätzen: »Spontan fällt
mir nur eine geeignete Option ein: die Mülldeponie. Nicht
als Müllmenschen mit Schlüsseln zu Häusern, sondern auf
der Halde, wo sie wirklich nur von Abfall umgeben sind.
Unter ihresgleichen fühlen sie sich bestimmt auch selber
am wohlsten.«

Diesen Satz fassten einige Journalist:innen und Politi-
ker:innen als Gleichsetzung von Polizist:innen mit Müll
auf, und dementsprechend groß, laut und nachhaltig war
der Aufschrei. Die Debatte lief über Wochen und über
die üblichen politischen Lager hinweg. Die konserva-
tive *Neue Zürcher Zeitung* etwa bezeichnete den Text als
»menschenfeindlichen Clickbait-Müll«[59], die Grünen-Po-
litikerin Irene Mihalic, selbst Polizistin, schrieb der *taz*
in einem Brief, die Kolumne sei »von einer Menschen-
verachtung geprägt, die ich sonst nur bei Nazis finde«[60].
Bundesinnenminister Seehofer, oberster Dienstherr der
Polizei, drohte gar mit Anzeige, was neuen Aufruhr ver-
ursachte, denn Pressefreiheit ist ein hohes Gut.[61] Hengameh Yaghoobifarah und andere Mitarbeiter:innen der *taz*
wurden dermaßen massiv bedroht, dass die Redaktion um
Unterstützung der Polizei bat.[62]

Innerhalb der *taz* diskutierte man sehr kontrovers und
machte dies öffentlich. Chefredakteurin Barbara Junge
schrieb: »Satire darf fast alles – sogar in ihrer Wortwahl
danebengreifen. Aber Menschen, egal welcher Berufs-

gruppe, als Müll zu bezeichnen, widerspricht fundamental dem Selbstverständnis der *taz*, die sich einer menschlicheren Gesellschaft verschrieben hat. Eine Kolumne, so satirisch sie auch gemeint gewesen sein mag, die so verstanden werden kann, als seien Polizisten nichts als Abfall, ist danebengegangen. Das tut mir leid. [...] Wir streiten darum, wie stark der subjektive Blick, wie stark Diskriminierungserfahrung den Journalismus prägen soll oder darf.«[63]

Hengameh Yaghoobifarahs Eltern stammen aus Iran. Yaghoobifarah hat selbst Diskriminierung erlebt und gehört also der oben bereits skizzierten Generation von Medienschaffenden an, die beeinflusst von der neu entstandenen Gegenöffentlichkeit neue Fragen, neue Maßstäbe, neue Formen einfordern und zum Teil auch umsetzen.

Der Fall zeigt: Social Media *hat* Einfluss. Zum einen auf die Themensetzung und zum anderen auf die Themen*um*setzung durch Journalist:innen. Das muss allen Verantwortlichen in allen Redaktionen bewusst sein. Denn auf Grundlage dieses Wissens kann man Entscheidungen treffen, und man kann diese Entscheidungen reflektieren: Die Debatte über das Für und Wider des Einflusses subjektiver Erfahrungen auf die Arbeit von Journalist:innen muss geführt werden. Sie kann aber nur dann reflexiv, offen und zielorientiert geführt werden, wenn dieser Einfluss offen kommuniziert wird, also allen an der Debatte Beteiligten bewusst ist.

Geliebter Feind – Die Abhängigkeit der Verlage und Sender von der Konkurrenz

Wie frei und unabhängig ist Journalismus heute? In einer Zeit, in der die klassischen Medien einerseits immer weniger Geld verdienen, weil die Einnahmen aus Werbung ins Internet verloren gehen, und andererseits Leser:innen, Zuhörer:innen und Zuschauer:innen ihre Informationen zunehmend aus sozialen Netzwerken beziehen? Einige Medien tendieren zu Kooperationen: Sie nutzen Dienste wie zum Beispiel Facebook live oder auch Instagram live, um Pressekonferenzen zu übertragen oder Debattenrunden. Es ist günstig, man erreicht viele Leute, und die Server sind robust genug, um auch großen Andrang zu verkraften.

Allerdings ist das eine Allianz mit Partnern, die der Verbreitung von Fake News ausdrücklich keinen Riegel vorschieben wollen. Mit denen, die auch den Feind:innen der Demokratie eine Plattform bieten, die »Lügenpresse, Lügenpresse« schon so lange und laut skandieren, dass sich diese Mär ihren Weg längst bis in die Mitte der Gesellschaft gebahnt hat. Es ist eine Allianz mit denjenigen, die durch ihre Algorithmen bestimmen, welche Auskopplungen aus Zeitungen und Sendungen in den Newsfeeds, der Startseite bei Facebook, aufgelistet werden, ihren Nutzer:innen angezeigt werden. Zwar soll der neue, für 2021 geplante Rundfunkstaatsvertrag, der nun zeitgemäß »Medienstaatsvertrag« heißt, Unternehmen wie Facebook dazu verpflichten, künftig transparent darzustellen, warum und in welcher Reihenfolge sie Inhalte präsentieren.

Es ist aber fraglich, ob sie sich daran halten. Durch den Streit um die Rundfunkgebührenerhöhung, der Sachsen-Anhalt im Winter 2020 davon abhielt, den Vertrag zu unterschreiben, ist nun ohnehin offen, ob er und wann er in seiner Ursprungsform in Kraft tritt.

Die Medien hierzulande haben sich aus all diesen Gründen lange vor dieser Zusammenarbeit gesträubt. Nur haben sie eben Jahre verschlafen, zu wenig Budget eingesetzt, um nun mithalten zu können. Sie haben mit dem Festhalten an alten Programmschemata, mit der langjährigen Fokussierung auf lineares Fernsehen viele von denen verprellt, denen sie nun mühsam hinterherlaufen müssen, wollen sie nicht noch weiter an Relevanz verlieren. Sie machen nun gemeinsame Sache mit den Plattformen, die Bestandteil der eigenen kritischen Berichterstattung sein müssen.

Ein etwas anders gelagerter Interessenkonflikt entsteht zum Beispiel bei der Zusammenarbeit der größten deutschen Nachrichtenagentur *dpa* sowie der Rechercheplattform *correctiv.org* mit Facebook. Beide, sowohl die *dpa* als auch *correctiv*, gehören zu einem internationalen Netzwerk, dem sogenannten Third-Party Fact-Checking Program. Das bedeutet: Sowohl im Auftrag von Facebook als auch aus Eigeninitiative prüfen die beiden Unternehmen Meldungen auf der Plattform auf ihren Wahrheitsgehalt. Stellt sich eine Geschichte als falsch heraus, wird sie für die Nutzer:innen markiert und von Facebook in der Sichtbarkeit herabgestuft.

Problematisch bleibt, dass Facebook es ablehnt, politische Werbung zu verbannen, wenn sie Lügen enthält. Das ist nicht allgemein bekannt – und so müssen viele User:innen davon ausgehen, dass die Wahlinformationen auf Facebook von der *dpa* und *correctiv* geprüft wurden. Diese kooperieren nun mit einem Unternehmen, das im Zweifel Lügen verbreitet. Wie das Medienportal *Übermedien* 2019 berichtete, beendete die niederländische Nachrichtenseite *nu.nl* genau aufgrund dieses Gewissenskonflikts die Zusammenarbeit mit Zuckerberg. Anders *dpa* und *correctiv. org*. Auf Nachfrage von *Übermedien* sagt die Nachrichtenagentur, sie bedaure es, »dass Facebook in der Kooperation mit den Faktencheck-Partnern gewisse Faktenchecks nicht übernimmt«. Dies habe man auch in Gesprächen mit Facebook »wiederholt betont«. Wenn das so ist – welchen Grund gibt es dann, mit Facebook zusammenzuarbeiten? »Nach reiflicher Überlegung hat sich *dpa* dennoch dafür entschieden, ihre Faktenchecks auch Facebook zur Verfügung zu stellen. Der gesellschaftliche Nutzen durch Faktenchecks in den sozialen Netzwerken ist sehr hoch, da damit die Verbreitung von Falschbehauptungen eingeschränkt wird. Dieser Effekt spielt aus Sicht der *Deutschen Presse-Agentur* eine entscheidende Rolle, selbst wenn Facebook leider keine Faktenchecks zu Politiker-Behauptungen in ihr Netzwerk einspeist.«[64] Einschränken, statt zu tilgen – das ist der niedrige Anspruch, der nach vielen Jahren Social Media geblieben ist. Er zeigt die Machtlosigkeit von Redaktionen, die glauben, ohne Facebook nicht bestehen zu können.

So gern die Europäer:innen, deutsche Grünen-Politiker:innen, aber auch Journalist:innen immer mal wieder von einem eigenen, europäischen Facebook träumen[65] –

einen Großteil seines Charmes ziehen das Netz und seine Plattformen daraus, dass es sich selbst aufgebaut hat, von unten. In den ersten Jahren, in denen wichtige Weichen gestellt wurden, war das Internet ein Konglomerat von Subkulturen und schuf neue Formen der Kommunikation. Nicht nur im technischen Sinne. Zudem wäre der Aufbau eines »europäischen Facebooks« der Schwenk weg vom ursprünglichen, vom Original. Dies würde weiter verkommen zum Kröpfchen, während die »Guten«, die zivilisiert und respektvoll debattierenden User:innen, rüberwandern würden ins Töpfchen. Und während es dort konstruktiver zuginge, würde auf der anderen Seite eine kaum noch beachtet, Gegenöffentlichkeit wachsen, die sich jedes Korrektivs entzöge. Das kann niemand wollen.

Und nun? – Wie es besser werden kann 6

Trotz allem bin ich nach wie vor überzeugt von den Vorteilen der sozialen Medien und will sie nicht weiter vor die Hunde gehen sehen. Was kann die Politik, was können die Medien, was können wir alle tun, um den Ton dort zu entschärfen? Was können und müssen wir tun, damit sie keine Superspreader für Hass und Hetze mehr sind; kein Raum, den manche noch immer für einen rechtsfreien halten – was Fachleute bis zu einem gewissen Grad bestätigen?

Die Politik

Es ist ein schönes, ein aussagekräftiges und auch ein wichtiges Symbol, wenn ein Bundespräsident die »re:publica« eröffnet, so wie es Frank-Walter Steinmeier 2019 getan hat. Der höchste Mann im Staate auf der größten Netzkonferenz, die längst politisch geworden ist. Das demonstriert eine Offenheit und eine Wertschätzung, die nötig ist. Und es ist ein wichtiger Beitrag zur Debatte, wenn Steinmeier immer wieder darauf hinweist, dass Deutschland ein Problem mit Hass hat. Wenn er Kommunalpolitiker:innen zu sich ins Schloss Bellevue einlädt, damit sie von ihrem Alltag erzählen können, der geprägt ist von Begegnungen mit

Leuten, die sie auf den Plattformen beschimpfen und bedrohen. Dies hat dermaßen zugenommen, dass der Gesetzentwurf gegen Hassverbrechen auch Kommunalpolitiker:innen im Blick hat: »Beleidigungen, üble Nachrede und Verleumdung gegen Kommunalpolitikerinnen und Kommunalpolitiker werden künftig schärfer bestraft. Mit ihrem Engagement sind sie eine Stütze der Gesellschaft und verdienen besonderen Schutz.«[1] Die Befürchtung: Irgendwann findet sich niemand mehr fürs Rathaus. Und tatsächlich haben schon einige Bürgermeister:innen aus Angst um sich und ihre Familie aufgegeben, so wie zum Beispiel Ende 2019 Arnd Focke (SPD), bis dahin Bürgermeister der niedersächsischen Gemeinde Estorf.[2] Sein Privatauto war mit Hakenkreuzen verunstaltet worden, Zettel mit der Aufschrift »Wir vergasen dich wie die Antifa« waren in seinen Briefkasten geworfen worden, erzählte er der *Deutschen Presseagentur* im Interview.[3]

Auch der ehemalige Bürgermeister von Altena im Sauerland, der CDU-Politiker Andreas Hollstein, kann ein sehr düsteres Lied von den Schattenseiten des Daseins als Kommunalpolitiker singen: Hollstein hatte 2015 mehr Flüchtlinge aufgenommen, als der Verteilungsschlüssel vorsah. 2017 ging ein Mann in einem Dönerladen mit einem Messer auf ihn los und verletzte ihn am Hals. Der Täter hatte lautstark über Hollsteins liberale Flüchtlingspolitik geschimpft. Er wurde zu einer Bewährungsstrafe verurteilt. Nach einer gemeinsamen Podiumsdiskussion 2019 erzählte Hollstein mir, wie beklemmend es sei, diesen Mann ab und an auf der Straße zu treffen. Trotzdem blieb Hollstein im Amt, kandidierte 2020 gar als Oberbürgermeisterkandidat für Dortmund, wo er in der Stichwahl unterlag.

Es ist also ein guter Anfang, wenn der Bundesinnenminister gemeinsam mit der Bundesjustiz- und der Bundesfamilienministerin eine Gesetzesverschärfung anschiebt. Aber es reicht nicht. Der Hass hat zu weit gestreut, und die Plattformen sind zu mächtig geworden, als dass man ihnen nur mit Gesetzen Einhalt gebieten könnte.

1. Ran an die Tech-Riesen!

Die Debatte kocht immer wieder hoch, vor allem in den USA, aber auch in der EU – denn sie muss angesichts der Marktmacht der Tech-Riesen supranational und mit Nachdruck geführt werden. Um bei den Social-Media-Giganten anzufangen: Instagram und WhatsApp müssen wieder herausgelöst werden aus dem Facebook-Imperium. Als Facebook WhatsApp 2014 aufkaufte, war dies nur unter der Auflage genehmigt worden, dass die Nutzer:innendaten beider Plattformen weiterhin getrennt voneinander behandelt werden würden. 2017 aber stellte die EU-Kommission fest: Exakt dieser Vorgabe war zuwidergehandelt worden, obwohl Facebook 2014 noch behauptet hatte, das sei technisch gar nicht möglich. »Eine glatte Lüge«[4], schrieb die FAZ deshalb – mit der Facebook ziemlich glimpflich durchkam: Ein Bußgeld über 110 Millionen Euro verhängte die EU-Kommission. Peanuts für Facebook. Es braucht drastischere und nachhaltigere Maßnahmen. Nach der Zerschlagung müssten außerdem klare Regeln gefunden werden, um die Daten wieder zu entflechten, die Facebook miteinander verbunden hat. Und diese Entflechtung müsste Bestand haben.

Facebook muss entmachtet werden, damit es mehr Wettbewerb gibt. Und es braucht klare Regelungen, damit das Unternehmen nicht bei nächster Gelegenheit eben wie etwa im Fall von Instagram wieder einen potenziellen Konkurrenten für unglaubliche Summen schlucken kann. Kleinere Firmen brauchen die Chance, sich am Markt zu behaupten. Die Verbraucher:innen brauchen die Chance auf mehr Vielfalt und auf Unternehmen, die transparenter und sorgsamer mit ihren Daten umgehen. Konkurrenz belebt das Geschäft, und wenn Facebook nicht mehr konkurrenzlos ist, könnte dies vielleicht ein Umdenken in Gang bringen.

Darüber hinaus muss, ebenfalls auf supranationaler Ebene, endlich eine Definition gefunden werden für die Rolle und die Funktion der Tech-Riesen. Und welche Konsequenzen das nach sich zieht. Überraschenderweise ist es Donald Trump, der gezeigt hat, was theoretisch möglich wäre. Er überspannte den Bogen bekanntlich dermaßen, dass Twitter ihn wenige Tage nach dem von ihm angeheizten Sturm aufs Kapitol mit fünf Toten am 6. Januar 2021 von der Plattform verbannte.

Als Twitter schon vorher, während der Coronakrise und des Präsidentschaftswahlkampfs im Jahr 2020, begann, Tweets von Trump zu kennzeichnen, die offensichtliche Falschaussagen beinhalteten, drohte er Twitter – ironischerweise in einem Tweet: Er werde sich für die Abschaffung von »Section 230« starkmachen.[5] Diese Drohung wiederholte er mehrere Male und später auch an die Adresse von Facebook. Paragraf 230 des Communications Decency Act, übersetzt: das Gesetz über Anstand in der Kommunikation, aus dem Jahr 1996, besagt, dass die sozialen Netzwerke nicht für die Inhalte verantwortlich sind, die ihre Nutzer:innen veröffentlichen. Trump wurde nicht wiedergewählt, scheiterte mit seiner Initiative, »Section 230« existiert noch. Diese Episoden aber zeigen: Es gibt durchaus Hebel. Man muss sie nutzen. Oder neue, angemessene Hebel schaffen.

In einer idealen Welt gäbe es eine supranationale Behörde, die die Arbeit der Netzriesen überwacht. Eine UN für die sozialen Netzwerke zum Beispiel. Aber davon sind wir noch meilenweit entfernt. Lichtjahre.

2. Rein in die Kanäle!

»Die Politik«, also politisch Handelnde, ganz egal, auf welcher Ebene, müssen sich bewusst machen, wie wichtig die sozialen Medien sind. Um das Bewusstsein dafür auch bei anderen zu schaffen.

Die sozialen Plattformen müssen Bestandteil des politischen Alltags werden; es reicht nicht, eine Social-Media-Einheit in der Presseabteilung eines Ministeriums anzusiedeln, die dann je nach persönlichem Gusto der Verantwortlichen entweder ein Nischendasein fristet oder aber eine herausragende Rolle spielt. Der Umgang mit den sozialen Medien muss selbstverständlich sein, genauso wie der mit den etablierten Medien. Dabei dürfen Erstere aber nicht einfach als zusätzliche Kanäle für die Verbreitung von Pressemitteilungen genutzt werden. Es braucht angemessene Formen, um die Politik des Hauses zu erklären – und, ganz wichtig: auch in den Dialog mit den Dialogwilligen zu treten. Die gibt es ja. Man muss sie aber auch ernst nehmen und ermutigen. Antworten reicht schon. Natürlich kann niemand von Minister:innen, Bürgermeister:innen oder auch Pressesprecher:innen eine Erreichbarkeit rund um die Uhr erwarten, auch nicht, dass umgehend und auf alles geantwortet wird. Es gibt Formate wie Facebook Live oder sogenannte Twitter-Sprechstunden, die man terminieren und für solche Zwecke nutzen kann. Was auch wiederum nicht bedeuten soll, dass man außerhalb solcher Formate abtaucht. Man muss es koordinieren und durch Regelmäßigkeit Verlässlichkeit und Interesse am Austausch demonstrieren. Es gibt sicherlich kreative Lösungen, um sowohl zu signalisieren, dass man die Nahbarkeit des Mediums schätzt, sie aber nicht 24 Stunden am Tag und sieben Tage die Woche lang bedienen kann. Sich nicht zu beteiligen, ist jedenfalls *keine* kreative Lösung. Es ist gar keine.

Die Politik muss zugleich ein Bewusstsein dafür schaffen, wie gefährlich die sozialen Netzwerke sind. Die schwarzgrüne Landesregierung in Hessen schrieb sich 2018 einen bemerkenswerten Satz in ihren Koalitionsvertrag: »Die Bekämpfung von ›Hate Speech‹ ist uns wichtig.«[6] Natürlich nutzt ein solcher Satz nichts, wenn er nicht auch in Politik umgesetzt wird. Aber er ist immerhin ein Anfang und die Grundlage für politisches Handeln.

3. Ran an die Geldtöpfe!

Und die Politik muss Geld in die Hand nehmen. Geld für Staatsanwält:innen. Die ersten Schritte sind gemacht, doch sie sind noch zu zaghaft. Es sind noch zu wenig Leute. Und diese müssen natürlich vernünftig geschult werden – und zwar kontinuierlich. Wird eine Plattform in den Boden gestampft, schießt die nächste aus demselben. Sie müssen bekannt sein, und zwar rasch nach ihrem Aufkommen.

Betroffenen muss es schnell und unkompliziert möglich sein, sich Hilfe zu suchen. Es sollte keinen Unterschied machen, ob jemand im Treppenhaus, auf der Straße, in der Fußgängerzone oder im Internet bedroht oder angegriffen wird. Das Signal muss klar sein: So etwas geht nicht, so etwas wird geahndet – also: Lassen Sie so etwas wie Drohungen und Beleidigungen lieber sein, es könnte unangenehme Folgen für Sie haben. Die übergeordnete Botschaft: Wir wollen streitbar, aber respektvoll miteinander umgehen. Der Grat zwischen Diskutieren und Beschimpfen ist nicht so schmal, wie manche glauben oder zumindest suggerieren. Auch nicht im Netz.

Aber nicht nur Staatsanwält:innen müssen im Thema sein und dafür geschult werden. Dasselbe gilt für Polizist:innen, für Richter:innen – und Lehrer:innen. Schulen stellen einen wichtigen Hort für die Vermittlung von Social-Media-Kompetenz dar – beziehungsweise: Sie müssen ihn darstellen. Auch dafür muss Geld investiert werden. Kinder und Jugendliche wachsen heutzutage auf mit den sozialen Netzwerken, mit all ihren Vorteilen, aber auch mit all ihren Nachteilen und Gefahren. Die Umfragen fördern furchtbare Zahlen zutage, werden die Jüngeren zu ihren Erfahrungen mit Hassrede im Netz interviewt. Lehrer:innen müssen die Themen Hassrede und Diskriminierung im Unterricht behandeln. Und sie sollten darüber hinaus auch in der Lage sein, Dynamiken wie Cybermobbing zu verstehen, damit sie eingreifen können – zum Beispiel, wenn ein Kind aus ihrer Klasse von anderen in einer WhatsApp-Gruppe oder auf einer anderen Plattform gehänselt oder gemobbt wird. Lehrer:innen müssen auch durch ihre Kompetenz so viel Vertrauen auf die Schüler:innen ausstrahlen, dass diese sich an sie wenden. Wer Kinder und Jugendliche unterrichtet oder betreut, sollte erkennen, einordnen und gegensteuern können.

4. Schafft ein Ministerium!

Es braucht ein Digitalministerium. Dringend sogar! Zwar gibt es gute Argumente dafür, Digitales als Querschnittsthema zu behandeln, also die einzelnen Ressorts ihren individuellen Beitrag leisten zu lassen. In der Theorie ist es überaus überzeugend, dass jedes Ministerium, jedes Ressort unterschiedliche Schwerpunkte setzt bei der Digitalisierung, und die Herausforderungen in seinem eigenen Zuständigkeitsbereich am besten selbst lösen kann. Aber die Praxis hat gezeigt, dass die einzelnen Ministerien und die Verantwortlichen dem Thema unterschiedliche hohe Relevanz einräumen.

Schon vor der Corona-Krise war vielen klar, wie stiefmütterlich das Thema Digitales von der deutschen Politik behandelt wird. Mit Beginn der Pandemie schälte sich diese Erkenntnis zunehmend deutlicher heraus – leicht erkennbar am nicht gut funktionierenden digitalen Distanzunterricht oder an der digitalen Vernetzung der Gesundheitsämter und Laboratorien.

Nun lässt sich eine Haltung zu einem solchen Thema nicht binnen kurzer Zeit verändern. Und deshalb brauchen wir ein Digitalministerium. Denn das würde das Signal senden, das da lautet: »Wir haben verstanden. Digitales besitzt die gleiche Priorität wie andere Ressorts.« Wobei es dann bei diesem Signal allein natürlich nicht bleiben dürfte: Das Ministerium müsste gut ausgestattet sein, sowohl mit Personal als auch mit Geld und nicht zuletzt mit Macht.

Der Journalismus

1. Macht mit!

Ganz kategorisch: Es sollte selbstverständlich sein, dass jede:r Journalist:in, ganz gleich wo er oder sie tätig ist, in welchem Ressort und in welchem Landkreis, und auch völlig losgelöst vom Alter, weiß, wie die gängigen sozialen Netzwerke funktionieren. Journalist:innen müssen geschult werden, falls sie die Plattformen noch nicht kennen. Sie sollten fähig sein, mithilfe von Twitter, Facebook, Tiktok oder Instagram zu recherchieren. Jede:r Journalist:in braucht überall dort einen Account. Die sozialen Medien sind inzwischen zu unverzichtbaren Rechercheinstrumenten geworden. Oft tauchen Zitate oder Meldungen dort zuerst auf.

Und gleichzeitig stehen die sozialen Netzwerke immer wieder selbst im Fokus der Berichterstattung. Wenn man nicht weiß, wie sie funktionieren, ihre Infrastruktur nicht kennt, keine Ahnung davon hat, mit welchen Mitteln sie missbraucht werden können oder wie sie Missbrauch treiben können, ist man für kritische Berichterstattung über die Firmen nicht geeignet. Deshalb gehört in jede Arbeitsplatzbeschreibung: sicherer Umgang mit den gängigen Plattformen.

Und auch jede:r Entscheider:in muss dort angemeldet sein – und firm. Keine Angst: Niemand erwartet Urlaubsbilder vom Intendanten oder möchte zwingend wissen, was eine Chefredakteurin zu Abend gegessen hat. Aber man kann durchaus erwarten, dass sie intelligent und feinfühlig genug sind, um den für sie richtigen Ton zu treffen. Journalist:innen sind Kommunikationsprofis. Damit verdienen sie ihr Geld. Soziale Netzwerke sind Kommunikationskanäle, die nicht mehr verschwinden und die einen großen Raum einnehmen. Dort vorzukommen, sich dort auszutauschen, um zu zeigen, dass man präsent und ansprechbar ist, ist inzwischen keine Option mehr, sondern eine Pflicht. Medienschaffende müssen erreichbar sein für Zuschauer:innen, Zuhörer:innen und Leser:innen. Für Bürger:innen. Es muss so selbstverständlich sein wie Zeitung lesen. Und es ist keine Aufgabe, die man spöttisch lächelnd den jüngeren Kolleg:innen zuschustert. Eine dermaßen wichtige Sphäre der Öffentlichkeit nicht kennenlernen zu wollen, ist die aktive Entscheidung für eine massive Wissenslücke. Darauf zu setzen, dass automatisch nach und nach Leute auf Schlüsselpositionen vorrücken, die schon allein durch ihr Alter mit Netz und sozialen Medien vertraut sind, ist keinesfalls eine verantwortungsbewusste Option. Dafür sind die Netzwerke und die Ausflüsse des Handelns dort zu wichtig – und, wie der Extremfall Lübcke zeigt, zu gefährlich.

2021 auf die sozialen Medien zu verzichten, bedeutet, sich immer weiter von den Bürger:innen dieses Landes zu entfernen. Die Medien müssen zu den Leser:innen, Zuhörer:innen, Zuschauer:innen – nicht umgekehrt. Diese Zeiten sind vorbei. Das ist auch eine Chance. Wir sollten sie nutzen!

2. Schafft Strukturen – und Notfallpläne!

Plattformen bedeuten einen nicht zu unterschätzenden Kontrollverlust für Redaktionen: In Sendungen, auf Nachrichtenportalen ist stets ein:e sogenannte:r Chef:in vom Dienst dazwischengeschaltet, verantwortlich für das zu Sendende. Texte, Beiträge werden »abgenommen«, also kritisch durchgesehen und im Zweifel noch mal korrigiert. In Social-Media-Redaktionen gibt es solche Abläufe natürlich auch, aber Korrespondent:innen, Journalist:innen, Moderator:innen bedienen ihre »eigenen« Accounts autark und in einer selbst gewählten Mischung aus beruflichen und, je nach Geschmack, privaten Inhalten. Während und außerhalb der Arbeitszeit. Das braucht Vertrauen – und das geht eben auch manchmal schief.

Deshalb braucht es Notfallpläne. Wenn etwas schiefgeht, muss man kommunizieren. Und wenn es sehr schiefgeht wie bei dem Kollegen beim WDR, der von »Nazisäuen«

twitterte, muss man umso mehr kommunizieren. Man kann intern sagen, dass das nicht die beste Idee war. Nach außen aber muss nicht kommuniziert werden, in welchem Arbeitsverhältnis der oder die Betroffene zum Unternehmen steht, auf welcher vertraglichen Grundlage es existiert. Nach außen gehört erst mal die Information, dass man zu dem Kollegen steht. Das und alles Weitere sollte abgestimmt werden. Nicht nebenbei, sondern mit hoher Priorität. Das Beispiel WDR hat gezeigt, dass man andernfalls ungewollt einen Nebenkriegsschauplatz schafft.

Übrigens, Stichwort »eigene« Accounts: Der klassische Social-Media-Auftritt eines Medienmenschen beinhaltet in seiner Kurzbiografie, auch »Bio« genannt, die Information, für welchen Sender oder Verlag oder welche Redaktion er arbeitet – und dann den mehr oder weniger abgewandelten Zusatz »Hier privat unterwegs«. Das führt immer wieder zu Diskussionen, die von Belustigung über Verwunderung bis hin zu Häme reichen: Was diese Trennung denn solle, die sei doch unnatürlich oder albern oder absurd, schreiben die Kritiker:innen dann. Wie privat, bitte schön, können denn Journalist:innen twittern? Und legt man seine berufliche Identität ab, wenn man sich nach Feierabend an einer Diskussion auf Facebook beteiligt, egal aus welcher Branche man stammt? Repräsentiert man nicht automatisch mit jeder Äußerung, die man tätigt, das Unternehmen, das man in seiner Kurzbiografie angegeben hat?

Gute und richtige Fragen. Naturgemäß treffen sie die Besitzer:innen der Accounts, über die sich andere Nutzer:innen wundern. Dabei haben sich die Inhaber:innen meist gar nicht ausgesucht, diesen Zusatz in die »Bio« zu schreiben, etwa um damit mehr Spielraum zu gewinnen, um zum Beispiel nach Lust und Laune das politische Geschehen zu kommentieren, womöglich noch in Stammtischmanier. Und sich im Zweifel, wenn es Ärger gibt, darauf zurückziehen zu können, hier doch nur als Privatperson wie du und ich unterwegs zu sein.

Nein, der Wunsch nach dem »Hier privat«-Zusatz kommt – verständlicherweise – von den Unternehmen. Wir erinnern uns: Auch ich fügte ihn ein, als ich mich von Israel aus auf Bitten des ZDF bei Twitter registrierte. Da Arbeitgeber nicht kontrollieren können, was ihre Leute auf den Plattformen so treiben, möchten sie vorsorglich nicht dafür in Haftung genommen werden. Mit der »Twitterei« oder den Aktivitäten bei Instagram oder Facebook bewegen sich alle Beteiligten in diesem Szenario in einer Grauzone. Natürlich wollen die Häuser, dass ihre Leute präsent sind auf den Kanälen. Das ist Werbung, schafft Reichweite und steht für Zeitgeist. Wenn es gut läuft. Aber es muss auch klar sein, dass Meinungen die des oder der Absender:in sind, nicht die des Unternehmens. Manche Redaktionen haben strenge Richtlinien, was erlaubt ist und was nicht. Ein Beispiel ist die sehr ausführliche Liste, die die *New York Times* ihren Mitarbeiter:innen an die Hand gibt. 16 Punkte sind dort im Februar 2021 öffentlich nachzulesen, in denen es hauptsächlich darum geht, Neutralität zu wahren: keine parteipolitischen Präferenzen erkennen zu lassen oder gar Wahlkandidat:innen zu empfehlen. Quellen ausgewogen zu zitieren. Nicht »Gefällt mir« anzuklicken, wenn dies Rückschlüsse auf die eigene politische

Position zulässt; solche Empfehlungen gehören dazu oder der Rat, auf aggressive Kritik besser gar nicht zu reagieren, oder auch, keinen privaten Gruppen zum Beispiel bei Facebook beizutreten, die parteipolitisch ausgerichtet sind.[7] Diese Liste wird laufend aktualisiert. Es ist ein Lernprozess.

So sieht der Spagat aus, den alle Beteiligten versuchen und der theoretisch gar nicht gelingen kann: Privat in den sozialen Massenmedien unterwegs zu sein, wo man ja auch ein Interesse daran hat, möglichst viele Menschen zu erreichen, ist ein Widerspruch in sich. Was einige potenzielle Minen im Feld entschärfen würde, wären klare Regeln: Dies dürft ihr, dies dürft ihr nicht. Nur wäre es in einem demokratischen Staat einigermaßen absurd, wenn ausgerechnet Redaktionen der freien, unabhängigen Presse ihren Mitarbeiter:innen das Recht auf Meinungsfreiheit beschneiden würden. Es bleibt also ein Restrisiko.

Die Grundlage dafür, dass dieses Risiko möglichst selten zum Tragen kommt, sind Vertrauen und gesunder Menschenverstand. Redakteur:innen, so die Faustregel, schreiben in den Netzwerken nichts, was sie nicht auch in einer größeren Runde, etwa auf einer Party, sagen würden, ohne damit bei ihren Gesprächspartner:innen auf hochgezogene Augenbrauen zu stoßen. Nur wissen wir: Was in den Netzwerken teilweise los ist, hat mit einer geselligen Party denkbar wenig gemeinsam. Es gibt keine Garantie auf *keinen* Shitstorm. Und manchmal lässt man sich eben doch davontragen von einer gereizten Debatte und schreibt etwas, was man in einem besonneneren Moment nicht geschrieben hätte. Wenn es also nun doch zu einem größeren Sturm in den sozialen Netzwerken kommt, braucht es Routinen. Der erste Schritt: Nicht in Panik verfallen. Nicht aktionistisch handeln und kommunikativ alles daransetzen, den Brand zu löschen. Sondern erst mal nachsehen, wer ihn gelegt hat. Wer ein Interesse daran hat, dass es brennt. Und dann, je nach Lage, reagieren. Aber abgestimmt, strukturiert und nach außen immer solidarisch mit den eigenen Leuten sowie in enger Abstimmung mit den Behörden. Es sollte ein:e Ansprechpartner:in bestimmt werden, der oder die zuständig ist für das Sammeln potenziell rechtswidrigen Materials. Und, falls vorhanden, brauchen die Justiziariate Jurist:innen, die ebenfalls firm sind im Umgang mit Social Media.

3. Schafft Transparenz – und eine Fehlerkultur

Die Ereignisse der Kölner Silvesternacht 2015/16 wären eine Chance gewesen: eine Chance, das Versagen zu erklären. Eingeräumt wurde es ja, etwa mit einem Facebook-Post des damaligen stellvertretenden ZDF-Chefredakteurs Elmar Thevessen. Das aber hätte der Anfang sein können: der Anfang einer Transparenzoffensive. Ganz konkret hätte sich erklären lassen, wie Medien arbeiten. Wie banal manchmal die Gründe sind auch für Fehler von solcher Tragweite: zum Beispiel dünn besetzte Redaktionen, gerade an Feiertagen, etwa an Neujahr. Niemand bricht sich einen Zacken aus der Krone, Nachfragen, Verständnisfragen zu beantworten. Von einem Arbeitstag zu berichten. Oder auch mal einzuräumen, einen Fehler gemacht zu haben. Denn auch das ist ein Grund, warum die Scheu vor den sozialen Netzwerken so groß ist: Wir haben keine ausgeprägte Fehlerkultur. Früher kamen Leser:innen und Zuschauer:innen kaum an uns heran. Die Hürden waren zu hoch. Das ist vorbei. Wir sind nahbar. Und das ist gut so – und wird sich nicht mehr ändern. Ja, es wird immer Leute geben, denen auch eine Entschuldigung nicht reicht. Denen reicht es aber auch schon lange nicht mehr, dass man gar nicht antwortet.

4. Berichtet!

Noch immer fristen die Tech-Riesen in der deutschen Nachrichtenberichterstattung ein Nischendasein. Noch immer finden sich, gibt es sie denn, solche Berichte unter »Technik«, »Wirtschaft«, selten im Politikteil. Das muss mehr werden. Facebook und die anderen sind zu mächtig, als dass man sie dermaßen stiefmütterlich behandeln sollte. Und sie besitzen gesellschaftliche Relevanz. Diese Relevanz muss abgebildet werden durch Quantität und Qualität der Berichterstattung.

Wir alle

Wir alle können das Gegengift sein. Unsere Art, zu kommunizieren. Respektvoll, aufmerksam zuhörend, abwägend. Nicht angetreten gegeneinander; nicht daran interessiert, den anderen oder die andere zu verletzen, lächerlich zu machen, hämisch in eine Ecke zu stellen, in der wir ihn oder sie schon vor dem Austausch von Argumenten sehen wollten oder zumindest stellen wollten, damit andere ihn oder sie dort sehen. Und wenn uns das einmal nicht gelingt, weil wir ja Menschen sind und keine Maschinen, in der Lage dazu, das einzuräumen und uns dafür zu entschuldigen.

1. Machen Sie mit!

Wir alle müssen uns einbringen. Wir müssen nicht alle auf Konfrontation gehen zu denen, die geifernd ihren Hass verbreiten wollen, die ihre Unzufriedenheit kanalisieren oder aber ihre politische Agenda vorantreiben. Wer das dicke Fell hat, sich ihnen offen entgegenzustellen – super, los geht's!

Wer das nicht hat: kein Problem. Ignorieren Sie die, und konzentrieren Sie sich auf die anderen. Aber melden Sie sich an! Diskutieren Sie mit denen, mit denen Sie diskutieren wollen. Tauschen Sie sich aus, posten Sie die im Social Web so beliebten Fotos von Katzen oder von Ihrem Abendessen. Vernetzen Sie sich mit Freund:innen, Bekannten, und schicken Sie sich von mir aus Ihre Lieblingswitze hin und her. Nur: Seien Sie dort, nehmen Sie Platz ein in der virtuellen Fußgänger:innenzone. Bestimmen Sie den Ton mit, der selbstverständlich sein sollte und es längst nicht mehr ist.

Gerät jemand in einen Shitstorm und Sie wollen sich nicht danebenstellen: Senden Sie ein Zeichen der Solidarität. Stellen Sie sich entweder offen an die Seite der Person, über der sich der Sturm entlädt, oder klicken Sie einfach nur auf »Gefällt mir« bei einem Posting, einem Tweet oder einem Foto dieser Person; stellen Sie sich aktiv gegen die,

die dort hetzen, oder, wenn Ihnen das alles zu heikel ist aus Sorge, Sie könnten dadurch ebenfalls zur Zielscheibe des Hasses werden, schreiben Sie eine persönliche Nachricht an das Opfer. Alles, was irgendwie signalisiert, dass man nicht allein ist, hilft. Glauben Sie mir. Ich weiß es.

Man kann auch gemeinsam aktiv werden: Es gibt Initiativen, die sich dort, wo es schiefläuft, für eine bessere Digitalcourage einsetzen, zum Beispiel die preisgekrönte Organisation »Ich bin hier«. Diese Facebook-Gruppe macht ihre Mitglieder auf Postings aufmerksam, die Hass, Schmähungen, Drohungen beinhalten. Dann greifen die Mitglieder zur sogenannten Counterspeech: zur Gegenrede. Sie schreiben sachliche und respektvolle Beiträge und/oder versehen solche Beiträge mit einem »Gefällt mir«. Gesellen Sie sich zu solchen Gruppen. Oder, wenn Sie das nicht wollen oder brauchen: Seien Sie ein:e unabhängige:r Counterspeaker:in. Machen Sie mit. Jede Stimme zählt. Die Algorithmen dienen auch den Guten, wenn sie in der Mehrzahl sind.

2. Schaffen Sie Aufmerksamkeit!

Seit 2016 gibt die Landesmedienanstalt Nordrhein-Westfalen jährlich eine Befragung zum Thema Hassrede in Auftrag. Darin wird auch danach gefragt, wie oft Menschen zur Tat geschritten sind, nachdem sie Hate Speech gelesen haben: »Der Anteil der befragten Internetnutzerinnen und -nutzer, die schon einmal einen Hasskommentar bzw. dessen Verfasserin oder Verfasser bei dem entsprechenden Portal gemeldet (25 %) bzw. auf einen Hasskommentar geantwortet haben, um diesen zu kritisieren (23 %), ist gegenüber der letzten Erhebung nahezu unverändert.«[8]

Sobald Sie einen Kommentar, eine Antwort, ein Posting sehen, das Ihrer Ansicht nach nicht in Ordnung ist, weil es gegen die Menschenwürde verstößt, weil es gegen Minderheiten hetzt, weil es jemanden beleidigt – hören Sie auf Ihr Bauchgefühl und melden Sie es. Melden Sie es den Plattformen, dafür gibt es extra vorgefertigte Wege, in die man sich hinein- und dann durchklicken kann. Wenn Sie nicht wissen, wie das funktioniert: Fragen Sie offen. Jemand wird Ihnen antworten und helfen, da bin ich sicher.

Nutzen Sie Ihre Stimme, um die Plattformbetreiber darauf aufmerksam zu machen, dass das Gebaren dort nicht stillschweigend akzeptiert wird.

3. Wehren Sie sich!

Werden Sie selbst Opfer von Hassrede, gehen Sie dagegen vor. Ob Sie dem Absender widersprechen, ob Sie den betreffenden Inhalt melden, ob Sie zur Polizei gehen oder sich an eine Organisation wie zum Beispiel Hate Aid wenden, hängt von Ihnen ab und von Ihrem Fall. Grundsätzlich gilt aber: Nicht einfach runterschlucken! Selbst wenn Sie damit gut leben können: Es kann zur Verbesserung des Debattenklimas im Netz beitragen, wenn die Aufmerksamkeit darauf gelenkt wird, wie es dort zugeht. Wenn Behörden unter Druck stehen, zu handeln. Wenn dadurch wiederum der Druck auf die Plattformen zunimmt. Und das Bewusstsein bei den Nutzer:innen: dass es so nicht sein muss und dass es durchaus Sinn ergeben kann, dagegen vorzugehen. Ich selbst bin seit 2019 im ständigen Kontakt mit Hate Aid. Es meldet sich immer mal wieder jemand bei Twitter oder bei Facebook unflätig zu Wort, und dann schalte ich Hate Aid ein. Und so mühsam es auch ist: Ich erziele Erfolge. Immer wieder bekomme ich Mails von Hate Aid, durch die ich erfahre, dass wieder jemand Geld zahlen muss für eine Beleidigung oder Drohung. Dieses Geld behält Hate Aid, um damit die nächsten Verfahren zu finanzieren. Und davon wird es noch viele geben, leider. Machen wir uns dran, dass die Behörden immer mehr drankriegen. Damit immer mehr es endlich drangeben: zu hetzen, zu hassen und zu vergiften.

Literaturverzeichnis

Studien

Amnesty International: Toxic Twitter – A Toxic Place for Women, 2018. https://www.amnesty.org/en/latest/research/2018/03/online-violence-against-women-chapter-1/

Benkler, Yochai; Faris, Robert; Roberts, Hal; Zuckerman, Ethan: Breitbart-led right-wing media ecosystem altered broader media agenda, 2017. https://www.cjr.org/analysis/breitbart-media-trump-harvard-study.php

Fuchs, Martin; Holnburger, Josef: #ep2019 – Die digitalen Parteistrategien zur Europawahl 2019, 2019. https://www.fes.de/index.php?eID=dumpFile&t=-f&f=41827&token=6e1bf3bcf42bf4162ba5cc452ba460d703945e30

Geschke, Daniel; Klaßen, Anja; Quent, Matthias; Richter, Christoph: Hass im Netz: Der schleichende Angriff auf unsere Demokratie, 2019. https://www.idz-jena.de/fileadmin/user_upload/_Hass_im_Netz_-_Der_schleichende_Angriff.pdf

Köhler, Christina; Ziegele, Marc; Weber, Mathias: Wie gefährlich ist der Hass im Netz? Wirkungen von Hasskommentaren gegen Geflüchtete auf das prosoziale Verhalten von Rezipierenden, in: I. Engelmann, Ines; Legrand, Marie; Marzinkowski, Hanna (Hrsg.): Politische Partizipation im Medienwandel (S. 299–319), Berlin 2019.

Lischka, Konrad; Stöcker, Christian: Digitale Öffentlichkeit. Wie algorithmische Prozesse den gesellschaftlichen Diskurs beeinflussen, 2017. https://www.bertelsmann-stiftung.de/fileadmin/files/BSt/Publikationen/Graue-Publikationen/Digitale_Oeffentlichkeit_final.pdf

Reporter ohne Grenzen: Regulierung 2.0. Warum soziale Netzwerke, Suchmaschinen & Co. ein Teil der informationellen Grundversorgung geworden sind – und wie sie reguliert werden sollten, um die Meinungs- und Pressefreiheit zu schützen, 2019.

Reporter ohne Grenzen: Regulierung 2.0. Soziale Netzwerke, Suchmaschinen & Co.: Wie Regulierung dazu beitragen kann, die Meinungs- und Pressefreiheit zu schützen, 2018. https://www.reporter-ohne-grenzen.de/fileadmin/Redaktion/News/Downloads/Reporter-ohne-Grenzen_Regulierung-2.0-Kurzversion.pdf

Wagner, Ben; Ferro, Carolina: Governance of Digitalization in Europe. A contribution to the Exploration. Shaping Digital Policy – Towards a Fair Digital Society?, 2020. https://www.bertelsmann-stiftung.de/fileadmin/files/BSt/Publikationen/GrauePublikationen/20200507_Governance_of_digitalization_in_europe.pdf

Bücher

Böhmermann, Jan: Gefolgt von niemandem, dem du folgst. Twittertagebuch 2009–2020, Köln [6]2020.

Brodnig, Ingrid: Hass im Netz. Was wir gegen Hetze, Mobbing und Lügen tun können, Wien 2016.

Ebner, Julia: Radikalisierungsmaschinen. Wie Extremisten die neuen Technologien nutzen und uns manipulieren, [2]Berlin 2019.

Fuchs, Christian; Middelhoff, Paul: Das Netzwerk der Neuen Rechten. Wer sie lenkt, wer sie finanziert und wie sie die Gesellschaft verändern, Hamburg 2019.

Lanier, Jaron: Zehn Gründe, warum du deine Social Media Accounts sofort löschen solltest, Hamburg [2]2018.

Levy, Steven: Facebook. The Inside Story, New York 2020.

Lobo, Sascha: Realitätsschock. Zehn Lehren aus der Gegenwart, Köln [2]2019.

McNamee, Roger: Die Facebook-Gefahr. Wie Mark Zuckerbergs Schöpfung die Demokratie bedroht, Kulmbach 2019.

Nassehi, Armin: Muster. Theorie der digitalen Gesellschaft, München 2019.

Pausder, Verena: Das Neue Land. Wie es jetzt weitergeht, Hamburg 2020.

Silberstein, Schlecky: Das Internet muss weg. Eine Abrechnung, München [2]2018.

Aufsätze

Katzer, Catarina: Virtuelle Gewaltphänomene. Die Psychologie digitaler Aggression und digitaler Hasskulturen, in: Gorr, Claudia; Bauer, Michael C. (Hrsg.): Gehirne unter Spannung. Kognition, Emotion und Identität im digitalen Zeitalter, Berlin/Heidelberg 2019, S. 147–165.

Kiesler, Sara; Siegel, Jane; McGuire, Timothy W.: Social psychological aspects of computer-mediated communication, in: *American Psychologist, 39* (10), 1984, S. 1123–1134.

Kimmerle, Joachim: SIDE-Modell, in: Wirtz, Markus Antonius, & Strohmer, Janina (Hrsg.): Dorsch – Lexikon der Psychologie (18. überarbeitete Auflage), Bern 2017, S. 1526.

Anmerkungen

Vorwort

1 https://www.sueddeutsche.de/politik/luebcke-generalbundesanwalt-steinmeier-1.4490227

1. Im Zentrum des Hasses – Wie sich der Sturm anfühlt

1 https://twitter.com/nicolediekmann/status/1080204817069498368?s=20
2 https://twitter.com/nicolediekmann/status/1080205605497909252?s=20
3 https://twitter.com/polizei_nrw_k/status/815318640094572548?s=20
4 https://www.idz-jena.de/fileadmin/user_upload/_Hass_im_Netz_-_Der_schleichende_Angriff.pdf, S. 16.
5 https://www.amnesty.org/en/latest/research/2018/03/online-violence-against-women-chapter-5/
6 https://www.idz-jena.de/fileadmin/user_upload/_Hass_im_Netz_-_Der_schleichende_Angriff.pdf, S. 15.
7 Ebner, Julia: Radikalisierungsmaschinen. Wie Extremisten die neuen Technologien nutzen und uns manipulieren, ²Berlin 2019, S. 147.
8 https://www.amnesty.org/en/latest/research/2018/03/online-violence-against-women-chapter-1/
9 https://undocs.org/en/A/RES/68/181
10 https://www.tagesspiegel.de/themen/reportage/hass-im-internet-ein-nazis-raus-und-seine-folgen/23834704.html

2. Social Media – Was hat dich bloß so ruiniert?

1 http://content.time.com/time/world/article/0,8599,1905125,00.html, Übersetzung ND.
2 http://content.time.com/time/covers/0,16641,20090615,00.html
3 https://www.wired.com/2009/11/internet-for-peace-nobel/
4 http://content.time.com/time/specials/packages/completelist/0,29569,2036683,00.html
5 https://www.theatlantic.com/technology/archive/2011/09/so-was-facebook-responsible-for-the-arab-spring-after-all/244314/
6 https://allfacebook.de/zahlen_fakten/offiziell-facebook-nutzerzahlen-deutschland
7 https://www.internetworld.de/social-media-marketing/twitter/twitter-10-jahre-praesentiert-erstmals-user-zahlen-deutschland-1085330.html#gref

8 Brodnig, Ingrid: Hass im Netz. Was wir gegen Hetze, Mobbing und Lügen tun können, Wien 2016, S. 52.

9 Kiesler, Sara; Siegel, Jane, & McGuire, Timothy W. (1984). Social psychological aspects of computer-mediated communication. *American Psychologist, 39* (10), S. 1123–1134.

10 Kimmerle, Joachim: SIDE-Modell, in: Wirtz, Markus Antonius, & Strohmer, Janina (Hrsg.), Dorsch – Lexikon der Psychologie (18. überarbeitete Auflage), Bern 2017, S. 1526.

11 https://www.zeit.de/2020/46/twitter-debattenkultur-soziale-medien-polarisierung

12 https://www.cjr.org/analysis/breitbart-media-trump-harvard-study.php

13 https://www.newyorker.com/magazine/2017/03/27/the-reclusive-hedge-fund-tycoon-behind-the-trump-presidency

14 https://www.idz-jena.de/fileadmin/user_upload/_Hass_im_Netz_-_Der_schleichende_Angriff.pdf

15 Ein guter Forschungsüberblick findet sich hier: https://www.bertelsmann-stiftung.de/fileadmin/files/BSt/Publikationen/GrauePublikationen/Digitale_Oeffentlichkeit_final.pdf

16 Silberstein, Schlecky: Das Internet muss weg: Eine Abrechnung, München ²2018, S. 17.

17 Nassehi, Armin: Muster. Theorie der digitalen Gesellschaft, München 2019, S. 289.

18 Ebd., S. 287 f.

19 Ebner, Julia: Radikalisierungsmaschinen. Wie Extremisten die neuen Technologien nutzen und uns manipulieren, Berlin ²2019, S. 149.

20 https://www.ssoar.info/ssoar/bitstream/handle/document/62272/ssoar-2019-kohler_et_al-Wie_gefahrlich_ist_der_Hass.pdf?sequence=1&isAllowed=y&lnkname=ssoar-2019-kohler_et_al-Wie_gefahrlich_ist_der_Hass.pdf, S. 313 f.

21 Ebd., S. 300.

22 https://www.bmi.bund.de/SharedDocs/downloads/DE/publikationen/themen/sicherheit/pks-2016.pdf;jsessionid=FD843074AE3D44CFD22225AAC2A1A4D9.1_cid287?__blob=publicationFile&v=5

23 Lobo, Sascha: Realitätsschock. Zehn Lehren aus der Gegenwart, Köln ²2019, S. 303 f.

24 https://www.amnesty.org/en/latest/research/2018/03/online-violence-against-women-chapter-1/

25 Ebd.

26 https://www.idz-jena.de/fileadmin/user_upload/_Hass_im_Netz_-_Der_schleichende_Angriff.pdf, S. 16.

27 Ebd., S. 12.

28 https://www.ard-zdf-onlinestudie.de/social-mediawhatsapp/

29 https://www.springerprofessional.de/social-media-aus-genderperspektive-frauen-und-soziale-netzwerke/4507402

30 https://www.amnesty.ch/de/themen/frauenrechte/dok/2017/umfrage-online-missbrauch

31 Brodnig, Ingrid: Hass im Netz, Wien 2016, S. 54 ff.

32 https://www.spektrum.de/news/wie-maechtig-framing-wirklich-ist/1627094

33 Ebd.

34 https://de.wikipedia.org/wiki/Pegida

35 https://www.hna.de/lokales/kreis-kassel/lohfelden-ort53240/nach-umstrittenen-aussagen-regierungspraesident-luebcke-aeussert-sich-5652974.html

36 https://www.youtube.com/watch?v=KdnLSC2hy9E

37 https://www.t-online.de/nachrichten/deutschland/id_87171352/fall-walter-luebcke-video-fuehrt-zu-verdaechtigen-und-zur-afd.html

38 https://www.hna.de/welt/mordfall-luebcke-markus-hetzte-internet-zr-13521657.html

39 https://www.fr.de/frankfurt/stephan-ernst-prozess-walter-luebcke-gestaendnis-toedlicher-schuss-90018121.html

40 https://www.bundesrat.de/SharedDocs/drucksachen/2020/0001–0100/87–20.pdf?__blob=publicationFile&v=1, S. 19.

41 https://netzpolitik.org/2020/gesetz-gegen-rechte-hetze-steinmeier-laesst-grosse-koalition-nacharbeiten/

42 https://www.bmjv.de/SharedDocs/Gesetzgebungsverfahren/Dokumente/RegE_Aenderung_NetzDG.pdf?__blob=publicationFile&v=2

43 https://www.golem.de/news/bundestagsanhoerung-experten-zweifeln-am-sinn-der-netzdg-reform-2006–149145.html

44 http://dipbt.bundestag.de/dip21/btd/19/184/1918470.pdf

45 https://keinemachtdemhass.de/

46 https://www.justiz.bayern.de/gerichte-und-behoerden/generalstaatsanwaltschaft/muenchen/spezial_4.php

47 https://www.mj.niedersachsen.de/startseite/aktuelles/presseinformationen/kampf-gegen-hass-im-netz-191760.html

48 https://www.mdr.de/sachsen/interview-hate-speech-justizministerin-katja-meier-100.html

3. Facebook, Twitter und Co. –
Dürfen die Tech-Riesen machen, was sie wollen?

1 https://twitter.com/fbnewsroom/status/1101179806288601120?s=20

2 Levy, Steven: Facebook. The Inside Story, New York 2020, S. 26, Übersetzung ND.

3 Ebd., S. 25 f.

4 https://www.cnbc.com/2017/05/25/mark-zuckerberg-returns-to-the-harvard-dorm-where-facebook-was-born.html

5 Levy, Steven: Facebook. The Inside Story, New York 2020, S. 63, Übersetzung ND.

6 https://twitter.com/itpprojects/status/516423860984745984?s=20

7 Levy, Steven: Facebook. The Inside Story, New York 2020, S. 104.

8 Alle Zahlen und Informationen bis hierhin stammen hierher: https://rp-online.de/digitales/internet/facebook-chronologie-des-aufstiegs_iid-9392083#19

9 https://investor.fb.com/investor-news/press-release-details/2012/Facebook-Reports-Third-Quarter-2012-Results/default.aspx

10 https://investor.fb.com/investor-news/press-release-details/2015/Facebook-Reports-Third-Quarter-2015-Results/default.aspx

11 https://investor.fb.com/investor-news/press-release-details/2020/Facebook-Reports-Third-Quarter-2020-Results/default.aspx

12 https://de.statista.com/statistik/daten/studie/165305/umfrage/anzahl-der-deutschen-nutzer-von-facebook-seit-2008/

13 https://allfacebook.de/zahlen_fakten/offiziell-facebook-nutzerzahlen-deutschland

14 https://www.ard-zdf-onlinestudie.de/social-mediawhatsapp/

15 https://www.wsj.com/articles/facebook-estimates-126-million-people-saw-russian-backed-content-1509401546

16 https://www.sueddeutsche.de/wirtschaft/facebook-cambridge-analytica-strafe-1.4537410

17 https://www.nytimes.com/2019/05/09/opinion/sunday/chris-hughes-facebook-zuckerberg.html, Übersetzung ND.

18 Levy, Steven: Facebook. The Inside Story, New York 2020, S. 32, Übersetzung ND.

19 https://investor.fb.com/investor-news/press-release-details/2020/Facebook-Reports-Fourth-Quarter-and-Full-Year-2019-Results/default.aspx

20 https://abc.xyz/investor/static/pdf/2019Q4_alphabet_earnings_release.pdf?cache=05bd9fe

21 https://s22.q4cdn.com/826641620/files/doc_financials/2019/FiscalYR2019_Twitter_Annual_-Report-(3).pdf

22 McNamee, Roger: Die Facebook-Gefahr. Wie Mark Zuckerbergs Schöpfung die Demokratie bedroht, Kulmbach 2019, S. 24.

23 Ebd., S. 31.

24 https://slate.com/business/2012/02/facebooks-ipo-how-mark-zuckerberg-plans-to-retain-dictatorial-control-his-company.html

25 Levy, Steven: Facebook. The Inside Story, New York 2020, S. 383, Übersetzung ND.

26 Ebd., S. 399, Übersetzung ND.

27 https://mashable.com/2014/04/30/facebooks-new-mantra-move-fast-with-stability/?europe=true

28 Silberstein, Schlecky: Das Internet muss weg. Eine Abrechnung, München ²2018, S. 43 f.

29 McNamee, Roger: Die Facebook-Gefahr. Wie Mark Zuckerbergs Schöpfung die Demokratie bedroht, Kulmbach 2019, S. 22.

30 Ebd.

31 https://de.statista.com/statistik/daten/studie/151159/umfrage/umsatz-von-facebook-in-2009-nach-segmenten/

32 Levy, Steven: Facebook. The Inside Story, New York 2020, S. 111.

33 https://www.nytimes.com/2019/05/09/opinion/sunday/chris-hughes-facebook-zuckerberg.html

34 https://www.facebook.com/Nein-zum-Heim-Erzgebirge-1535542493380863/ https://www.facebook.com/Nein-zum-Heim-in-Guben-655765317864535/ https://www.facebook.com/buch.ohne.asylanten

35 https://www.spiegel.de/politik/nein-zum-heim-wie-die-rechten-auf-facebook-agieren-a-00000000–0003–0001–0000-000000105078

36 Ebd.

37 https://www.spiegel.de/netzwelt/netzpolitik/facebook-in-dublin-das-bisschen-hass-a-1059317.html

38 Levy, Steven: Facebook. The Inside Story, New York 2020, S. 434, Übersetzung ND.

39 https://www.ohchr.org/Documents/HRBodies/HRCouncil/FFM-Myanmar/A_HRC_39_CRP.2.pdf, S. 166.

40 https://www.wired.com/story/how-facebooks-rise-fueled-chaos-and-confusion-in-myanmar/

41 https://www.dw.com/de/hetze-gegen-rohingya-in-den-sozialen-medien/a-45210059

42 https://www.vox.com/2018/4/6/17204324/zuckerberg-facebook-myanmar-rohinya-hate-speech-open-letter

43 https://techonomy.com/2016/11/28196/

44 https://www.faz.net/aktuell/wirtschaft/facebook-google-und-twitter-aeussern-sich-zu-wahlmanipulation-15272029.html

45 https://about.fb.com/news/2019/10/mark-zuckerberg-stands-for-voice-and-free-expression/, Übersetzung ND.

46 Ebd., Übersetzung ND.

47 https://www.vice.com/en/article/884mqp/mark-zuckerberg-is-literally-begging-europe-to-regulate-facebook-it-will-be-better-for-everyone

48 https://www.adl.org/news/article/sacha-baron-cohens-keynote-address-at-adls-2019-never-is-now-summit-on-anti-semitism, Übersetzung ND.

49 https://www.euro.who.int/de/health-topics/health-emergencies/coronavirus-covid-19/news/news/2020/6/working-together-to-tackle-the-infodemic

50 https://www.tagesschau.de/faktenfinder/facebook-fakenews-109.html

51 https://www.zeit.de/gesellschaft/zeitgeschehen/2020–07/polizeigewalt-george-floyd-i-can-t-breath-minnesota-usa

52 https://www.theinformation.com/articles/zuckerberg-tells-facebook-staff-he-expects-advertisers-to-return-soon-enough?shared=55fd71efc87f385e

53 https://www.bloombergquint.com/technology/mark-zuckerberg-loses-7-billion-as-companies-drop-facebook-ads

54 https://www.facebook.com/zuck/posts/10112048980882521

55 https://www.bloomberg.com/news/articles/2020–07–10/facebook-considers-political-ad-blackout-ahead-of-u-s-election

56 https://www.vox.com/2018/7/18/17575156/mark-zuckerberg-interview-facebook-recode-kara-swisher, Übersetzung ND.

57 https://www.facebook.com/zuck/posts/10112455086578451, Übersetzung ND.

58 https://www.ard-zdf-onlinestudie.de/social-mediawhatsapp/

59 https://www.bitkom.org/Presse/Presseinformation/Mit-10-Jahren-haben-die-meisten-Kinder-ein-eigenes-Smartphone

60 https://faq.whatsapp.com/general/security-and-privacy/unauthorized-use-of-automated-or-bulk-messaging-on-whatsapp

61 https://www.bildungsserver.de/Bildungswesen-in-Indien-7002_ger.html

62 https://blog.whatsapp.com/more-changes-to-forwarding

63 https://correctiv.org/faktencheck/hintergrund/2020/05/12/datenanalyse-nutzer-finden-fragwuerdige-corona-informationen-vor-allem-auf-youtube-und-verbreiten-sie-ueber-whatsapp/

64 https://www.who.int/news-room/feature-stories/detail/who-health-alert-brings-covid-19-facts-to-billions-via-whatsapp

65 https://nymag.com/intelligencer/2019/05/group-chats-are-making-the-internet-fun-again.html

66 https://www.theguardian.com/technology/2020/jul/02/whatsapp-groups-conspiracy-theories-disinformation-democracy, Übersetzung N.D.

67 https://www.apd.info/2019/05/20/kim-studie-jedes-dritte-kind-nutzt-taeglich-whatsapp/

68 https://www.bitkom.org/Presse/Presseinformation/Mit-10-Jahren-haben-die-meisten-Kinder-ein-eigenes-Smartphone

69 https://www.fr.de/politik/werden-identitaeren-verboten-12074893.html

70 https://www.jugendschutz.net/fileadmin/download/pdf/bericht2016.pdf

71 https://www.buzzfeed.com/de/pascalemueller/rechtsextreme-telegram-chat-organisation-npd

72 https://www.welt.de/politik/deutschland/article192572385/Verfassungsschutz-Rechtsextreme-organisieren-sich-neu.html

73 https://loeffel-abrar.com/newsblog/rechtsfreie-raeume-zu-fake-shops-und-einem-messenger/

74 https://www.washingtonpost.com/news/the-intersect/wp/2015/11/23/the-secret-american-origins-of-telegram-the-encrypted-messaging-app-favored by-the-islamic-state/

75 https://www.gruenderszene.de/allgemein/telegram-berlin-oder-nicht

76 https://www.gesetze-im-internet.de/tmg/__5.html

77 https://telegram.org/faq/de#f-fr-wen-ist-telegram-gedacht

78 https://www.politico.eu/article/telegram-far-right-extremist/

79 https://about.instagram.com/de-de/blog/announcements/instagrams-commitment-to-lead fight-against-online-bullying

80 Silberstein, Schlecky: Das Internet muss weg. Eine Abrechnung, München ²2018, S. 14.

81 https://www.econinfosec.org/archive/weis2013/papers/ChoWEIS2013.pdf

82 Lanier, Jaron: Zehn Gründe, warum du deine Social Media Accounts sofort löschen solltest, Hamburg ²2018, S. 64 f.

83 https://www.ard-zdf-onlinestudie.de/social-mediawhatsapp/

84 Fuchs, Christian; Middelhoff, Paul: Das Netzwerk der Neuen Rechten. Wer sie lenkt, wer sie finanziert und wie sie die Gesellschaft verändern, Hamburg 2019, S. 160.

85 https://www.nytimes.com/2018/03/10/opinion/sunday/youtube-politics-radical.html

86 https://www.mpfs.de/fileadmin/files/Studien/JIM/2019/JIM_2019.pdf

87 https://www.tubefilter.com/2015/07/26/youtube-400-hours-content-every-minute/

88 https://correctiv.org/faktencheck/hintergrund/2020/05/12/datenanalyse-nutzer-finden-fragwuerdige-corona-informationen-vor-allem-auf-youtube-und-verbreiten-sie-ueber-whatsapp/

89 https://transparencyreport.google.com/youtube-policy/removals?hl=de

90 https://www.ard-zdf-onlinestudie.de/social-mediawhatsapp/

91 https://www.welt.de/politik/deutschland/article174401539/Dorothee-Baer-Facebook-wird-zu-einem-Seniorennetzwerk.html

92 Böhmermann, Jan: Gefolgt von niemandem, dem du folgst. Twittertagebuch 2009–2020, Köln 2020, S. 6.

93 https://www.washingtonpost.com/gdpr-consent/?next_url=https%3a%2f%2fwww.washingtonpost.com%2fopinions%2f2020%2f05%2f28%2ftrump-has-told-16000-lies-now-hes-trying-silence-those-who-correct-him%2f

94 https://www.thetrumparchive.com/, Übersetzung ND.

95 https://twitter.com/i/events/1265330601034256384

96 https://twitter.com/TwitterSafety/status/1347684877634838528?s=20

97 https://www.amnesty.org/en/latest/research/2018/03/online-violence-against-women chapter-1/

98 https://www.amnesty.org/en/latest/news/2020/09/twitter failing-women-over-online-violence-and-abuse/

99 https://www.zeit.de/2020/46/twitter-debattenkultur-soziale-medien-polarisierung

100 https://www.zeit.de/2020/45/igor-levit-polemik-twitter-zeitungsartikel-spaltung-oeffentlichkeit

4. Wo Horst Seehofer schon in den Achtzigern surfte –
Was die Politik über die sozialen Medien weiß

1 https://www.theatlantic.com/technology/archive/2017/01/did-america-need-a-social-media-president/512405/

2 https://podcastingnews.com/content/2008/06/06/is-social-media-behind-barack-obamas-success/

3 https://www.pewresearch.org/internet/2009/04/15/the-internets-role-in-campaign-2008/

4 https://www.theatlantic.com/technology/archive/2017/01/did-america-need-a-social-media-president/512405/

5 https://www.faz.net/aktuell/feuilleton/medien/twitter-und-die-hauptstadtjournalisten-das-recht-auf-die-letzten-fragen-1623407.html

6 https://twitter.com/RegSprecher/status/50215217665286144?s=20

7 https://www.spiegel.de/netzwelt/netzpolitik/twitter-eklat-auf-bundespressekonferenz-netz-spottet-ueber-hauptstadtjournalisten-a-753789.html

8 https://wiegold.wordpress.com/2011/03/28/wenn-der-regierungssprecher-twittert/

9 https://twitter.com/pollytix_gmbh/status/1091362633532485633?s=20

10 Alle Zahlen wurden am 23. November 2020 erfasst und sind natürlich dynamisch.

11 https://www.spiegel.de/netzwelt/web/angela-merkel-verlaesst-facebook-seiten-ende-per-videoclip-angekuendigt-a-1251197.html

12 https://twitter.com/wahl_beobachter/status/1087615609570054149?s=20

13 https://www.studien-metz-kommunikation.de/zwischen-buergernaehe-und-netzhetze-1, S. 6.

14 https://www.zeit.de/2020/06/hasskriminalitaet-drohungen-politiker-beamte-ruecktritt-angst

15 https://taz.de/Autoren-ueber-rechte-Hetze-im-Netz/!5718449/

16 https://www.bgbl.de/xaver/bgbl/start.xav?start=%2F%2F*%5B%40attr_id%3D%27bgbl107s0179.pdf%27%5D#__bgbl__%2F%2F*%5B%40attr_id%3D%27bgbl107s0179.pdf%27%5D__1609243897459, S. 4.

17 Ebd., S. 5.

18 https://www.bmjv.de/SharedDocs/Artikel/DE/2020/040120_NetzDG.html

19 https://www.gesetze-im-internet.de/netzdg/BJNR335210017.html

20 https://www.djv.de/startseite/profil/der-djv/pressebereich-download/pressemitteilungen/detail/news-djv-fordert-abschaffung

21 http://justitia-int.org/wp-content/uploads/2019/11/Analyse_The-Digital-Berlin-Wall-How-Germany-Accidentally-Created-a-Prototype-for-Global-Online-Censorship.pdf

22 https://www.bertelsmann-stiftung.de/fileadmin/files/BSt/Publikationen/GrauePublikationen/20200507_Governance_of_digitalization_in_europe.pdf

23 https://www.reporter-ohne-grenzen.de/pressemitteilungen/meldung/
netzdg-fuehrt-offenbar-zu-overblocking
24 https://www.bundesjustizamt.de/DE/Presse/Archiv/2019/20190702.html
25 https://www.handelsblatt.com/politik/deutschland/gesetz-gegen-
hass-im-netz-bisher-rund-1-300-bussgeldverfahren-gegen-soziale-
netzwerke/25419580.html?ticket=ST-1409781-qCjrUfJXLvS4LvzowsM5-ap1
26 https://www.mdr.de/sachsen-anhalt/halle/halle/pressekonferenz-
stahlknecht-zu-anschlag-halle-100.html
27 https://www.bpb.de/politik/extremismus/rechtsextremismus/264178/
pmk-statistiken
28 https://www.verfassungsschutz.de/de/arbeitsfelder/af-rechtsextremismus/
zahlen-und-fakten-rechtsextremismus/rechtsextremistische-straf-und-
gewalttaten-2019
29 https://www.bka.de/DE/UnsereAufgaben/Deliktsbereiche/PMK/
PMKrechts/PMKrechts_node.html
30 https://ec.europa.eu/commission/presscorner/detail/de/MEMO_16_4253
31 https://www.zeit.de/politik/deutschland/2015-11/rechtsextremismus-
fluechtlingsunterkuenfte-gewalt-gegen-fluechtlinge-justiz-taeter-urteile
32 https://www.faz.net/aktuell/politik/inland/fluechtlingskrise-eu-laender-
verweigern-fluechtlingsaufnahme-13778593.html
33 Bild, 1. 9. 2015.
34 https://www.dw.com/de/budapest-gestrandet-am-bahnhof/a-18687799
35 https://www.forschungsgruppe.de/Umfragen/Politbarometer/Archiv/
Politbarometer_2015/Juni_2015/
36 https://www.spiegel.de/politik/deutschland/afd-alexander-gauland-sieht-
fluechtlingskrise-als-geschenk-a-1067356.html
37 https://dip21.bundestag.de/dip21/btd/19/177/1917741.pdf, S. 15.
38 Ebd., S. 2.
39 Ebd., S. 25.
40 https://www.rnd.de/politik/meldepflicht-bei-hass-und-
hetze-richterbund-fordert-verstarkung-fur-strafjustiz-
IFLJRNXKM5AUNAVNSVEGQBOTKA.html
41 https://www.bmjv.de/SharedDocs/Gesetzgebungsverfahren/Dokumente/
RegE_Aenderung_NetzDG.pdf?__blob=publicationFile&v=2
42 https://www.bertelsmann-stiftung.de/fileadmin/files/BSt/Publikationen/
GrauePublikationen/20200507_Governance_of_digitalization_in_europe.
pdf, S. 9.
43 https://www.reporter-ohne-grenzen.de/fileadmin/Redaktion/News/
Downloads/Reporter-ohne-Grenzen_Regulierung-2.0-Kurzversion.pdf
44 https://www.fes.de/index.php?eID=dumpFile&t=f&f=41827&token=
6e1bf3bcf42bf4162ba5cc452ba460d703945e30, S. 3.
45 Ebd., S. 12.

46 Ebd., S. 25.

47 https://www.youtube.com/watch?v=4Y1lZQsyuSQ&t=380 s

48 Youtuber postet vernichtendes Video über die CDU, Frankfurter Rundschau, 22. 05. 2019.

49 https://www.haz.de/Nachrichten/Politik/Deutschland-Welt/CDU-General-Ziemiak-Rezo-verbreitet-Falschbehauptungen

50 https://www.welt.de/print/die_welt/politik/article193999735/Die-Reaktion-der-CDU-Spitze-auf-Youtuber-Rezo-ist-unwuerdig.html

51 https://twitter.com/Jan_Doerner/status/1131131773079957504?s=20

52 https://www.cdu.de/artikel/offene-antwort-rezo-wie-wir-die-sache-sehen

53 https://www.cdu.de/sites/default/files/media/dokumente/wie-wir-die-sache-sehen.pdf

54 https://www.facebook.com/paulziemiak/posts/2451293864889415

55 https://www.welt.de/print/die_welt/politik/article193999735/Die-Reaktion-der-CDU-Spitze-auf-Youtuber-Rezo-ist-unwuerdig.html

56 https://www.facebook.com/tagesschau/videos/339885640062107

57 https://www.youtube.com/watch?v=Xpg84NjCr9c&feature=youtu.be

58 https://www.faz.net/aktuell/politik/inland/wieso-rezos-anti-cdu-video-eine-hetzkampagne-ist-16203829.html

59 https://www.sueddeutsche.de/politik/cdu-rezo-youtube-kommentar-1.4459354

60 https://www.bundeswahlleiter.de/europawahlen/2019/ergebnisse/bund-99.html

61 https://twitter.com/akk/status/1133057501111496709?s=20

62 https://twitter.com/akk/status/1133057504236195840?s=20

63 »Chefin der Dissonanzen«, Süddeutsche 29. 05. 2019.

64 https://www.lvz.de/Nachrichten/Politik/Kommunikationswissenschaftler-ueber-Annegret-Kramp-Karrenbauer-Ich-frage-mich-ob-sie-dem-Amt-gewachsen-ist

65 https://www.youtube.com/watch?v=PzAUQqp3YPA

66 https://www.tagesspiegel.de/gesellschaft/queerspiegel/fastnacht-in-baden-wuerttemberg-kramp-karrenbauer-macht-sich-ueber-intersexuelle-lustig/24059962.html

67 https://www.saarbruecker-zeitung.de/nachrichten/politik/topthemen/interview-der-saarbruecker-zeitung-mit-annegret-kramp-karrenbauer_aid-35007187

68 https://www.sueddeutsche.de/politik/annegret-kramp-karrenbauer-merkel-spahn-1.4528012

69 https://www.waz.de/politik/akk-debatte-um-cdu-parteiausschluss-von-hans-georg-maassen-reaktionen-id226801087.html

70 https://twitter.com/PaulZiemiak/status/1162684924966703105?s=20

71 https://www.facebook.com/tagesschau/videos/339885640062107

72 https://www.bpb.de/politik/grundfragen/parteien-in-deutschland/
gruene/42159/wahlergebnisse-und-waehlerschaft

73 https://www.europawahl-bw.de/wahlergebnis-europawahl2019

74 Alle Zahlen sind Stand 1.12.2020.

75 »So etwas wie das Zölibat der Grünen«: Interview mit Robert Habeck, taz
am 18.03.2008.

76 https://twitter.com/robinalexander_/status/1051026331557928960?s=20

77 https://twitter.com/DeppendorfU/status/1051029864906743808?s=20

78 https://www.shz.de/deutschland-welt/politik/Gruenen-Chef-Habeck-
provoziert-mit-Tweet-und-rudert-zurueck-id21324207.html

79 https://www.spiegel.de/politik/deutschland/robert-habeck-blamiert-sich-
mit-wahlkampfvideo-zu-thüringen-a-1246688.html

80 https://twitter.com/schneidercar/status/1081954291655626753?s=20

81 https://twitter.com/Ralf_Stegner/status/1081957117546905600?s=20

82 https://twitter.com/Gruene_TH/status/1081981511824482306?s=20

83 https://www.robert-habeck.de/texte/blog/bye-bye-twitter-und-facebook/

84 https://www.nzz.ch/meinung/roberts-wintermaerchen-ld.1449456

85 https://www.sueddeutsche.de/digital/aufregung-social-media-konzerne-
regulierung-1.4280532

86 https://www.instagram.com/p/CCYHHf7AOXl/?hl=de

87 https://twitter.com/larsklingbeil/status/1281927994630705153?s=20

88 https://twitter.com/EskenSaskia/status/1282048799591079936?s=20

89 https://twitter.com/mastrackzi/status/1281928795453378565?lang=de

90 https://www.bild.de/bild-plus/politik/inland/politik-inland/
robert-habeck-kuschel-fotos-hunger-horror-um-konik-pferde-
72005278,view=conversionToLogin.bild.html

91 https://www.spiegel.de/politik/deutschland/robert-habeck-vorgeschichte-
der-konik-pferde-stoert-das-idyll-des-gruenenpolitikers-a-1007e72b-d203–
40d0–9eca-71d723540c9c

92 https://meedia.de/2019/04/10/social-media-expertin-carline-mohr-wird-
leiterin-des-newsrooms-der-spd/

93 https://www.europawahl-bw.de/wahlergebnis-europawahl2019

94 https://www.bundesregierung.de/resource/blob/975226/847984/5b8
bc23590d4cb2892b31c987ad672b7/2018–03-14-koalitionsvertrag-data.
pdf?download–1, S. 49

95 https://www.youtube.com/watch?v=OGHMwgIpdEE

96 https://blog.youtube/inside-youtube/a-final-update-on-our-priorities-for

97 https://www.spiegel.de/netzwelt/netzpolitik/copyright-reform-youtuber-
fuerchten-loeschung-ihrer-kanaele-a-1237203.html

98 Ebd.

99 https://www.handelsblatt.com/politik/international/digitalpolitik-

deutschland-und-frankreich-einig-bei-reform-des-urheberrechts/23955524.
html?ticket=ST-5644624-TxN7o7UM5SjCExKZeBrX-ap3

100 https://www.change.org/p/stoppt-die-zensurmaschine-rettet-das-internet-uploadfilter-artikel13-saveyourinternet

101 https://www.bundeskanzlerin.de/bkin-de/aktuelles/rede-von-bundeskanzlerin-merkel-beim-digitising-europe-summit-2019-am-19-februar-2019-in-berlin-1581892

102 file:///C:/Users/diekmann.n/AppData/Local/Temp/II-39+Declaration+NL+ea+on+Copyright+DSM.pdf

103 https://twitter.com/katarinabarley/status/1098229171338338312?lang=de

104 https://taz.de/SPD-Kandidaten-Walter-Borjans--Esken/!5626240/

105 https://twitter.com/katarinabarley/status/1109416434927570944?lang=de

106 https://www.bpb.de/politik/grundfragen/parteien-in-deutschland/fdp/273480/wahlergebnisse-und-waehlerschaft

107 https://www.ksta.de/nrw/landtagswahl2017/twitter-erfolg-mit-lindner-wie-die-nrw-fdp-in-den-sozialen-netzwerken-punktete-26926122

108 https://www.facebook.com/watch/?v=1675906835757213

109 https://www.facebook.com/watch/?v=1805972242750466

110 https://www.facebook.com/watch/live/?v=1852815891399639&ref=watch_permalink

111 https://www.jetzt.de/politik/die-fdp-und-christian-lindner-haben-das-internet-verstanden-die-inhalte-sind-deshalb-egal

112 https://www.fdp.de/wp-modul/btw17-wp-a-205

113 https://www.bundesregierung.de/breg-de/aktuelles/pressekonferenzen/pressekonferenz-zur-vorstellung-des-koalitionsvertrages-848608

114 https://www.youtube.com/watch?v=exAKAv-SnR8

115 https://twitter.com/juliakloeckner/status/932386782041210882

116 https://www.reddit.com/r/de/comments/7e512w/robert_habeck_fdp_das_war_von_langer_hand/

117 https://www.fdp.de/pressemitteilung/lindner-es-ist-besser-nicht-zu-regieren-als-falsch-zu-regieren

118 https://www.welt.de/politik/deutschland/article170763803/Das-war-Psychoterror-ohne-Ende.html

119 https://www.indiskretionehrensache.de/2017/11/fdp-social-media-strategie/

120 https://www.liberale.de/content/fdp-das-ist-der-fortschrittstreiber-fuer-die-innovation-nation

121 https://www.historisches-lexikon-bayerns.de/Lexikon/Laptop_und_Lederhose

122 https://www.spiegel.de/spiegel/print/d-7940618.html

123 https://www.bpb.de/politik/grundfragen/parteien-in-deutschland/csu/42181/wahlergebnisse-und-waehlerschaft

124 https://www.bpb.de/politik/grundfragen/parteien-in-deutschland/csu/42181/wahlergebnisse-und-waehlerschaft

125 Versorgungsposten oder Sprungbrett? Die Rolle der parlamentarischen Staatssekretäre, FAZ, 18.03.2018.

126 https://www.ardmediathek.de/daserste/video/reportage-und-dokumentation/neuland-wer-hat-die-macht-im-internet/das-erste/ Y3JpZDovL2Rhc2Vyc3RlLmRlL3JlcG9ydGFnZSBfIGRva3VtZW50YXRpb24vbmV1bGFuZC13ZXItaGF0LWRpZS1tYWNodC1pbi1pbnRlcm5ldC9kYXMtZXJzdGUvZ2ZhXR24 gaW0 gZXJzdGVuLzQwNWY3YmQ2LTUwwODgtNGZhNCIiN2RiLWU3M2Tg5ZGY1N2Q4MA/

127 https://www.youtube.com/watch?v=aqnq0zZl4nQ&feature=youtu.be

128 https://www.tagesspiegel.de/politik/innenminister-und-csu-chef-seehofer-will-twittern-ein-problem-weniger/22879530.html

129 https://www.handelsblatt.com/politik/deutschland/bundesinnenminister-der-boese-seehofer-der-moerder-der-terrorist-der-rassist-csu-chef-wittert-erneut-kampagne/22876516.html

130 https://taz.de/Seehofer-will-twittern/!5526409/

131 https://ze.tt/das-sind-unsere-vorhersagen-fuer-horst-seehofers-erste-tweets/

132 https://twitter.com/BMI_Bund/status/1039527755405320192?s=20

133 https://twitter.com/BMI_Bund/status/1039535222369525760?s=20

134 https://www.donaukurier.de/nachrichten/topnews/inland/art388865,4238103

135 https://www.spiegel.de/politik/warum-die-afd-auf-facebook-so-erfolgreich-ist-a-00000000-0002-0001-0000-000163612064

136 https://www.facebook.com/alternativefuerde/posts/3826459557384355

137 https://www.merkur.de/lokales/ebersberg/ebersberg-ort28611/asylsuchende-villa-millionaersviertel-bayern-ebersberg-buergermeister-weiss-nicht-bescheid-ulrich-proske-90119358.html

138 https://www.uni-hamburg.de/newsroom/forschung/2019/0523-socialmedia-europawahl.html

139 https://www.fes.de/index.php?eID=dumpFile&t=f&f=41827&token=6e1bf3bcf42bf4162ba5cc452ba460d703945e30, S. 3.

140 Fuchs, Christian; Middelhoff, Paul: Das Netzwerk der Neuen Rechten. Wer sie lenkt, wer sie finanziert und wie sie die Gesellschaft verändern, Hamburg 2019, S. 157 ff.

141 https://www.bundestag.de/presse/hib/683678-683678

142 https://www.swr.de/swr2/leben-und-gesellschaft/article-swr-11346.html

143 Fuchs, Christian; Middelhoff, Paul: Das Netzwerk der Neuen Rechten. Wer sie lenkt, wer sie finanziert und wie sie die Gesellschaft verändern, Hamburg 2019, S. 159.

144 https://www.bpb.de/politik/grundfragen/parteien-in-deutschland/afd/273131/wahlergebnisse-und-waehlerschaft

145 https://www.tagesspiegel.de/gesellschaft/medien/tv-talk-der-ard-plasberg-laedt-gauland-nicht-mehr-zu-hart-aber-fair/22641210.html

146 https://www.spiegel.de/kultur/tv/maischberger-alexander-gauland-

darf-wieder-in-ard-talkshow-dabei-sein-a-56a68dc9-f2bc-4c92-b005–3ec4815bcaee

147 https://www.zeit.de/2019/53/zdf-fernsehen-peter-frey-streitgespraech
148 https://twitter.com/StBrandner/status/1182389287746244622?s=20
149 https://twitter.com/Hartes_Geld/status/1182400069556998145?s=20
150 https://anwaltverein.de/de/newsroom/pm-16–19-dav-und-djb-verurteilen-aeusserungen-brandners-und-fordern-ruecktritt
151 https://www.facebook.com/UdoLindenberg/posts/10162408341570304
152 https://twitter.com/StBrandner/status/1189888020297728000?ref_
153 https://www.youtube.com/watch?v=CWX53UZosMQ
154 Riesiger Zulauf bei der AfD-Demonstration in Erfurt, Thüringische Landeszeitung, 08.10.2015.
155 https://headtopics.com/de/historische-vergleiche-leben-wir-in-einer-ddr-2-0-7293921
156 Verehrung und Führerkult, Frankfurter Allgemeine Zeitung, 13.03.2020.
157 Die Falle der AfD, Frankfurter Allgemeine Zeitung, 19.6.2019.
158 Nein, nein und nochmals nein!, Frankfurter Allgemeine Zeitung, 22.6.2019.
159 https://www.funk.net/channel/die-da-oben-12030/angriff-auf-die-meinungsfreiheit-1647030
160 »Die Dexit-Diskussion hat uns geschadet«, Der Tagesspiegel, 11.05.2019.
161 https://www.zeit.de/2019/45/meinungsfreiheit-umfrage-soziale-medien-shitstorm
162 https://www.faz.net/aktuell/politik/inland/political-correctness-wie-viel-meinungsfreiheit-ist-erlaubt-17052850.html
163 https://www.fes.de/index.php?eID=dumpFile&t=f&f=41827&token=6e1bf3bcf42bf4162ba5cc452ba460d703945e30, S. 25.
164 https://www.horizont.net/marketing/nachrichten/Social-Media-Wahlkampf-Sahra-Wagenknecht-schlaegt-Martin-Schulz-und-Angela-Merkel-161355
165 https://www.fes.de/index.php?eID=dumpFile&t=f&f=41827&token=6e1bf3bcf42bf4162ba5cc452ba460d703945e30, S. 25.
166 https://www.ard-werbung.de/fileadmin/user_upload/media-perspektiven/pdf/2014/02-2014_Krueger.pdf, S. 29.
167 https://www.ard-werbung.de/fileadmin/user_upload/media-perspektiven/pdf/2019/0519_Krueger_Zapf-Schramm_Jung_2019–06–12.pdf, S. 20.
168 https://www.morgenweb.de/mannheimer-morgen_artikel,-politik-sie-koennen-es-nicht-lassen-_arid,751556.html
169 https://www.augsburger-allgemeine.de/bayern/CSU-droht-im-Asylstreit-mit-Ende-der-Unions-Fraktion-id51365716.html

5. Das Ende der Geschichten? –
Journalismus in den Zeiten von Shitstorms

1 Pausder, Verena: Das Neue Land. Wie es jetzt weitergeht, Hamburg 2020, S. 183.

2 https://www.dw.com/de/9-11-als-schl%C3%BCsselereignis-f%C3%BCr-die-online-medien/a-2151899

3 https://meedia.de/2019/06/18/historischer-tag-fuer-die-spiegel-gruppe-redaktionsfusion-von-spiegel-print-und-spiegel-online-ist-perfekt/

4 https://reutersinstitute.politics.ox.ac.uk/sites/default/files/2020–06/DNR_2020_FINAL.pdf, S. 11.

5 https://www.infratest-dimap.de/umfragen-analysen/bundesweit/umfragen/aktuell/glaubwuerdigkeit-der-medien-2020/

6 https://medienvertrauen.uni-mainz.de/forschungsergebnisse-der-welle-2018/

7 https://www.fluter.de/files/ralf-klausnitzer-zum-begriff-der-lugenpresse

8 correctiv.org/faktencheck/hintergrund/2020/01/07/narrativ-der-desinformation-luegenpresse/

9 https://www.bpb.de/lernen/projekte/270428/verschwoerungstheorie-luegenpresse

10 http://www.unwortdesjahres.net/index.php?id=112

11 https://afdkompakt.de/2018/08/30/zusammenfassung-der-aktuellen-beschlusslage-zu-pegida-gida-und-ib-stand-5–4–2018/

12 https://www.youtube.com/watch?v=2ZPulPtpAHA

13 https://www.facebook.com/watch/?v=1289897037725509

14 https://www.bmi.bund.de/SharedDocs/downloads/DE/publikationen/themen/sicherheit/vsb-2016.pdf;jsessionid=0E727C06BC4948FE60AB3A7C137C496C.1_cid364?__blob=publicationFile&v=4, S. 57.

15 https://www.landtag.nrw.de/Dokumentenservice/portal/WWW/dokumentenarchiv/Dokument/MMV16–3642.pdf#page=84

16 https://www.ksta.de/koeln/sote-belaestigung-in-der-silvesternacht-23381646?cb=1615790349423

17 https://taz.de/5-Jahre-Koelner-Silvesternacht/!5734263/

18 https://www.facebook.com/ZDFheute/photos/die-nachrichtenlage-war-klar-genug-es-war-ein-vers%C3%A4umnis-dass-die-19-uhr-heute-s/10153865883565680/

19 https://www1.wdr.de/nachrichten/silvester-koeln-chronik-100.html

20 https://www.land.nrw/fr/node/15896

21 https://www.maz-online.de/Nachrichten/Politik/Nach-Uebergriffen-in-Koeln-Das-waren-Bestien

22 https://www.tagesspiegel.de/gesellschaft/medien/kritik-an-den-medien-wegen-koeln-berichterstattung-schweigekartell-und-nachrichtensperren/12797422.html

23 https://www.fachjournalist.de/PDF-Dateien/2012/05/FJ_3_2010-Politikjournalismus-im-Wandel.pdf, S. 2.

24 https://www.nzz.ch/feuilleton/medien/springer-ceo-doepfner-viele-verhalten-sich-unjournalistisch-ld.1457143

25 https://www.deutschlandfunk.de/studien-mehrfach-missinterpretiert-deutsche-medien-nicht.2907.de.html?dram:article_id=468974

26 Ebd.

27 https://tammox2.blogspot.com/2020/12/rechts-wirkt.html

28 Ebd.

29 Beide Tweets sind aus Gründen der Lesbarkeit in Rechtschreibung und Grammatik bereinigt.

30 https://twitter.com/dushanwegner/status/1210655198152183823?s=20

31 Katzer, Catarina: Virtuelle Gewaltphänomene. Die Psychologie digitaler Aggression und digitaler Hasskulturen, in: Gorr, Claudia; Bauer, Michael C. (Hrsg.): Gehirne unter Spannung. Kognition, Emotion und Identität im digitalen Zeitalter, Berlin/Heidelberg 2019, S. 147–165.

32 https://twitter.com/dannytastisch/status/1210892743729451008?s=20

33 https://twitter.com/WDRaktuell/status/1210957093945126914?s=20

34 https://www.djv.de/startseite/profil/der-djv/pressebereich-download/pressemitteilungen/detail/news-kollegen-nicht-im-regen-stehen-lassen

35 https://www.djv.de/startseite/profil/der-djv/pressebereich-download/pressemitteilungen/detail/news-kollegen-nicht-im-regen-stehen-lassen

36 https://twitter.com/ArminLaschet/status/1210904973984370689?s=20

37 https://twitter.com/ArminLaschet/status/1210904833827442693?s=20

38 https://www.bild.de/regional/koeln/koeln-aktuell/umstrittener-oma-song-leiter-des-wdr-kinderchors-verteidigt-sich-66973568.bild.html

39 https://twitter.com/Report_Antisem/status/1211289316900720641?s=20

40 https://rp-online.de/nrw/staedte/koeln/reaktion-auf-umweltsau-lied-rechte-demonstrieren-in-koeln-gegen-wdr_aid-48045325

41 https://twitter.com/WDR/status/1211673284321918977?s=20

42 Reporter ohne Grenzen: Regulierung 2.0. Warum soziale Netzwerke, Suchmaschinen & Co. ein Teil der informationellen Grundversorgung geworden sind – und wie sie reguliert werden sollten, um die Meinungs- und Pressefreiheit zu schützen, S. 15.

43 Ebd., S. 23.

44 https://www.zeit.de/2014/44/medien-qualitaet-journalismus-vertrauen

45 https://www.spiegel.de/panorama/attila-hildmann-seit-75-jahren-hat-sich-in-deutschland-keiner-so-aus-dem-fenster-gelehnt-wie-ic h-a-00000000-0002-0001-0000-000172178900

46 https://www.berliner-zeitung.de/news/staatsschutz-durchsucht-wohnung-von-attila-hildmann-li.119589

47 https://www.welt.de/print/die_welt/kultur/article158845273/Ich-hasse-es-den-Menschen-ihre-Gefuehle-vorzugeben.html

48 https://www.sueddeutsche.de/medien/sensibilitaet-medien-journalismus-diversitaet-1.4991958?reduced=true

49 Ebd.

50 https://twitter.com/robinalexander_/status/1268789350231347207?s=20

51 https://www.bariweiss.com/resignation-letter, Übersetzung N.D.

52 https://twitter.com/bariweiss/status/1268628683952185346?s=20

53 https://twitter.com/jk_rowling/status/1269389298664701952?s=20

54 http://www.the-leaky-cauldron.org/2020/07/01/addressing-j-k-rowlings-recent-statements/

55 https://uebermedien.de/52132/canceln-wir-die-idee-der-cancel-culture/

56 https://www.ipg-journal.de/rubriken/soziale-demokratie/artikel/die-wut-der-kulturkrieger-4544/?utm_campaign=de_40_20200731&utm_medium=email&utm_source=newsletter

57 https://www.sueddeutsche.de/medien/sensibilitaet-medien-journalismus-diversitaet-1.4991958?reduced=true

58 https://taz.de/Abschaffung-der-Polizei/!5689584/

59 https://www.nzz.ch/international/mehr-klicks-mit-volksverhetzung-die-neue-truebe-taz-ld.1561596

60 https://irene-mihalic.de/berlin/innere-sicherheit/polizei/verwendung-von-acab-durch-taz-kolumne-unertraeglich/

61 https://www.tagesspiegel.de/politik/all-cops-are-berufsunfaehig-umstrittene-taz-kolumne-ueber-polizisten-bleibt-straflos/26152336.html

62 https://www.rbb24.de/politik/beitrag/2020/06/berlin-taz-hengameh-yaghoobifarah-polizeischutz-kolumne.html

63 https://taz.de/In-eigener-Sache/!5696448/

64 https://uebermedien.de/44183/faktencheck-mit-haken-das-facebook-dilemma-von-correctiv/

65 https://kress.de/news/detail/beitrag/142526-warum-der-ard-chef-fuer-eine-europaeische-alternative-zu-facebook-google-und-netflix-wirbt.html
https://www.shz.de/deutschland-welt/politik/Gruene-wollen-eine-Art-europaeisches-Facebook-aus-Rundfunkbeitraegen-id26308202.html

6. Und nun? Wie es besser werden kann

1 https://www.bundesregierung.de/breg-de/bundesregierung/staatsministerin-fuer-kultur-und-medien/aktuelles/gesetz-gegen-hasskriminalitaet-1722896

2 https://www.sg-mittelweser.de/portal/meldungen/buergermeister-arnd-focke-tritt-zurueck-907012576–21550.html

3 https://www.kreiszeitung.de/lokales/niedersachsen/estorf-nienburg-ex-buergermeister-focke-gegen-rechtsextremismus-aufstehen-zr-13423629.html

4 https://www.faz.net/aktuell/wirtschaft/netzwirtschaft/der-facebook-

boersengang/facebook-hat-eu-kommission-in-datenschutz-frage-
belogen-15022043.html

5 https://twitter.com/realDonaldTrump/status/1266326065833824257?s=20

6 https://www.gruene-hessen.de/partei/files/2018/12/Koalitionsvertrag-
CDU-GR%C3%9CNE-2018-Stand–20–12-2018-online.pdf, S. 61.

7 https://www.nytimes.com/editorial-standards/social-media-
guidelines.html

8 https://www.medienanstalt-nrw.de/fileadmin/user_upload/
NeueWebsite_0120/Themen/Hass/forsa_LFMNRW_Hassrede2020_
Ergebnisbericht.pdf

Sophie Passmann ist Feministin und sie fragt sich, ob der alte weiße Mann wirklich an allem schuld ist. Um das herauszufinden, trifft sie bekannte deutsche Männer, um mit ihnen über Sexismus, Feminismus, Chancengleichheit und die Frauenquote zu sprechen und pocht bei all den Treffen darauf, Lösungen zu finden auf die Frage: Wie können wir den Geschlechterkampf beenden?

»Beweis erbracht: Unbestechlichen Feminismus gibt es auch in lustig. Sogar in sehr lustig! Großartig!« *Anne Will*

Aladin El-Mafaalani

DAS
INTEGRATIONS-
PARADOX

Warum
gelungene Integration zu
mehr Konflikten
führt

Vollständig
überarbeitete
und erweiterte
Neuausgabe

KiWi

Wer davon ausgeht, dass Konfliktfreiheit ein Gradmesser für gelungene Integration und eine offene Gesellschaft ist, der irrt. Konflikte entstehen nicht, weil die Integration von Migranten und Minderheiten fehlschlägt, sondern weil sie zunehmend gelingt. Gesellschaftliches Zusammenwachsen erzeugt Kontroversen und populistische Abwehrreaktionen – in Deutschland und weltweit.

Kann man den Medien
noch trauen?

Volker Lilienthal
Irene Neverla (Hg.)

KiWi

Lügen-
presse

Anatomie eines
politischen Kampfbegriffs

Mit Beiträgen von Giovanni di Lorenzo, Jakob Augstein,
Klaus Brinkbäumer, Heribert Prantl u. a.

Sind Journalisten heute nur noch Sprachrohre der Regierenden und Eliten? Werden Tatsachen – zum Beispiel über Muslime und Flüchtlinge – unterdrückt? Vertrauen wir eher den Sozialen Netzwerken im Internet als dem professionellen Journalismus? Dieses Buch erklärt die Hintergründe der Verunsicherung, die Leser und Zuschauer ebenso erfasst hat wie die Macher in den Medien. Und es zeigt, wie das Vertrauen zurückgewonnen werden kann.